Karl Umpfenbach

Die Volkswirthschaftslehre oder Nationaloekonomik

Karl Umpfenbach

Die Volkswirthschaftslehre oder Nationaloekonomik

ISBN/EAN: 9783744603645

Hergestellt in Europa, USA, Kanada, Australien, Japan

Cover: Foto ©Suzi / pixelio.de

Weitere Bücher finden Sie auf **www.hansebooks.com**

Die

Volkswirthschaftslehre

oder

National=Oekonomik.

~~~~~~~

Von

Karl Umpfenbach.

- - - - - - - - - - - - - - - - - - -

Würzburg.

A. Stuber's Buchhandlung.

1867.

Inhalts-Verzeichniß.

Viertes Buch. Das Einkommen.

Einleitung.

---

§ 1.

In der Volkswirthschaft zeigt sich ebenso einfach als viel=
umfassend, wie der Mensch durch die Nothwendigkeit zur Freiheit
geführt wird. Zum Siege gehört Kampf. Soll die menschliche
Natur ihrem erhabenen Kulturziele gerecht werden, sollen alle
die mannichfaltigen Fähigkeiten und Anlagen, welche als Keime
in ihr liegen, zur möglichst vollkommenen Entwicklung gelangen,
so ist unumgänglich, daß der Mensch im engsten unzerreißbaren
Zusammenhange mit Seinesgleichen einen Kampf kämpfe, der
alle in ihm schlummernden Triebe wach rüttelt und in rastloser,
nie erlahmender Thätigkeit seine Kräfte siegreich erstarken läßt.
Die Weltordnung gab der Menschheit ihren wärmsten Segen
mit, als sie ihr den Kampf um das Dasein gab. Ein Strom
von Bedürfnissen rauscht fortwährend durch das Leben und läßt
seine Wellen bald drohend bald lockend anschlagen. Jedes Be=
dürfniß ist ein Schmerz, der gestillt zu werden verlangt. Zahl=
los sind diese Schmerzen, deren Stachel die Menschen unerbittlich
spornt und treibt, um des Lebens Nothdurft und Reiz zu ringen,
sich ihres Daseins Unterhalt zu verschaffen, damit sie ihre Be=
dürfnisse befriedigen können. Aber der große Gang der Kultur
begnügt sich nicht mit Gleichbleibendem, sondern verlangt immer

1

höhere Leistungen und Errungenschaften. Und der Kampf um das Dasein, weit davon entfernt, daß er immer mit den gleichen Kräften ausgekämpft werden könnte, wird in einem unaufhalt=samen Entwicklungsprocesse stets von Neuem wieder geschärft und gesteigert, weil die menschliche Bevölkerung, einem gewaltigen Impulse folgend, nicht nur an Bedürfnissen, sondern auch an Zahl fortwährend zuzunehmen strebt. Kaum haben sich die Kampfeskräfte den Aufgaben einer Entwicklungsepoche gemäß gehoben und gefestigt, so verlangt eine neue Epoche, daß sich die Kräfte abermals, der Befriedigung eines erweiterten Unterhalts=bedarfes entsprechend, steigern, weil sonst, insoweit dies mangel=haft geschieht, der Zahl und den Bedürfnissen der Bevölkerung durch Tod und Entsagung zerstörende Einbuße droht. Die Ver=mehrung der Zahl und die Vermehrung der Bedürfnisse der Bevölkerung hat jede ihre besonderen Entwicklungsbedingungen. Beiden gerecht zu werden und sie in den Einklang zu bringen, daß immer der richtigen Zahl der Bevölkerung die richtigen Be=dürfnisse befriedigt werden, ist das Ziel der Volkswirthschaft.

§ 2.

Jedes Mittel zur Befriedigung eines menschlichen Bedürf=nisses ist ein Gut. In vielen Fällen erfolgt diese Befriedigung, ohne daß man nöthig hätte ein Opfer dafür zu bringen. Die Sonne bescheint und erwärmt uns umsonst, die Luft, welche wir athmen, steht uns ohne Weiteres in aller Fülle zu Gebot, Froh=sinn und Heiterkeit, die aus einem glücklichen Temperamente von selbst hervorquellen, kosten Nichts — eine ganze Menge von Gütern ist uns geschenkt durch die Gnade des Schicksals, es sind freie Güter. Andre, und sie bilden die große Mehrzahl aller Güter, sind dagegen nicht von so leichter Zugänglichkeit, sie können nur unter Beschwerde und Aufopferung erlangt werden, es sind beschränkte Güter. Sie zerfallen wieder in individuell gebundene und beliebig übertragbare. Erstere haften an der Persönlichkeit dessen, der sie sich errungen hat. Mögen es innere Güter sein, wie Selbsterkenntniß, Charakterstärke ꝛc., die sich Jemand durch schwere Anstrengungen zu eigen gemacht, oder äußere Güter, wie z. B. ein Maschinenmodell, dessen Bedeutung nur der sorgenvolle Erfinder versteht, immer hat man es hier mit individuell gebundenen Gütern zu thun, die als solche nicht Güter für andre Menschen sein können. Fordern sie auch zu Thätigkeit und Strebsamkeit heraus, heben und steigern sie auch durch ihre Erkämpfung die Kräfte ihrer Schöpfer, so ist das doch ein für sich isolirtes Sein und Schaffen, welches kein unmittelbares und unzerreißbares Band um die Menschen schlingt. Dieses innige Band, das Band des Wirthschaftslebens, knüpfen die beschränkten, aber beliebig übertragbaren Güter, Güter also, die unter Beschwerden erworben worden sind und deren Uebertragung an andre Menschen regelmäßig nicht stattfindet, ohne daß eine vergeltende Gegenleistung dafür geboten wird. In diesen Gütern, welche die Hauptmasse der Befriedigungsmittel menschlicher Bedürfnisse bilden, vollzieht sich der Kampf der Menschen um's Dasein. Jede Persönlichkeit, welche ihre Bedürfnisse selbstständig befriedigen will, kann nicht umhin, eine auf die Beschaffung und Verwendung solcher entgeltlicher oder wirthschaftlicher Güter [1]) regelmäßig und dauernd gerichtete Fürsorge zu entfalten: eine eigne Wirthschaft [2]) zu führen.

---

[1]) Die Eintheilung aller Güter in persönliche und sachliche (Rau), oder in innere und äußere (Hermann), um daraus den Begriff der wirthschaftlichen Güter zu construiren, verzichtet von vorn herein auf Prägnanz, weil ihr alle Beziehung auf den Kampf um's Dasein fehlt. Solche Ein-

theilung hält sich an Merkmale, die zwar in der Volkswirthschaftslehre auch zu beachten sind, aber erst ganz secundär, nachdem der Begriff des wirth= schaftlichen Gutes bereits feststeht. Nicht weniger unrichtig ist es, den freien Gütern unvermittelt die wirthschaftlichen Güter entgegenzustellen (Roscher), da hier ein zum Verständniß ganz unentbehrliches Zwi= schenglied fehlt: die individuell gebundenen Güter. Wenn diese auch dem= nächst vielleicht vom eminentesten Einflusse auf das Zusammenleben der Menschen dadurch werden können, daß nicht nur freie, sondern auch wirth= schaftliche Güter aus ihnen hervorgehen, so sind sie doch von Einfluß erst, insofern dies geschieht; bis dahin aber, bis sich eine weitere Manifestation aus ihnen entwickelt hat, sind sie lediglich für ein bestimmtes Subjekt und für Niemanden sonst vorhanden. Gerade in ihnen drückt sich das streng ab= geschlossene eigenartige Walten der Persönlichkeit aus.

*) Wirth heißt im Althochdeutschen der Hausherr. Die Begriffe Wirthschaft und Haushaltung (Oeconomie) decken einander vollständig; man denkt nur bei ersterem eher an das haushaltende Subjekt, bei letzterem an das bewirthschaftete Objekt.

§ 3.

Alle einzelnen Wirthschaften eines Volkes bilden zusammen die Volkswirthschaft.

Die einzelnen Wirthschaften stimmen nur darin überein, daß jede von ihnen bestimmt ist, die Bedürfnisse ihres Inhabers und seiner unselbstständigen Angehörigen zu befriedigen. In der Art und Weise aber, wie dies geschieht, zeigen sie die größten Verschiedenheiten. Ungleich beschaffen sind ja die Menschen schon im Bezug auf Umfang, Stärke und Richtung ihrer Wünsche und Neigungen, noch vielmehr hinsichtlich der ihnen von Natur innewohnenden Fähigkeiten, welche im Laufe des Lebens so mannichfach umgestaltet werden und deren Bestrebungen das, was man Glück oder Unglück nennt, so sehr zu beeinflussen vermag. Können demnach die quantitativen und qualitativen Erfolge an ben Gütern, welchen die Menschen nachstreben, nicht anders als verschieden für die einzelnen Wirthschaften ausfallen, so folgt daraus sehr natürlich, daß es zwischen ihnen immer unbefriedigte Bedürfnisse und Ueberschüsse von Befriedigungsmitteln geben wird, deren Ausgleichung im höchsten Grade wünschenswerth ist. Dies geschieht in jedem einzelnen Falle durch den Tausch, d. h. durch die wechselseitige Darbietung der Befriedigungsmittel zweier Bedürfnisse vermittelst Leistung und Gegenleistung zweier Personen zum Vortheile beider. Die nachhaltig fortgesetzte Verbindung einzelner Wirthschaften durch Tauschleistungen bildet den Verkehr. Die Volkswirthschaft oder National-Oekonomie ist die dauernde und organische Einheit, zu welcher sich die im Verkehr miteinander nach den entgeltlichen Gütern ihres Begehrs strebenden Einzelwirthschaften eines Volkes mit ihren Erwerbsmitteln fügen.

§ 4.

Die Einheit der Volkswirthschaft bildet sich aus der Vielheit selbstständiger Einzelwirthschaften dadurch, daß die Menschen in ihr den Kampf um das Dasein nicht etwa als Gegner, sondern als Genossen zu kämpfen haben.

Die Ausartung dieses Kampfes in einen gegnerischen, so beschämend sie auch für die Würde der menschlichen Natur sein mag, kann freilich nicht eher völlig aufhören, als bis völliges Gleichgewicht zwischen dem Bestreben der Zahl sich auf Kosten der Bedürfnisse der Bevölkerung, und der Bedürfnisse sich auf Kosten der Zahl der Bevölkerung zu vermehren, hergestellt ist. Bis dieser weite Erziehungsgang aber zurückgelegt und das Ziel — Ueberwindung der Nothwendigkeit durch die Freiheit — erreicht ist, bricht ganz unvermeidlich immer von Neuem wieder der Gegensatz zwischen begehrten und vorhandenen Unterhaltsmitteln zum blinden habgierigen Widerstreite unter den Menschen aus, der sich in seiner schlimmsten Erscheinung bis zum förmlichen Vertilgungskampfe steigern kann ¹). Dieses Streben der Einzel=wirthschaften nach den nämlichen Gütern ist jedoch an und für sich sehr weit davon entfernt, ein Element der unversöhnlichen Feindschaft und Isolirung unter dieselben zu werfen. Ein solch trauriges, alles menschliche Gedeihen hoffnungslos abschneidendes Verhalten würde nur dann eintreten, wenn dem vorhandenen und stets noch wachsenden Begehr die Güter dieses Begehrs in gegebener und nicht vermehrbarer Weise gegenüberständen. Dies ist aber so wenig der Fall, daß gerade im Gegentheil der menschliche Unterhaltsspielraum durch das Zusammenwirken der Einzelwirthschaften einer unermeßlichen Vervielfältigung fähig ist. Während im Zustande der feindseligen Isolirung die Einzel=wirthschaften kaum ihre allerdringendsten Bedürfnisse und selbst diese, jeder Hoffnung auf Besserwerden baar, nur in ärmlichster und kärglichster Weise befriedigen könnten, entfalten sich im Verkehrsleben Riesenkräfte des Schaffens und Gedeihens, welche in so unabsehbarer Fülle und Mannichfaltigkeit, daß ein Ende dieses imposanten und sich stets steigernden Wachsthums nicht einmal zu ahnen ist, die Güter des menschlichen Begehrs liefern. Keine Einzelwirthschaft — sie müßte sich denn geradezu selbst aufgeben wollen — kann sich einem Streben mit vereinten Kräften entziehen, welches solche Früchte erwarten läßt. Die Aussichten sind zu groß und verheißungsvoll, als daß die mög=liche Gefahr von einem Wirbel des Verkehrslebens erfaßt und heruntergezogen zu werden, dagegen in Betracht kommen könnte. Der richtig verstandene Vortheil aller Einzelwirthschaften ist nicht die wechselseitige Ausbeutung in einem Vertilgungskampfe, sondern die wechselseitige Bereicherung in einem Wettkampfe — ein wahrer Segensgrundsatz, der mit jeder höheren Kulturstufe immer mehr zur Erkenntniß und Anwendung kommt und die Einzelnen immer inniger an einander schließt. Nicht nur am ehrenhaftesten, sondern auch am sichersten begründet die einzelne Wirthschaft ihre Wohlfahrt dadurch, daß sie in ihrer Sphäre das Meiste und Tüchtigste leistet, um dann hohe Einsätze in das Verkehrsleben machen zu können, die ihr hohe Antheile an der Gesammterrungenschaft liefern.

¹) Natürlich werden in den gegnerischen Kampf auch Solche hineingezogen, die ihn durchaus nicht wollen. Keine anständige Persönlichkeit wird sich gegnerische Uebergriffe listiger oder gewaltthätiger Art gegen Andere erlauben, jeder anständige und vernünftige Mensch wird sogar, wenn solche Angriffe auf ihn gerichtet werden, den gegnerischen Kampf noch thunlichst zu vermeiden suchen; aber es gibt Grenzen, die auch der Mildeste und Toleranteste nicht überschreiten lassen darf, ohne daß die Pflicht der Selbstachtung und Selbsterhaltung ihm die entschiedenste Abwehr mit den zulässigen Mitteln des Rechtes und der Nothwehr gebietet.

§ 5.

Der Inbegriff wirthschaftlicher Güter, über welche Jemand in einem gegebenen Zeitpunkte für seine Zwecke beliebig verfügen kann, ist sein Vermögen. Man sieht leicht, daß diese Verfügbarkeit sich sowohl auf die Fähigkeit, wirthschaftliche Güter zu erwerben, als auf das bereits stattfindende Innehaben von solchen begründen kann, und daß man demgemäß das Vermögen in ein subjektives Element — die Erwerbfähigkeit — und in ein objektives — die Habe — zu unterscheiden hat. In jeder Volkswirthschaft giebt es so viele selbstständige Vermögen als Einzelwirthschaften; da nun Subjekte von Einzelwirthschaften begreiflicher Weise nicht nur physische, sondern auch juristische Personen sein können, so bilden die Vermögen der Privaten, Stiftungen, Corporationen, Gemeinden und des Staates [1]) zusammen das Volksvermögen.

Die Bestandtheile des Vermögens, welche ihrer äußeren Beschaffenheit nach in Sachen, persönliche Leistungen und Lebensverhältnisse [2]) zerfallen, sind Güter von Tauschwerth. Werth überhaupt, d. h. einen gewissen Grad von Tauglichkeit, menschliche Bedürfnisse zu befriedigen, haben alle Güter, denn diese Tauglichkeit ist ja eben die Eigenschaft, durch welche Etwas zum Gute wird. Der Werth ist nun Gebrauchswerth oder ursprünglicher Werth insofern er als der Grad der Tauglichkeit eines Gutes für unmittelbare Gebrauchszwecke erscheint, er ist Tauschwerth oder abgeleiteter Werth, insofern er als der Grad der Tauglichkeit, andre Güter dafür einzutauschen, auftritt. Güter von Tauschwerth müssen nothwendig Gebrauchswerth haben; dieser ist offenbar die unumgängliche Voraussetzung jenes. Dagegen haben durchaus nicht alle Güter, d. h. nicht alle Gegenstände von Gebrauchswerth, Tauschwerth. Es haben ihn weder die freien Güter, noch die individuell gebundenen. Sollen Güter Tauschwerth haben, so ist unzweifelhaft erforderlich, daß ihr Gebrauchswerth nur unter Schwierigkeit zu Gebote steht, von mehreren Menschen empfunden und begehrt wird und sich beliebig von Person zu Person übertragen läßt. Das sind aber gerade die wirthschaftlichen Güter, die sohin als identisch mit Gütern von Tauschwerth erscheinen [3]). Der menschliche Kampf um das Dasein ist demnach seinen Wesen nach nichts Anderes, als ein Kampf mit dem Tauschwerth. Der Tauschwerth ist der wahre Gegner der Menschen im Kampfe um's Dasein.

¹) Eine Quelle der bedenklichsten nationalökonomischen Irrthümer liegt in der unklaren Auffassung des Verhältnisses zwischen Staatsvermögen und Volksvermögen. Man muß strenge festhalten, daß beide keineswegs coordinirte Größen sind und ebensowenig das Volksvermögen ein Bestandtheil des Staatsvermögens ist, sondern gerade umgekehrt das Staatsvermögen ein Bestandtheil des Volksvermögens. Wenn die im Staate durch eine höchste Gewalt als Ganzes zusammengefaßten Einzelpersönlichkeiten eines Volkes ihre Gesammtbedürfnisse (Rechts- und Polizeisicherheit im Innern, Schutz gegen auswärtige Feinde 2c. 2c.) befriedigen wollen, so muß die Gesammtheit selbst wirthschaften, und diese Wirthschaft des Staates, die Finanzwirthschaft, obwohl die hervorragendste und bedeutungsvollste von Allen, ist und bleibt doch nur eine Einzelwirthschaft in der Volkswirthschaft.

²) Die numerisch hervorragendsten Vermögensbestandtheile werden in jeder Volkswirthschaft immer Sachen sein: Nahrungsmittel, Kleidungsstücke, Gebäude, Werkzeuge, Geräthe 2c. 2c. Aber schon ein ganz oberflächlicher Blick in das wirkliche Leben genügt, um einzusehen, daß sich das Vermögensbereich nicht auf Sachen beschränkt, sondern daß auch persönliche Leistungen (z. B. eines Arztes, Advokaten, Gelehrten, Künstlers) und Lebensverhältnisse (z. B. Handelsverbindungen einer Firma, die Nachbarschaft einer Wohnung), mit welchen sich belangreiche wirthschaftliche Bedürfnisse befriedigen und gewichtige Einsätze in den Verkehr machen lassen, eine große Rolle im Einzel- wie im Volksvermögen spielen und völlig ebenso wie Sachen als wirthschaftliche Güter auftreten können.

³) Die Eigenthümlichkeit der wirthschaftlichen Güter tritt noch entschiedener und unzweideutiger hervor, wenn man sie als Güter von Tauschwerth charakterisirt. Hiemit wird vom innersten Kern des Gegenstandes ausgegangen und sind alle Schwankungen und Mißverständnisse beseitigt, welche aus Beschränkung der Aufmerksamkeit auf den rein äußerlichen Habitus der Güter so leicht entstehen. So wird z. B. auf die in ganz verkehrter Abstraktheit gestellte Frage: ist Wasser ein wirthschaftliches Gut? die Antwort lauten: Wo es Tauschwerth hat, ja; wo nicht, nein! — Aenderungen des Tauschwerthes ändern, wie leicht zu begreifen, das Bereich der wirthschaftlichen Güter.

§ 6.

Der Kampf mit dem Tauschwerthe dauert ununterbrochen fort, so lange Menschenleben dauert. Unaufhörlich tauchen Bedürfnisse auf, welche durch immer neue Herbeischaffung von wirthschaftlichen Gütern befriedigt werden sollen. Fragt man nach der Entstehungsweise dieser, so leuchtet ein, daß alle Güter von Tauschwerth ihren Ursprung in letzter Linie auf die äußere Natur und die menschliche Arbeit zurückführen lassen. Keine irdische Quelle von Gütern ist außer diesen beiden und über dieselben hinaus denkbar. Fragt man nach der Verwendungsweise der wirthschaftlichen Güter, so ergiebt sich, daß dieselben, wenn auch insgesammt dazu bestimmt durch ihre Verzehrung (Consumtion) menschliche Bedürfnisse zu befriedigen, dies doch entweder direkt oder indirekt bewirken können und hiernach in Genußmittel und Erwerbsmittel zu unterscheiden sind. Wirthschaftliche Güter, welche als Erwerbsmittel verwendet werden, können ihrem Wesen nach schon von Natur vorhanden (Grundstücke), sie können aber auch von abgeleiteter Entstehung sein und diese dem Zusammenwirken der Natur und der Arbeit verdanken. Solche Erwerbsmittel, Kapital genannt, erscheinen, obwohl sie selbst von abgeleiteter Entstehung sind, wegen ihres mächtigen Einflusses auf die Erlangung tauschwerther Güter, neben den beiden einzigen ursprünglichen Faktoren Natur und Arbeit als dritter Faktor der Schaffung (Produktion), d. h. desjenigen Processes, welcher eine stetig fortdauernde Bedürfnißbefriedigung möglich macht, indem er dem Vermögen regelmäßig neue Güter zuführt.

§ 7.

Wir kennen nur eine Ursache, welche fortwährend die ganze Menschengattung auszurotten droht: **den Mangel an Unterhaltsmitteln** —, eine Zerstörungsursache, die, wenn sie nicht fortwährend durch Schaffung wirthschaftlicher Güter (§ 18) wieder beseitigt würde, unausbleiblich das Menschengeschlecht vernichten müßte. Andre solche gattungszerstörende Ursachen können wir uns wohl denken: Aufhören der Fortpflanzungsfähigkeit oder Erdrevolutionen, die alles organische Leben zerstören würden; sie wirken freilich nicht; wäre es der Fall, so hätten wir keine Möglichkeit, ihnen zu widerstehen. Jener ersten wirksam vorhandenen Ursache können wir aber wirksam widerstehen. Der Widerstand gegen dieselbe bildet das Bereich der wirthschaftlichen Bestrebungen, welche in den einem Ausdrucke: **Deckung des Bedarfes** culminiren. Bedarf einer Wirthschaft ist aber die Summe tauschwerther Güter, in deren **Verzehrung** sie den angemessenen **Unterhaltsspielraum** zur jeweiligen Befriedigung ihrer Bedürfnisse sucht. Wie jede Einzelwirthschaft so kann auch die Bevölkerung in der gesammten Volkswirthschaft offenbar nur in dem Maße gehörig da sein, als sie durch entsprechende Verzehrung wirthschaftlicher Güter ihre Bedürfnisse gehörig befriedigen kann. Je reichlicher aber hiernach der Unterhaltsspielraum, desto entwickelter auch die Bevölkerung. Und diese Entwicklung kann sich in doppeltem Sinne geltend machen: durch vermehrte Zahl und durch vermehrte Bedürfnißbefriedigung der Bevölkerung.

§ 8.

Die Wissenschaft von der Volkswirthschaft (National-Oekonomie) ist die **Volkswirthschaftslehre** (National-Oekonomik).

Man kann sie definiren als: die systematische Ergründ=
ung der Gesetze, nach welchen sich das Bedingtsein
der menschlichen Bevölkerung durch ihren Lebens=
unterhalt im Kampfe ums Dasein vollzieht[1]).

Wirthschaftliche Sorgen wird es geben, solange an der
Menschennatur noch Etwas zu vervollkommnen ist; sie sind das
erste und wichtigste Erziehungsmittel der Menschen. Nicht die
Beseitigung der wirthschaftlichen Lebensanforderungen kann die
Aufgabe der National=Oekonomik sein, sondern eine Erfassung
und Behandlung derselben, welche der Menschennatur überhaupt
und den concreten menschlichen Verhältnissen insbesondere ange=
messen ist. Sie lehrt die Menschen, in was sie besser zu werden
haben, wenn es ihnen besser gehen soll, sie zeigt ihnen den
Weg, welcher zu dem letzten Kulturziele führt, aber sie kann
nicht die unmögliche Aufgabe erfüllen, den Menschen das abzu=
nehmen, was diese mit körperlicher, geistiger und sittlicher An=
strengung selbst zu thun haben, wenn anders die Nothwendigkeit
der Freiheit weichen soll[2]). Weder der begehrliche Ungestüm
des Materialismus, noch die träumerische Sehnsucht des Spiri=
tualismus, welche beide darin übereinstimmen, daß sie den wirth=
schaftlichen Ernst des Lebens beseitigt sehen möchten, nehmen
die Menschennatur so wie sie ist, d. h. unfertig und entwick=
wicklungsfähig, sondern so, wie sie am Ende aller menschlichen
Dinge einmal sein wird. Die Volkswirthschaftslehre kann aber
nur mit dem Anfange anfangen. Sie hat die menschliche Natur
zu erfassen mit allen ihren Mängeln und Schwächen, Irrthümern
und Unvollkommenheiten, aber freilich auch mit allen ihren
großen und reichen Eigenschaften, deren Entfaltung im Gange
der Civilisation die Aufgabe der Menschheit ist.

Das Thun der Menschen zu richtigem Endziele kann über=

haupt von zweierlei verschiedenen Beweggründen geleitet werden, entweder von realistischen, kraft deren man das Wahre befolgt und das Falsche unterläßt, lediglich um des nützlichen Erfolges willen, oder von idealistischen, kraft deren man das Wahre um seiner selbst willen übt und das Falsche meidet, blos weil es falsch ist. Je schwächer und unvollkommener die Menschen noch sind, desto mehr müssen naturgemäß die Beweggründe der ersteren Art vorherrschen, die sich an die leichter greifbare Seite des Menschen wenden. Der Ruf des Wahren faßt die Menschen da, wo er sie am besten fassen kann, und dem noch niedrig stehenden Menschen kann die Idee der Wahrheit um ihrer selbst willen nur dadurch zur späteren völligen Aneignung zugänglich gemacht werden, daß sie sich seiner durch die realistische Seite, durch den nützlichen Erfolg, bemächtigt. Dies gilt im eminentesten Sinne von der wirthschaftlichen Bedeutung des Lebens. Das Wirthschaftsleben ist die Hauptpforte, durch welche die Wahrheit im Gewande des Nutzens Einlaß sucht, um sich in den Gemüthern der Menschen zu befestigen.

Jeder Mensch kann mit schrankenloser Willkühr handeln und dies bis zur Selbstvernichtung treiben, wenn er, seine Willkühr irrthümlich für Freiheit haltend, der Nothwendigkeit aufs Aeußerste trotzt. Nur aus der Beugung der individuellen Willkühr unter die Nothwendigkeit kann die Freiheit entstehen. Jeder Einzelne mag wählen, was er für angemessen findet. Aber die Einzelnen mögen triumphiren oder untergehen, sie mögen noch so wahr oder noch so falsch handeln, immer können sie hierdurch nur den Gang der Civilisation beschleunigen oder verlangsamen, niemals das Kulturziel selbst abändern. Das Ziel ist vom Anfange als objektive Nothwendigkeit gesetzt, in den Mitteln und Wegen, es zu erreichen, waltet die subjektive

Freiheit, aus deren Kulturkämpfen das für unvernünftige Menschheit anfangs gemußte Ziel, allmählig als ein von vernünftiger Menschheit gewolltes Ziel hervorgeht. Die Gesammtheit steht erhaben über extremen Willenäußerungen der Einzelnen. Es geht ein Zug durch die ganze Menschheitsentwicklung, der, bei Anwendung des Gesetzes der großen Zahlen, die menschliche Willensfreiheit scheinbar aufhören läßt. In der That ist dies nur Schein. Die Gesammtpersönlichkeit ist eines sich im Laufe der Kultur herausbildenden Gesammtwillens fähig, der die Resultante aller geäußerten Einzelnwillen ist, und um so klarer, d. h. anscheinend individuell willensunfreier zum Vorschein gelangt, von je mehr Einzelnpersönlichkeiten die damit correspondirenden Handlungen in Betracht gezogen werden *). Hiermit eröffnet sich die Möglichkeit einer exakten wissenschaftlichen Behandlung, wie aller öffentlichen, so insbesondere der wirthschaftlichen Lebensäußerungen der Völker. Jedes Volk kämpft in seiner Volkswirthschaft die menschheitliche Ueberwindung der Nothwendigkeit vermittelst der Freiheit durch. Wenn auch der Anspruch jedes einzelnen Volkes, die Menschheit selbst zu sein, ein einseitiger ist, so ist doch ein Volk nur eine der Modifikationen, in welchen sich das Ausleben der Menschheit vollzieht und geeignet, die Wandelbarkeit und Unbestimmtheit des Auftretens der einzelnen Menscheninbividuen nach dem Gesetze der großen Zahlen als eine der inbuktiven Beobachtung zugängliche Regelmäßigkeit erscheinen zu lassen.

Die Methode der Volkswirthschaftslehre kann hiernach keine andere sein, als die geschichtlich-statistische. Geschichte und Statistik sind die beiden großen Erforschungsmittel zur Beurtheilung alles Thatsächlichen, was im Gemeinleben der Menschen vorkommt. Alle Thatsachen des menschlichen Gemeinlebens können aber als Ereignisse oder als Zustände aufgefaßt werden und fallen demgemäß der Geschichte oder der Statistik anheim. Die erstere begreift die Dinge im objektiven Flusse der Bewegung und zeigt, wie nach genetischem Zusammenhange des Verschiedenartigen, Eines aus dem Andern hervorwächst. Die zweite stellt die Dinge in der passiven Ruhe des Fertigseins hin und zwingt damit alles Gleichartige, die ihm eigenthümlichen Regeln seines Bestehens sprechen zu lassen. Die Geschichte lehrt also, wie sich Verschiedenartiges aber auf einem Punkte Vorhandenes mit einander entwickelt, die Statistik, wie sich Gleichartiges aber an verschiedenen Punkten Befindliches zu einander verhält.

Mit diesen beiden Erforschungsmitteln alles Thatsächlichen, was die psychische und physische Menschennatur im Zusammenleben darbietet, steht der Weg zur wissenschaftlichen Erkenntniß und Beherrschung der Volkswirthschaft offen [1]).

---

[1]) Die Wirkungen, welche das Eingreifen einer Staatsgewalt auf die Volkswirthschaft äußern kann, gehören nicht in die wissenschaftliche Betrachtung der Nationalökonomie, sondern der Politik, unter deren Zweigen (Justizpolitik, Militärpolitik, Polizeipolitik ꝛc.) sich auch einer auf die Fürsorge des Staates für die Volkswirthschaft bezieht: Volkswirthschafts-politik. Die Vermengung der Volkswirthschaftslehre, welche viel von dem Charakter einer Naturwissenschaft an sich trägt, mit der Volkswirthschaftspolitik (wie dies namentlich von den englischen und französischen Schriftstellern geschieht, während die deutschen sich davon mehr frei zu erhalten wußten), ist sehr nachtheilig für die Ausbildung beider Disciplinen. Eine erfolgreiche Behandlung der Volkswirthschaftspolitik setzt eine brauchbare Volkswirthschaftslehre bereits voraus, sonst steht dort Alles in der Luft. Soll eine Volkswirthschaftslehre aber brauchbar sein, so muß sie ein Ganzes aus einem Gusse sein und nicht ein Conglomerat, welches lauter disjecta membra enthält; dazu wird sie aber gar leicht, wenn der natürliche Fluß des Zusammenhanges, in welchem Consumtion, Arbeit, Kapital, Preis, Geld,

Lohn, Zins ꝛc. ꝛc. stehen, immer wieder durch eingeschobene Erörterungen über das Verhalten der Politik zu diesem oder jenem Gegenstande unterbrochen und damit in der Offenbarung seiner Gesetzmäßigkeit nur gehindert wird. Wie eine solche Behandlung einerseits der Volkswirthschaftslehre Zwang anthun heißt, so heißt sie anderseits der Volkswirthschaftspolitik schlecht dienen und diese nicht mit der Gründlichkeit und Präcision durchführen, welche einer so wichtigen Abtheilung der Politik gebührt, einer Abtheilung, welcher das große und dankbare Thema zufällt, überall da, wo der Kampf der Volksgenossen mit dem Tauschwerthe durch menschliche Unvollkommenheit in einer das Gemeinwohl schädigenden Weise lahmt und schwankt, mit der in der Staatsgewalt concentrirten Gesammtkraft aller Volksgenossen bis zur Sicherung des Gesammtzweckes fördernd nachzuhelfen. Soll die Volkswirthschaftspolitik in dieser großen Mission von der Theorie gehörig unterstützt sein, so kann es nicht genügen, daß die Fragen über Handelsverträge, Erfindungspatente, Münzwesen, Bankordnung, Postwesen, Armenpflege ꝛc. den Kapiteln der Volkswirthschaftslehre beiläufig angehängt werden, sondern sie verlangen ihre eingehende selbstständige wissenschaftliche Berücksichtigung.

²) Man traut manchmal seinen Augen und Ohren kaum, wenn man den verschiedenen Nüancirungen einer Auffassung begegnet, welche die Volkswirthschaft lediglich für das bequeme Werkzeug hält, mit Hilfe dessen die Menschen allen erdenklichen Launen und Gelüsten beliebig fröhnen könnten und welchem die Aufgabe zufiele, alle menschlichen Albernheiten und Jämmerlichkeiten zu corrigiren, versteht sich, ohne daß diesen lieben Menschen die mindeste Incommodation dabei erwachsen dürfte. Es ist immer die alte Geschichte vom Stein der Weisen und nur eine Variante, wenn er, anstatt früher aus Alchymie, jetzt aus der Volkswirthschaft erwartet wird.

³) Geht man von diesem Gesichtspunkte aus, so erhalten Erscheinungen, die sonst einen wahrhaft unheimlichen und beängstigenden Eindruck machen würden, einen ganz anderen Charakter. Das scheinbare Aufhören des individuellen Willens ist auf vielen Gebieten, wo man es am allerwenigsten erwarten sollte, ein beinahe totales. So heiratheten in England von 10,000 Männern (Wappäus):

im Alter von	1853	1854	1855	1856	1857
unter 20 Jahren	234	242	234	247	245
von 20—25 Jahren	4674	4671	4580	4611	4677
„ 25—30 „	2644	2601	2617	2628	2586
„ 30—35 „	1062	1089	1081	1067	1043
„ 35—40 „	522	530	56?	536	549
„ 40—45 „	337	337	351	352	342
„ 45—50 „	202	199	216	212	211
„ 50—55 „	151	157	162	151	152
„ 55—50 „	80	84	94	91	95
über 60 Jahre	94	90	103	105	100

Die Gleichmäßigkeit der Zahlen ist hier so überraschend, daß es fast auf eines herauskäme, wenn jahraus jahrein die nämliche Männerzahl aus jeder Altersklasse zwangsweise ausgehoben und auf militärisches Kommando zum Traualtar geführt würde, während doch jede Heirath in Wirklichkeit erst in Folge der Ueberlegungen und nachherigen Willensäußerungen von mindestens zwei Personen erfolgen kann. Die gleiche Regelmäßigkeit, wie bei den Männern, zeigt sich auch für das weibliche Heirathsalter, ja das Heiraths= alter, auf welches der Menschenwille so sehr influirt, bietet sogar eine noch etwas regelmäßigere Periobicität dar, als das Sterbealter. Ebenso ergiebt sich die größte Regelmäßigkeit, wenn man die in einem Lande begangenen Verbrechen auf die Altersstufen bezieht; so waren z. B. in Frankreich von der Be= völkerung im Alter von 60—65 Jahren 1826/30: 3,4 %, 1831/35: 3,2 %, 1836/40: 3,3 %, 1841/44: 3,3 % Verbrecher; ja die Regelmäßigkeit bleibt, wenn man auch noch das Geschlecht der Verbrecher, die Art des begangenen Verbrechens ꝛc., in Betracht nimmt. Nicht minder ergiebt die Zahl der jähr= lichen Selbstmorde, deren Vertheilung auf die einzelnen Monate des Jahres und auf das Alter der Selbstmörder, die Wahl der Todesart die größte Ueberein= stimmung; ferner die jährliche Procentziffer der unbestellbaren Briefe, die Handlungen der Mildthätigkeit, die Summen, welche in öffentlichen Spiel= häusern gesetzt werden ꝛc. ꝛc. Der Ruhm der Entdeckung dieses ganzen Gebietes, welches der Forschung eine weitausgedehnte Perspective eröffnet, gebührt Quetelet.

*) Als methodische Erforschungsmittel der Nationalökonomie sind Geschichte und Statistik kaum erst eingetreten.

Die Geschichte wurde freilich von der Volkswirthschaftslehre schon längst benutzt, jedoch gehört ihr als streng und umfassend durchgeführtes Eigenthum das historische Element erst seit Erscheinen des bewunderungswürdig reich= haltigen Systems der Volkswirthschaft von Roscher (1854), von dem man wohl sagen darf, daß es nachdrücklich Schule gemacht hat.

Das statistische Element für die Methode der Volkswirthschaftslehre be= findet sich dem historischen gegenüber dadurch in sehr übler Stellung, daß das statistische Material noch ebenso dürftig ist, als das historische bereits reichlich ist; es wird noch eine wahre Riesenaufgabe zu bewältigen sein, bis die Statistik es in der Beherrschung ihres Stoffes so weit gebracht hat, wie die Geschichte. Täuscht nicht Alles, so wird die Bewältigung der Aufgabe nur dann gelingen können, wenn eine von Amtswegen gehandhabte Statistik und eine von Privatwegen betriebene Statistik sich organisch ergänzen, d. h. wenn mit den officiellen statistischen Bureaus statistische Vereine in dauernden und engen Rapport treten; nur so kann jede der umgänglichen Voraus= setzungen zur Erlangung vieler und zuverlässiger statistischer Daten, nämlich Auktorität, Sachkenntniß, Eifer und Unbefangenheit, gehörig gewahrt sein. Da es nicht zuviel behaupten heißt, wenn man sagt, daß die Statistik eben noch recht damit beschäftigt ist, die Kinderschuhe auszutreten, so bedarf es auch keines weiteren Commentars darüber, daß die exakte Methode der Volks= wirthschaftslehre noch lange nicht den sicheren Boden unter sich hat, den man wünschen möchte. In nur zu vielen Fällen muß man sich noch anstatt auf die Gewißheit einer Beweisführung auf die Wahrscheinlichkeit einer Auf= stellung stützen und einer späteren vollständigen Beantwortung durch die Statistik entgegensehen. Es ist aber immerhin schon sehr viel gewonnen, wenn allgemein Klarheit darüber herrscht, welche Fragen man an die Statistik zu richten hat. Unter den Statistikern hat in dieser Hinsicht gewiß Engel das größte Verdienst um die Nationalökonomie, nachdem Quetelet vorbereitend vorausgegangen war. Als Gewährsmänner, auf welche sich die statistischen An= gaben des vorliegenden Buches öfter stützen, sind, außer den beiden Eben= genannten, u. A. namentlich anzuführen: A. v. Humboldt, Bernoulli, Reden, Wappäus, Biedermann, Wachsmuth, Hübner, Soet= beer, Kolb, Macaulay, Tooke, Newmarch.

Erstes Buch.

Der Bedarf.

1. Hauptstück.
Die Bedürfnisse.

§ 9.

Den Ausgangspunkt der Volkswirthschaft bilden die Be=
dürfnisse, deren Befriedigung hinwiederum das Endziel aller
wirthschaftlichen Bestrebungen ist. Bedürftigkeit ist der Menschen
Loos. Vom frühen Morgen bis späten Abend, durch Tage,
Wochen, Jahre, von der Wiege bis zum Grabe ist das mensch=
liche Leben eine ununterbrochene Kette von Bedürfnissen. Sie
lauern überall, in Luft und Wasser, in Feld und Wald, in
Straße und Haus, vor Allem aber im eignen Inneren, welches
erst dem, rein objektiven, möglichen äußeren Dasein eines Be=
dürfnisses den Stempel der subjektiven Wirklichkeit aufdrückt.
Hungern, Dürsten und Frieren sind die primitivsten, unabweis=
barsten wirthschaftlichen Bedürfnisse, die einzigen, für welche
unsere Sprache auch eigne Namen hat. Kaum aber ist Speise,
Trank, Obdach und Kleidung nur in allernothwendigster Weise
zur Befriedigung derselben beschafft, als schon ein ganzer Schwall

2*

von anderen Bedürfnissen lebendig wird. Noch ehe die bloße Sättigung durch Speise und Trank vollzogen ist, denkt man bereits an Gaumenkitzel und Augenweide, die sie gewähren sollen, Kleidung und Obdach sind noch kaum irgendwie vollständig vorhanden, und man empfindet schon das Bedürfniß, ihnen Schmuck und Zierrathen zuzufügen. Das Verlangen nach Bequemlichkeiten und Annehmlichkeiten des Lebens drängt sich mit Macht und in einer Mannichfaltigkeit auf, die jeder Beschreibung spottet. Die Empfänglichkeit der menschlichen Natur für Bedürfnisse ist wahrhaft unermeßlich, und dies kann nicht anders sein, weil die Fortschrittsfähigkeit der menschlichen Natur unermeßlich ist. Denn die Entwicklung der Bedürfnisse ist sowohl Wirkung als Ursache des menschlichen Fortschreitens, dermaßen, daß sich im Gange der Bedürfnisse geradezu der Gang der Kultur ausspricht [1]. Mit jeder neuen Bedürfnißstufe fällt ein neuer Blick der Erleuchtung auf das große Welträthsel, dessen Lösung den Menschen aufgegeben ist.

[1] Die Annahme, daß das Menschendasein das Gepräge eines Rückschrittes trage, stützt sich auf willführliches Herausreißen und Deuteln vereinzelter Momente. Wer die Summe der vorliegenden statistischen und geschichtlichen Daten in ihrem großen Zusammenhange und mit ruhiger Unbefangenheit betrachtet, kann sich der Erkenntniß nicht verschließen, daß die Menschen, bei noch so beträchtlichen partiellen und zeitlichen Rückströmungen der Kultur, doch im Ganzen darin im ungebrochenen Voranschritte geblieben sind. Noch keine Errungenschaft, welche nachweislich den Menschen je einmal gehört hat, ist verloren gegangen, und stets neue Errungenschaften sind hinzugekommen. Dies gilt ganz unzweifelhaft von dem kulturbedingenden und kulturbedingten Wirthschaftsleben. Der Kreis der befriedigten wirthschaftlichen Bedürfnisse zeigt sich im stetigen Wachsen begriffen, sowohl quantitativ wie qualitativ. Es mögen hier, nicht sowohl zu einer ziemlich überflüssigen Beweisführung, als vielmehr zur Auffrischung des Wahrnehmens einige charakteristische Richtungen der Bedürfnißerweiterung in kurzen Zügen angedeutet

werben, zunächst unserem europäischen Mittelalter und Nachmittelalter gegenüber:

Nahrung. Noch bis ins 12. Jahrhundert weist die bessere Tafel außer Brod, Milch und Fleisch kaum etwas Anderes auf als Beeren, Waldobst und Haferbrei. Die gewöhnliche Kost in den Ritterburgen des 13. Jahrhunderts besteht aus altbackenem Brot, geräuchertem Rindfleisch, gesalzenen Fischen und rauhen Hülsenfrüchten. Die Kochkunst, der im 14. und 15. Jahrhundert, namentlich an Fürstenhöfen und in größeren Städten, viel Aufmerksamkeit zugewendet wurde, suchte besonders durch ein Chaos von Fleischgerichten zu glänzen, deren Beschaffenheit uns oft Ekel einjagen würde, sowohl was die Zubereitung, als die Substanz betrifft; daß man in den besten Häusern das Fleisch von Störchen, Kranichen, Habichten, Raben 2c. aß, begreifen wir kaum noch; sehr häufige Zuthaten der Gerichte sind Safran, Rosinen und Honig; Gewürznelken, Pfeffer, Zimmt, Muskat und dergl. sind noch selten und theuer, ebenso Zucker, dessen Gebrauch im mittleren und nördlichen Europa kaum über die Zeit der Kreuzzüge hinaus= geht; früher hatte man zum Versüßen von Speise und Trank nur den Honig, der Zucker blieb noch lange eine höchst kostbare Seltenheit, die sich bis zum Ende des 17. Jahrhunderts nur die Reicheren zum Genusse erlauben konnten; dagegen betrug die Zuckerconsumtion in England 1734: 10 Pfund und 1863 schon 32 Pfund auf den Kopf der Bevölkerung. Kaffee, Thee, Tabak, welche unter den täglichen Genüssen jetzt eine so wichtige Rolle spielen, sind bekanntlich erst ziemlich neuen Ursprunges für uns; der Ge= brauch des Tabaks kam durch Soldaten Karls V. aus Spanien nach Deutsch= land, Thee und Kaffee wurde in England und Frankreich erst zwischen 1660 und 1670 eingeführt; während es im russisch=chinesischen Landverkehr 1722 eine einzige Theesorte gab, unterschied man 1730 schon etwa 700 Sorten. Diese Specialisirung in den Sorten eines Genußobjektes zeigt sich auch recht deutlich bei Obst und Gemüse, die in den letzten Jahrhunderten an Güte und Auswahl erstaunlich gewonnen haben, während in dieser Beziehung die Mahlzeiten früher dürftig genug erscheinen. Dem quantitativen Bedürfnisse nach hat wohl kein Nahrungsmittel der Genußconsumtion größere Dienste geleistet, als die seit Ende des 16. Jahrhunderts in Europa Eingang findende Kartoffel; wie gut mit ihrer Benützung auch qualitativ bessere Befriedigung des Nahrungsbedürfnisses Hand in Hand gehen kann, zeigt das Beispiel

Frankreichs, wo um 1700 erst 33 %, 1839 aber schon 60 % der Bevölkerung Weizenbrod aßen. Wesentliche Bereicherungen der Consumtion lassen sich auch bei den geistigen Getränken erkennen. Der in Europa ziemlich weit verbreitet gewesene Meth (aus Getreide und Honig dargestellt) wurde durch die Verbesserung des Bieres (der Hopfen begann in Teutschland schon zur Karolingerzeit benützt zu werden) sehr in den Hintergrund gedrängt; wie groß diese Verbesserung sein muß, zeigt deutlich das Verschwinden der zahl= reichen früher so beliebten Lokalbiere (Broihan, Gose, Mumme 2c.). Auch der Branntwein, seit dem 15. Jahrhundert allgemein als Genußmittel in Aufnahme gekommen und als aqua vitae bezeichnet, sieht seine Consumtion durch besseres Bier wohlthätig geregelt. Der Wein, der was die relative Massenconsumtion anbelangt, diesem Einflusse ebenfalls nicht entgeht, hat sich im historischen Verlaufe durch rationelle Behandlung sehr gebessert, zumal auch durch sorgfältigere Wahl der Lagen, war doch z. B. in Pommern früher ausgedehnter Weinbau, während noch im v. Jahrh. der Würzburger Leisten ein kahler Abhang war und der vortreffliche Capwein erst vom Ende des vorigen Jahrhunderts datirt. — Auch die für Speise und Trank benützten Geräthe kennzeichnen. Von den Fingern bis zum Besteck dauerte es lange, Gabeln werden in Teutschland erst seit Ende des 16. Jahrhunderts bekannt; früher hölzerne und irdene Schüsseln, später Metall=, noch später Porzellan= teller; Trinkhörner, Holzbecher, wohl gar Menschenschädel, woraus man trank, dagegen später metallene Pokale, dann Kristallgläser 2c. 2c.

Wohnung. Man hat nicht nöthig, sich an Pfahlbauten= oder gar Höhlenbewohner zu erinnern, um den enormen Fortschritt auf diesem Gebiete klar vor Augen zu sehen. Bis zur Karolingerzeit wohnte die große Masse der Bevölkerung noch in stroh= und schindelgedeckten Blockhäusern oder rich= tiger Blockhütten, die mit Lehm verstrichen waren und nur einen einzigen Raum enthielten. Für Menschen, Vieh und Rauch war der nämliche Durchlaß in der Wand. Die Villen Karls d. Gr. hatten nicht wohl über 3 Zimmer zum Wohnen für die Herrschaft. Die mittelalterlichen Steinburgen gewöhn= lichen Schlages zeichnen sich durch Enge und Unbequemlichkeit aus; der beste Raum ist das Besuchszimmer (Rittersaal, Pallas); sonst beherbergt in der Regel dasselbe Zimmer (Kemnate) die ganze Familie bei Tag und Nacht. Steinerne Häuser bleiben auch in den größeren Städten noch lange selten, in Augsburg sind sie im 15. Jahrhundert noch entschieden in der Minderzahl;

zur Zeit der Restauration waren sogar die Häuser der City von London noch fast durchgängig aus Holz und Lehm erbaut. In sämmtlichen schlesischen Städten hatten von 38,000 Gebäuden 1777 erst 12,000 Ziegeldächer. Unge-dielte Fußböden sind im vorigen Jahrhundert noch sehr häufig, getünchte Wände die Regel. Die billigen und schönen Papiertapeten, welche jetzt so massenhaft angewendet werden, sind noch jungen Datums, die früheren, höchst raren Zeugtapeten wurden meist nur vorübergehend zum Gebrauche an die Wände gehängt. Glasfenster waren zur Zeit der Kreuzzüge in ganz Europa kaum bekannt, erst seit der Reformation werden sie allgemein üblich, aber noch in der Mitte des 17. Jahrhunderts kam es vor, daß englische Pairs die Fenster ihrer Schlösser ausheben und sorgfältig aufbewahren ließen, wenn sie ihre Stadtwohnungen bezogen. Die ersten Kamine kamen in England um 1570 auf; sehr lange waren Heerd und Ofen eines, ohne Rauchfang. Das Heerdfeuer ist auch die älteste häusliche Beleuchtung, ergänzt durch den Kienspan an der Wand; dagegen unsere modernen Lampen, Stearinkerzen, Gasflammen. Welche Verbesserung, um Feuer zu erlangen, lag in der Einführung von Stahl, Stein und Zunder, und wie vollständig ist dies mehrere Jahrhunderte lang gebrauchte Mittel seit wenig Jahrzehnten durch die, man möchte fast sagen lächerlich bequemen, Streichzündhölzer ver-drängt worden.

Kleidung. Obwohl die hierher gehörigen Gebrauchsobjekte mehr als auf irgend einem andern Gebiete dem Wechsel der Mode unterworfen und deßhalb die hier zu befriedigenden Bedürfnisse häufig als bloße Launen er-scheinen, so läßt sich doch deutlich genug ein Besserwerden des wirklichen Lebensgenusses erkennen. Die altgermanische Tracht besteht aus Riemen-schuhen (Sandalen) und für Männer aus einem Rock mit, für Frauen aus einem solchen ohne Aermel, über den letztere leinene Mäntel, die Männer Thierfelle werfen; die keltische Tracht hatte Beinkleid, Wamms und Tuch-überwurf. Das Tragen von Hemden und Strümpfen in unserem Sinne kam in Europa erst seit den Kreuzzügen auf. Gürtelstrümpfe gab es in Deutschland schon früher. Daß König Karls VII. Gemahlin (15. Jahrh.) die einzige Französin gewesen, die mehr als 2 Hemden hatte! Der deutsche Mittelstand zur Zeit der Reformation gieng völlig unbekleidet zu Bette. Westen seit dem 16., Cravatten seit dem 17. Jahrhundert, ebenso Knöpfe, während die Kleider bis dahin genestelt wurden; das lange weite Beinkleid ist seit der französischen Revolution allgemein üblich geworden. Eine enorme Auswahl billiger Kleidungsstoffe (Kattune, Musseline, Jaconets, Schirtings x.) hat die seit 1770 mächtig aufblühende Baumwolleninindustrie geliefert, die in England bis dahin nicht viel über 1 Million Pfund jährlich, 1860 dagegen über 1000 Millionen Pfund Baumwolle verarbeitete. In Preußen betrug auf den Kopf der Bevölkerung der Verbrauch

	1806	1849	
an Baumwolle	⁸/₄	16	Ellen,
„ Seide	¹/₄	²/₃	„
„ Tuch	⁵/₈	1	„
„ Leinwand	4	5	„

Reisen, Correspondenz, Lektüre. Erst seit der Reformation kommen geschlossene Wagen mit Fenstern (Kutschen) als Reisegelegenheit auf; bis dahin reiste man, wenn nicht zu Fuße, in offenen sehr roh construirten Fuhrwerken, in Sänften oder zu Pferde. Reisen zu Wagen waren in England am Ende des 17. Jahrhunderts nur möglich, wenn man 4—6 Pferde anspannen konnte, um auf den elenden Straßen mit den ungefügen Kutschen nicht völlig stecken zu bleiben. Wie sehr die Kutschen nur allein in den letzten fünfzig Jahren an Bequemlichkeit und Brauchbarkeit gewonnen haben, ist noch im Gedächtniß der lebenden Generation, die sich aber, schon ganz verwachsen mit der Fortschaffung auf Eisenbahnen, sehr sonderbar berührt fühlen würde, wenn sie auf noch so gute Equipageneinrichtungen beschränkt sein sollte, welche an Raschheit und Sicherheit doch nicht ¹/₄ des Bahnbetriebs leisten können, ganz abgesehen von der viel größeren Wohlfeilheit und allgemeineren Zugänglichkeit dieses. Auf einer Strecke, die man jetzt zwischen Frühstück und Mittagessen sehr füglich zurücklegt, mußte man vor 100 Jahren 5—6 mal übernachten. — Von einer regelmäßigen und sicheren Correspondenz in erwähnenswerthem Umfange kann erst nach Einführung der Briefpostanstalten gesprochen werden, die aber bis ins 15., 16. und 17. Jahrhundert sehr sporadisch und zusammenhanglos sind und ihre Mängel immer noch vielfältig durch Expreß- und Gelegenheitsboten ausfüllen lassen müssen; nach dem preuß. Regulativ von 1824 kostete auf 20—30 Meilen Entfernung ein 1lothiger Brief noch 5 Sgr., ein 3lothiger 20 Sgr., dabei war der ganze Briefversandt 1832 gegen 32 Millionen Stück, dagegen, nach den neuen Postreformen, 1860 über 135 Millionen Stück, in England 1839 noch 80 Millionen, 1863 nach Herabsetzung des einfachen Portos aber 640 Millionen Stück Briefe; was unter unsern Augen die Briefpost an Vorzüglichkeit gewonnen hat, würdigen wir, schon wieder verwöhnt durch die telegraphische Correspondenz, gar nicht gehörig; beförderte Telegramme in Preußen 1850: 35,000, dagegen 1863: 1,200,000. — Noch vor einem halben Jahrtausend gab es größere Städte genug, in welchen es recht schwer gewesen wäre, einige Bände Lektüre aufzutreiben (im 14. Jahrhundert kam es vor, daß von dem ganzen Züricher Capitel Niemand lesen konnte), jetzt schlägt eine Londoner Leihbibliothek täglich 15,000 Bände um. 1685 erschien keines der dürftigen englischen Zeitungsblättchen öfter als 2 mal die Woche; dafür ließ man sich Neuigkeitsbriefe aus London in die Provinz schreiben; außer in London, Orford und Cambridge waren in England kaum Drucker zu finden, in ganz England nördlich vom Trent existirte eine einzige Druckerpresse. Sehr bezeichnend für die gewaltige Bedürfnißsteigerung auf diesem Gebiete ist der Papierverbrauch; derselbe betrug im Jahre 1800 in England 29 Millionen, 1860 dagegen 207 Millionen Pfund.

Einrichtungen des bürgerlichen Zusammenlebens. Die Straßen der Städte waren bis Ende des 12. Jahrhunderts durchgehends ungepflastert; die erste Spur eines Straßenpflasters in Paris 1185, in London 1417; in Augsburg während des 15., in Dresden während des 16. Jahrhunderts Pflasterung. In Berlin waren zu Ende des 17. Jahrhunderts vor den Häusern Schweinställe angebracht, die Thiere liefen rudelweise auf den mit Schmutz, Kehrichthaufen und stagnirenden Gewässern bedeckten Straßen herum. In ansehnlichen deutschen Städten wie Kassel, Darmstadt wurde erst gegen Ende des vorigen Jahrhunderts eine dürftige Straßenbeleuchtung eingeführt, in Wien, Berlin, Dresden, Leipzig, Frankfurt, Hamburg zwischen 1675 und 1711, in Paris datiren die Anfänge schon von 1558. Für Trinkwasser sorgte man in den mittelalterlichen Städten anfangs durch Ziehbrunnen, später durch Pumpbrunnen, während in neuerer Zeit Röhrenleitungen das Wasser bis in die obersten Stockwerke der Häuser führen. Die Feuerlöschanstalten von sonst und jetzt lassen kaum mehr einen Vergleich zu, ebenso die Einrichtungen für öffentliche Sicherheit, Schulwesen x., die Theater sonst und jetzt, Museen, zoologische Gärten, Droschken- und Dienstmanninstitute x. nennen deutlich genug lauter Verbesserungen auf diesem Gebiete.

Die wirthschaftliche Bedürfnißbefriedigung des Alterthums, namentlich der Römer, wird auf Grund phantastischer Ueberschätzungen oft als die unsrige vielfach überragend dargestellt. Es ist richtig, daß nach dem Zu=sammenbrechen der alten Welt in vielen Dingen des Lebensgenusses ein Rückschlag eintrat, der aber von uns längst wieder überflügelt ist. Das Römerthum in seiner höchsten Periode der Schwelgerei hatte Nichts, was wir seit geraumer Zeit nicht auch haben oder jeden Augenblick haben können, wenn wir von uns überwundene Bedürfnißstandpunkte wieder auffrischen wollten; wir erkennen eben unsinnige Excentricitäten einer kranken Hyper=kultur, wie das Trinken von aufgelösten Perlen, die Anlegung von Fisch=weihern auf Thürmen u. dgl., nicht als wirklichen Lebensgenuß an. Was den gediegeneren Prunk mit edlen Metallen anbelangt, so genügt wohl hiefür die Bemerkung, daß der Gold= und Silbervorrath der Länder des heutigen Weltverkehrs mindestens um das 20fache den Edelmetallvorrath der Länder des römischen Weltreichs übertrifft, während die Bevölkerung des römischen Weltverkehrs zur Kaiserzeit mindestens ein Drittheil der heutigen war. So raffinirt schließlich bei Griechen und Römern die Tafel auch in vieler Beziehung war, so wenig würde sie doch einem feineren Geschmacke von heute genügen, auch hatte man dort nicht einmal Bestecke und Servietten. Die Kleidung stand im Ganzen sehr tief unter der unsrigen. Ebenso verhält es sich, wenige Ausnahmsfälle abgerechnet, mit den Straßenanlagen. Nur die Badeanstalten weisen Etwas unserer Bedürfnißstufe durchgehends eben=bürtiges auf. Sehr mangelhaft erscheinen uns dagegen die Wohnhäuser, namentlich deren Mobiliareinrichtungen, die bei aller Wahrung des ästheti=schen Standpunktes doch, was Mannigfaltigkeit und Bequemlichkeit anlangt, in unseren Augen geradezu dürftig sind; so kannte man z. B. gar nicht: Glas=spiegel, Sekretairs, Komoden, Schreibpulte ꝛc. Die Feuerungseinrichtungen, auf welche das dortige Klima denn doch recht häufig mit Nachdruck hinweist, sind geradezu erbärmlich. Ebenso die für Beleuchtung; die prachtvoll geformte antike Lampe steht hinsichtlich ihrer technischen Construktion und Leistungs=fähigkeit auf einer Stufe mit unserem ordinären Nachtlicht. Uhren kannte das Alterthum nur in Gestalt der Sonnen=, Sand= und Wasseruhren. Von eigentlicher Gartenkunst, namentlich Blumenzucht, weiß es soviel wie Nichts.

Dem Alterthum und Mittelalter gegenüber charakterisirt sich die moderne Bedürfnißbefriedigung durch einen Ausdruck aus der Sprache des Volkes, welches es in der Sache auch am weitesten gebracht hat: „comfort"; im

Deutschen vielleicht noch am ersten durch „Behaglichkeit" übersetzbar, bedeutet er einen ruhigen gehaltenen Lebensgenuß, dem unangenehmes Entbehren gerade so ferne steht, als blindes Schwelgen mit seinem Wechsel von Ueberreizung und Abspannung.

§ 10.

Die Bedürfnisse sind es, welche als nie rastender Stachel den Menschen zur Arbeit antreiben und damit sein Beharren auf dem Wege der Kultur verbürgen. Die Menschen arbeiten nur insoweit als sie Bedürfnisse haben, deren Befriedigungsmittel durch Arbeit herbeigeschafft werden sollen. Die Freiheit hat aber die Nothwendigkeit zu überwinden. Und wie für den einzelnen Menschen, dem es damit gelang die Blüthe des Lebens zu schauen, so ist für die ganze Menschheit das Ziel erreicht, sobald die Arbeit selbst überall zum tiefempfundenen Bedürfnisse geworden ist. Dann ist die Arbeit der menschlichen Natur nicht mehr blos Mittel zum Zwecke der Bedürfnißbefriedigung, sondern, im Erfülltsein eines erhabenen providentiellen Zuges, vor Allem Selbstzweck. Allein es ist ein gewichtiger Gang dahin, und bis zu seiner Vollendung beherrscht, je auf den einzelnen Stufen, die Nothwendigkeit die Freiheit, weil das Walten der Menschen von dem einzig möglichen Sinne einer ethischen Weltordnung abweicht.

Aus eignem Antriebe sind die Menschen nicht arbeitsam, sondern im Gegentheile, dem angebornen Impulse nach, träge und bequem. Eine gewisse Thätigkeit wird zwar so ziemlich jeder Mensch aus eigenem natürlichen Impulse, und wäre es aus bloßer Langeweile, äußern, aber Thätigkeit schlechthin ist noch keine Arbeit. Arbeit ist die mit bewußter Anstrengung auf einen bestimmten Zweck gerichtete Thätigkeit. Gerade diese bewußte Anstrengung ist es, ohne deren regelmäßige Uebung an

ein freudiges Wachsthum und Gedeihen der in der Menschen=
natur schlummernden Keime weder beim Individuum noch bei
der ganzen Menschheit gedacht werden kann. Gerade diese be=
wußte Anstrengung ist es aber auch, vor welcher der unent=
wickelte Mensch so leicht zurückscheut und deren Unbehagen erst
durch ein noch stärkeres anderes Unbehagen aus dem Felde ge=
schlagen werden muß. Wieviele gehen noch auf unsrer heutigen
Kulturstufe aus bloßer innerer Lust am Schaffen zur beschwer=
lichen Arbeit? Der Zwang und Reiz, die Nöthigung und
Lockung durch das Bedürfniß ist noch immer für die Hauptmasse
der Bevölkerung der unerläßliche Sporn zur stetigen, durch=
greifenden Uebung ihrer Kräfte. Während die Menschen glauben,
daß sie zu arbeiten haben, damit sie genießen sollen, haben sie
vielmehr zu genießen, damit sie arbeiten sollen [1]).

[1]) Das uralte Wort: „Im Schweiße deines Angesichtes sollst du dein
Brod essen!" Wir thörichten Menschen wollen seinen Sinn nur so schwer
verstehen.

§ 11.

Die menschliche Natur ist verschwenderisch reich mit Anlagen
und Fähigkeiten aller Art ausgestattet, aber es sind dies Schätze,
welche erst gehoben sein wollen. Und sie werden gehoben durch
die Arbeit mit ihrer so wunderbaren und doch so einfachen
Genesis. Die Arbeit, gestachelt vom Gefühle der Entbehrung,
wirft sich zuerst auf die Befriedigung der nächsten, dringendsten
Bedürfnisse. Es giebt deren nur wenige, und wenn die Bedürf=
nißbefriedigung auf ihrem Umkreis beschränkt bleiben müßte, so
stünde es schlimm um die Kultur. Aber der Mensch, welcher
arbeitet um seinen Hunger zu stillen, hat sich durch die Arbeit
nicht etwa blos den Genuß der Speise verschafft, sondern ist

einer weit besseren und werthvolleren Errungenschaft theilhaftig geworden, er hat die vervollkommnende Rückwirkung der Arbeit erfahren. Seine Muskeln und Nerven sind gestählt worden, sein Blick hat sich erweitert, sein Scharfsinn ist geweckt. Indem er sein sauer errungenes Brod verzehrt, hat er auch vom Baume der Erkenntniß gegessen. Sein Wesen hat höhere Eigenschaften erlangt als zuvor, er fühlt und denkt anders, er setzt sich Zwecke und macht Ansprüche an das Leben, die er vorher nicht kannte, es erwachen ihm neue Bedürfnisse. Aber sie erwachen nicht blos, er kann ihrer auch Meister werden, denn es sind ihm ja zugleich damit Anlagen und Fähigkeiten lebendig worden, mit deren Hilfe er die neuen Bedürfnisse befriedigen kann. Er befriedigt sie, indem er in der Arbeitsentfaltung wieder eine Stufe weiter steigt, und er gewöhnt sich an sie, die ihm von Natur nicht eigen, sondern durch Kunst zugänglich geworden sind. Kaum aber ist die Gewohnheit zur andern Natur geworden, als sich schon der wirthschaftliche Horizont abermals durch Auftauchen neuer Bedürfnisse erweitert, die in einem Entwicklungsprocesse ohne absehbares Ende aus jeder neuen Befriedigung durch Arbeit stets neue Bedürfnisse und neue Kräfte entspringen lassen. Aber nicht nur stets neue, sondern auch stets höhere. Wie die Bedürfnisse sich veredlen und verfeinern, wie die ursprünglich mehr rohen und sinnlichen, sich allmählich gewählteren, namentlich von mehr geistiger und sittlicher Art, unterordnen, so auch mit den menschlichen Leistungskräften, welche die Arbeit immer mehr adelt und erhebt. So wirkt die Arbeit getragen vom Bedürfniß in der kurzen Spanne des individuellen Daseins, so wirkt sie durch Generationen und aber Generationen in dem ganzen Volke und in der ganzen Menschheit [1]). Ein stufenweiser Gang, bei welchem jede Stufe zugleich Ursache und Wirkung der benachbarten ist. Höhere Bedürfnisse können nur in Wesen von höheren Eigenschaften erwachen, und umgekehrt haben nur diese die Kräfte, um die Mittel zur Befriedigung höherer Bedürfnisse zu schaffen ²).

¹) Wie kulturfeindlich die zu leichte Befriedigung der wichtigeren Lebens=bedürfnisse ist, kann man sehr deutlich, sowohl bei der Vergleichung einzelner Länder, als einzelner Menschen beobachten. Die „paradiesischen" Länder, in welchen das Nothwendige an Nahrung, Kleidung, Obdach so viel wie Nichts kostet (Mexiko, Westindien, Innerafrika ꝛc.) zeichnen sich durch Indolenz und Kulturlahmheit ihrer Bevölkerung aus. Die „glücklichen" Menschen aber, denen von Jugend auf jede Sorge um das tägliche Brod fern blieb, verfallen erfahrungsmäßig fast immer in Arbeitsunkräftigkeit und Erschlaffung, wenn ihnen nicht für die mangelnden unteren Stufen des wirthschaftlichen Impulses auf das Nachdrücklichste Ersatzmittel der Erziehung dargeboten und einge=prägt werden.

²) Die obige Auffassung ist soweit davon entfernt, einer blinden Ge=nußsucht (Eudämonismus) zu huldigen, daß sie sogar die Ascese vollkommen einschließt; das Bedürfniß, sich Bedürfnisse zu versagen, kann erst kommen, nachdem man diese Bedürfnisse gekannt und befriedigt hat, oder doch in der Lage war, sie befriedigen zu können; der Zustand freiwilligen, bewußten Entsagens stellt den Menschen hoch, aber damit er diese Höhe erreichen konnte, mußte er doch offenbar zuerst den rohen armseligen Zustand des Nichtkennens der Bedürfnisse verlassen und dieser theilhaftig werden. Beide Zustände haben Nichtbefriedigung von Bedürfnissen gemein, aber unbewußte und bewußte Bedürfnißlosigkeit sind so verschieden wie Schlafen und Wachen.

2. Hauptstück.

Die Verzehrung.

§ 12.

Die Verzehrung (Consumtion) ist der Untergang des Gebrauchswerthes in einem tauschwerthen Gute. Der Vorgang ist vollendet, sobald der letzte Rest von Gebrauchswerth in dem betreffenden wirthschaftlichen Gute zerstört ist Dasselbe als solches verschwindet damit aus der Reihe der wirthschaftlichen Güter, wie rasch oder langsam die Vernichtung des Werthes auch erfolgen mag.

Alle Verzehrung sollte, den Wünschen und Bestrebungen des Wirthschaftens gemäß, Bedürfnisse von Menschen befriedigen; kein wirthschaftliches Gut sollte der Werthvernichtung unterliegen, ohne daß, eben dadurch, menschliche Zwecke gefördert würden. Aber unvermeiblich werden immer Güter untergehen, ohne irgend einem Menschen genützt zu haben. Was Erdbeben, Orkane, Wasser= und Feuersnoth, was schädliche Thiere aller Art, was geänderte menschliche Meinung über Brauchbarkeit oder verkehrte menschliche Handlungsweise am Werthe von Gütern zerstören ist alles Verlustverzehrung.

Ihr entgegen steht die Nutzverzehrung, d. h. die von Menschen zu ihrem Vortheile vorgenommene Werthvernichtung. Dieser Vortheil kann aber wieder in mittelbarer oder unmittel= barer Weise erstrebt werden, und die Nutzverzehrung ist demge= mäß in Erwerbsverzehrung und Genußverzehrung zu unterscheiden.

§ 13.

Die Erwerbsverzehrung ist, wie der Name schon sagt, keine definitive, sondern nur eine einstweilige Consumtion. Man will durch solche Werthvernichtung neue wirthschaftliche Güter von höherem Werthe erlangen, man opfert eine Art wirthschaftlichen Werthes, um einen andern dafür desto entschiedener und reich= licher hervortreten zu lassen. Wenn man eine Quantität Ge= treide in den Boden säet, damit sie darin keime und wachse, so hat man die Möglichkeit einer anderweitigen Verwendung dieses Getreides, welche es anfangs darbot, abgeschnitten. Sein Werth zum Brodbacken, Branntweinbrennen ꝛc. ist unwiderruflich zer= stört, allein es liefert demnächst, im Ersatz dafür, eine weit größere Quantität neuen Getreides, welche der späteren Bedürf= nißbefriedigung um so ausgiebiger dient.

Ohne Erwerbsverzehr ist nur eine sehr rohe, unbedeutende Güterschaffung möglich. Soll der Schaffungsproceß, welcher dem Vermögen fortwährend neue Güter zuzuführen hat, er= giebig sein, so müssen die wirthschaftenden Subjekte die Resig= nation üben, einen Theil der von ihnen vorgenommenen Werth= vernichtung zunächst ohne allen Genuß für sich eintreten zu lassen. Die Aufgabe des Erwerbverzehrs besteht darin, vermittelst der Brücke eines scheinbaren Verlustverzehrs einen angemesseneren Genußverzehr herbeizuführen.

§ 14.

Die eigentliche, von Menschen erstrebte definitive Con= sumtion ist die Genußverzehrung. Während der Erwerbverzehr zunächst zwar der Bedürfnißbefriedigung noch nichts leistet, da= für aber neue wirthschaftliche Güter von höherem Werthe liefert, welche der demnächstigen Bedürfnißbefriedigung desto besser und reichlicher dienen, befriedigt die Genußconsumtion sofort Bedürfnisse, erfüllt damit den Endzweck des menschlichen Wirthschaftens, läßt aber auch die verbrauchten Werthe endgültig und unwiderruflich aus der Reihe der wirthschaftlichen Güter verschwinden.

Manche wirthschaftliche Güter können ihrer äußeren Beschaffenheit nach alternativ, entweder für die Genußverzehrung oder für die Erwerbsverzehrung, verwendet werden, kein wirthschaftliches Gut aber kann den Nutzeffekt, dessen es fähig ist, sowohl für die eine, wie für die andere leisten. Verwendet man ein Gut gleichzeitig zu beiden Zwecken, so theilt sich der Nutzeffekt unter beide, und Alles, was in der einen Richtung mehr geleistet werden soll, kann nur auf Kosten der andern geschehen.

Dies gilt indessen nicht blos für ein, alternativ beiden Zwecken dienliches, Gut von bestimmter äußerer Beschaffenheit, sondern ganz allgemein für die Consumtion in der Volkswirthschaft überhaupt. Durch den Mechanismus des Verkehrs (§ 44) kann man eine Werthform in andere Werthformen umsetzen. Wer nur über Tauschwerthe wirklich verfügt, hat es in seiner Hand, ob er dieselben für Genuß= oder für Erwerbszwecke verwenden will.

Je mehr Erwerb aber, desto weniger augenblicklicher Genuß, je mehr augenblicklicher Genuß, desto weniger Erwerb.

§ 15.

Die richtige Wirthschaftlichkeit in der Güterconsumtion ist Sparsamkeit; die davon abweichenden extremen Richtungen der Verschwendung und des Geizes müssen in doppeltem Sinne genommen werden. Einmal in Bezug darauf, ob eine Einschränkung der Erwerbes zu Gunsten des Genusses oder des

Genusses zu Gunsten des Erwerbes erfolgt. Und sobann im Hinblick auf die Art und Weise, in welcher eine gegebene Güter= menge, sei es für Genuß oder für Erwerb, durch die Consumtion ausgenutzt wird. Ein Verschwender im ersten Sinne kann dem= nach immerhin noch ein Geiziger im zweiten Sinne sein, und umgekehrt.

Das richtige Gleichgewicht zwischen Genußverzehrung und Erwerbsverzehrung und die richtige Ausnutzung aller wirthschaft= lichen Werthe durch die Consumtion überhaupt ist für jede Einzelwirthschaft, wie für die gesammte Volkswirthschaft selbst= verständlich von größter Bedeutung.

Für die Nachhaltigkeit des Wirthschaftens erscheint zunächst die Verschwendung durch Bevorzugung des Genusses auf Kosten des Erwerbes gefährlich, indem dadurch die Mittel zur späteren Bedürfnißbefriedigung geschwächt werden. In der Einzelwirth= schaft nicht nur, sondern auch in der gesammten Volkswirthschaft kann die Verschwendung so weit gehen, daß der Wohlstand in seinen innersten Fundamenten wankt und bricht. Aber auch die übertriebene Sparsamkeit, welche den Erwerb auf Kosten des Genusses einseitig bevorzugt, kann sich höchst nachtheilig geltend machen. Als Folge erscheint hier Verkümmerung der Bedürfnisse; das Leben wird arm und trocken, die Sinnesart verknöchert, die edelsten und wärmsten Gefühle der Menschennatur ersticken all= mählig in einem abgezwungenen Kargen und Darben; der zu= sammenscharrenden Thätigkeit des Geizigen, und wenn sie seine Habe noch so sehr mehrt, fehlt das wirthschaftliche Princip des Emporhebens der ganzen Persönlichkeit.

In der Volkswirthschaft, dieser großen Erziehungsschule der Menschheit, geht nur mit dem ächten Genusse des Geschaffenen die ächte Freude und Fähigkeit des Schaffens Hand in Hand.

Für die ganze Volkswirthschaft ist freilich die Gefahr auf die wirthschaftlichen Abwege der Verschwendung oder des Geizes zu gerathen, nicht entfernt in dem Maße vorhanden, wie für den Einzelnen. Schon beßhalb, weil den ihrer Natur nach Ver= schwenderischen immer Andere mit gegentheiligen individuellen Eigenschaften gegenüberstehen und hieburch schon von vornherein ein gewisses Gleichgewicht hergestellt wird. Sodann aber, weil in dem volkswirthschaftlichen Zusammenleben der Luxus waltet. Ein ganz isolirt gedachter Mensch kann verschwenderisch oder geizig sein, aber er kann keinen Luxus üben, dessen Begriff erst die Vergleichung der wirthschaftlichen Lebensweise verschiedener Menschen giebt. Jeder nennt demgemäß Luxus, was über das Maß der ihm zugänglichen Verwendungen für Genußzwecke hinaus= geht. Nicht zugänglich können ihm die Verwendungen sein, ent= weder weil er die zu Grunde liegenden Bedürfnisse, oder weil er die erforderlichen Befriedigungsmittel nicht hat. Zwischen Un= gleichheit im Empfinden von Bedürfnissen und Vermögensun= gleichheit besteht aber ein sehr naher Zusammenhang, derart, daß sich für die verschiedenen Einzelwirthschaften eines Landes ein wesentlich gleichmäßiges Verhalten gegenüber der Hauptmasse der Bedürfnisse nachweisen läßt. Die im Gange der Kultur neu auftauchenden feineren Bedürfnisse machen sich zunächst bei Denjenigen geltend, welche zuoberst auf der wirthschaftlichen Stufen= leiter stehen. Von da verbreiten sie sich, während oben immer wieder neue Bedürfnisse kommen, allmählig nach unten, Schritt für Schritt den tiefer stehenden Vermögensklassen zugänglich werdend. Empfinden von Bedürfnissen und Streben, seinen Ge= nußverzehr demgemäß einzurichten, ist, im Großen und Ganzen, Eines. Unterschiede im Genußverzehr der Einzelwirthschaften, begründet auf deren Vermögensungleichheit, giebt es in jeder

3*

Volkswirthschaft. Jeder auf dieser Stufenleiter Höherstehende hat
das Bestreben, dem Tieferstehenden voranzubleiben; jeder Tiefer=
stehende strebt, es dem Höherstehenden gleich zu thun. Die Dif=
ferenz von Verwendungen, die zwischen Beiden liegen bleibt,
indem sich die Gesammtverwendung eines Jeden immer weiter
hinaufschiebt, ist Luxus. Im Wesen des Luxus liegt das Be=
streben, den Lebensgenuß fortwährend absolut zu verfeinern,
während man die relative wirthschaftliche Lebensstellung, die man
einmal hat, mindestens fest hält, wo möglich verbessert. Ver=
schwendung wie Geiz sind aber gleichmäßig Todfeinde des Luxus.

3. Hauptstück.
Der Unterhaltsspielraum.

§ 16.

Unterhaltsspielraum ist das Verhältniß zwischen einem
Vorrathe von wirthschaftlichen Gütern und der Zahl Derjenigen,
die zu ihrer Bedürfnißbefriedigung darauf angewiesen sind. Zur
Beurtheilung der Zulänglichkeit eines Unterhaltsspielraums müssen
also drei Momente ins Auge gefaßt werden: der Gütervorrath,
die Menschenzahl und die Bedürfnisse. In der Einzelwirthschaft
wird der vorhandene Gütervorrath unter die darin vorhandene
Menschenzahl in Gemäßheit der vorhandenen Bedürfnisse durch
das Familienoberhaupt vertheilt. In der Volkswirthschaft giebt
es kein Oberhaupt. Sie vertheilt den vorhandenen Gütervorrath
unter die Einzelwirthschaften lediglich nach der Leistungsfähigkeit,
welche dieselben bei Schaffung des Gütervorraths bewiesen haben,
ohne Rücksicht darauf, welche Zahl und welche Bedürfnisse sie ein=

schließen mögen. Denn was milbthätige Einzelwirthschaften an
Nothleibende zu deren Erleichterung spenden, hat, eben damit,
baß es als Almosen gegeben wird, den Charakter der wirth=
schaftlichen Vertheilung, weil des wirthschaftlichen Gutes, ver=
loren. Die Spender selbst haben es wirthschaftlich consumirt,
indem sie dadurch dem Bebürfnisse ihres wohlthätigen Herzens
Genüge leisteten. Der Almosenempfänger als solcher übt aber
gar keine wirthschaftliche Consumtion, denn was er genießt, sind
keine wirthschaftlichen sondern freie Güter (§ 2). Die Volkswirth=
schaft hat es überhaupt mit den einzelnen Menschen nur durch
Vermittlung der Einzelwirthschaften zu thun. Eine Einzelwirth=
schaft kann jeder Mensch für sich haben, der den Muth und die
Thatkraft zur Selbstständigkeit in sich trägt. Jede Einzelwirth=
schaft wird aber um so stärker angespornt sein, einen adäquaten
Theil vom Gütervorrath in der gesammten Volkswirthschaft zu
erlangen, je mehr Menschen und je mehr Bebürfnisse sie ein=
schließt.

§ 17.

Ein unzulänglicher Unterhaltsspielraum kann zulänglich
gemacht werden durch Vermehrung des Gütervorrathes, durch
Verminderung der Menschenzahl und durch Verminderung der
Bebürfnisse, entweder indem nur einer dieser Faktoren auftritt,
oder indem zwei derselben oder gar alle drei zugleich sich geltend
machen. Als das Angenehmste erscheint jedenfalls eine so starke
Vermehrung des Gütervorraths, baß die Zahl und die Bebürf=
nisse der Bevölkerung nicht nur keine Einbuße erleiden müssen,
sondern im Gegentheile noch zunehmen können. Denn ganz
unzweifelhaft haben Beide die Tendenz zur fortwährenden Zu=
nahme. Mit allen organischen Wesen theilt der Mensch, außer

dem Trieb zu leben, auch den, sich fortzupflanzen. Für die rein
physiologische Fortpflanzungsfähigkeit der Gattung giebt es keine
oberste Grenze [1]). Wird daher den nie fehlendem Triebe zur
Fortpflanzung wirklich Folge geleistet, so muß eine Erweiterung,
welche den Unterhaltsspielraum durch Zunahme des Gütervorraths erfahren hat, durch Zunahme der Bevölkerungszahl bald
ausgefüllt sein und zwar um so rascher, je stärker sich daneben
der Bedürfnißkreis der Menschen ausdehnt; denn beide Tendenzen,
so verschieden sie auch in qualitativer Hinsicht sind, stimmen
darin überein, daß sie eine quantitative Steigerung des Bedarfs
bedingen. Das ist ein Zustand bequemen Wohlbehagens, bei
welchem die Menschen, ohne dem Triebe zur Fortpflanzung
Schranken aufzuerlegen, Wesen ihresgleichen in's Leben rufen
und sich wie den neuen Ankömmlingen aus dem Bereiche der
seither unbefriedigten Bedürfnisse eine Menge neuer und verfeinerter Genüsse gewähren können. Ist dagegen der Unterhaltsspielraum durch mangelhaft vorhandenen und für den Augenblick
nicht steigerungsfähigen Gütervorrath unzulänglich, so erübrigt
zur Herstellung des Gleichgewichtes nur eine Einschränkung auf
Seiten der Zahl oder auf Seiten der Bedürfnisse der Bevölkerung
und sie ist bei Beiden schmerzlich genug. Bei dem Ersten ist
der Umstand, daß die bloße Bevölkerungsziffer reducirt werden
soll, das Geringste; aber daß Mitmenschen vorzeitig zu Grunde
gehen sollen, verwundet das Gefühl. Bei dem Zweiten ist der
Umstand, daß eine bloße Versagung mancher Genüsse eintreten
soll, das Geringste; aber daß die Springfeder der Kultur ge-
lähmt werden soll, beleidigt die Vernunft. Das Endergebniß
der schmerzlichen Alternative muß wohl unbedingt immer eine
Einschränkung beider Faktoren sein [2]). Die Vernunft ringt mit
dem Gefühl. Aber nie wird, bei einen eingetretenen mangelhaften

Unterhaltsspielraum, das Eine das Andre vollständig überwäl=
tigen können. Nie kann eine Versagung von Genüssen, welche
sich die Einen auferlegen, so weit gehen um die für den Augen=
blick erforderliche Bedürfnißbefriedigung aller Andern zu garantiren.
Und dies gilt nicht etwa blos zwischen Einzelwirthschaften, wo
der Eigennutz und die Lieblosigkeit überwunden werden muß,
damit Andern geholfen werden könne, es gilt bis in das Innerste
und Heiligste des Familienlebens hinein [2]).

Nie aber kann auch auf der andern Seite ein vorzeitiges
Verkümmern und Hinsterben von Menschen stattfinden, ohne daß
die Bedürfnißbefriedigung Anderer verkürzt würde. Und dies
gilt nicht etwa blos für das Bereich einer Einzelwirthschaft, es
gilt auch für die weiteren Kreise des Verhaltens von Einzel=
wirthschaften. Nirgends wird ein Land aufzufinden sein, in
welchem der Nothschrei des Elends nur taube Ohren fände.

Die Frage, inwiefern dem Menschengeschlechte die traurige
Alternative einer nachtheiligen Einbuße der Bevölkerungszahl zu
Gunsten der Bedürfnisse oder der Bedürfnisse zu Gunsten der
Bevölkerungszahl erspart werden könne, beantwortet sich nach
der Möglichkeit (§ 18, 36), den Gang des Schaffungsprocesses
und die Bewegung der Zahl und der Bedürfnisse der Bevölkerung
in Uebereinstimmung zu halten.

[1]) Da ein Menschenpaar durchschnittlich viel mehr als zwei Menschen
ins Leben rufen und aufziehen kann, so kann auch jede folgende Generation
größer werden als die vorausgehende, ohne daß sich irgend eine physiologische
Grenze dieses Wachsthums absehen ließe (§ 39).

[2]) Dieser Rückschlag bei mangelhaftem Unterhaltungsspielraume ist nur
das Spiegelbild der qualitativen Bedeutung, welche beiden Faktoren im Hin=
blick auf erweiterten Unterhaltsspielraum zukommt. Während eine Zunahme
bei beiden mit erhöhter Quantität des Bedarfes gleichbedeutend ist, läßt Ver=

mehrung der Menschenzahl an und für sich die Qualität des Bedarfes un=
geändert, Vermehrung der Bedürfnisse dagegen schließt an und für sich zugleich
verbesserte Qualität des Bedarfes ein; dort wirkt der Bedarf durch Noth,
hier durch Reiz, dort ist seine unmittelbare Wirkung höchstens Erhaltung,
hier jedenfalls Steigerung der Kulturstufe.

*) Casuistische Frage: Kann eine Mutter, deren krankes Kind ohne ihre
Pflege sicher verloren ist, sich und ihre anderen Kinder der Gefahr des
Hungertodes aussetzen, um von den ersparten Pfennigen eine theure Arznei
zu kaufen, welche eine Möglichkeit der Rettung für das Kranke bietet?

———••———

Zweites Buch.

Die Schaffung.

Erste Abtheilung.

Das Wesen der Schaffung.

§ 18.

Die volkswirthschaftliche Schaffung ist die Herstellung tauschwerthen Gebrauchswerthes. Weder die Herstellung von Gebrauchswerth allein, noch die von Tauschwerth allein ist volkswirthschaftlich produktiv. Gebrauchswerth allein herstellen heißt freie Güter für Andre oder individuell gebundene für sich, aber keine wirthschaftlichen Güter liefern. Tauschwerth ohne Gebrauchswerth dagegen kann es gar nicht geben. Herstellung von Tauschwerth allein ist also nur möglich, indem das in einem bereits vorhandenen Gute bestehende Verhältniß zwischen Gebrauchswerth und Tauschwerth zu Gunsten des letzteren auf Kosten des ersteren verändert wird. Daß dies aber, nationalökonomisch betrachtet, keine Schaffung, sondern umgekehrt Zerstörung ist, leuchtet wohl ein. Denn nicht durch Tauschwerth, sondern nur durch Gebrauchswerth lassen sich menschliche Bedürfnisse befriedigen. Die Schale

Tauschwerth muß ja immer erst durchbrochen werden, damit man
zu bem Kerne Gebrauchswerth gelangen und eine Genußcon=
sumtion vornehmen kann. Der Tauschwerth ist der Feind, welcher
sich zwischen menschliche Schmerzen und die Stillungsmittel dieser
Schmerzen einbrängt und Beide auseinander zu halten sucht.
Alles, was diesen Feind überwinden hilft, ist volkswirthschaftlich
produktiv, Alles, was sich mit ihm alliirt, um sein Einbringen
zu erleichtern, antiproduktiv, Alles, was sich dabei indifferent
verhält, unproduktiv. Sämmtliche Einzelwirthschaften der Volks=
wirthschaft sind aufgerufen zum Kampfe gegen den Tauschwerth;
aber es kann in diesem Kampfe neben den wackern Streitern
ebensowohl lässige (unproduktive), als verrätherische (antipro=
duktive) Kämpfer geben. Erstere wollen in Reihe und Glied
zum Siege Nichts beitragen und gehen schließlich selbst an ihrer
eignen wirthschaftlichen Mangelhaftigkeit zu Grunde, letztere
wollen den Sieg vereiteln, indem sie von der Seite ihrer Ge=
nossen weichen und in der Hoffnung auf reichere Beute in den
gegnerischen Kampf gegen dieselben eintreten. So mannichfaltig
die Formen auch sein mögen, in welchen dies geschehen kann,
ebenso gewiß werden sich für jeden derselben vorübergehende Mög=
lichkeiten zu außerwirthschaftlicher Bereicherung auf Kosten der
Gesammtheit so lange bieten und bieten müssen, als die Menschen
noch unvollkommen sind und durch solche gegnerische Stöße den
ihnen noch nöthigen nachdrücklichen Hinweis erhalten, daß für
die Dauer im redlichen wirthschaftlichen Schaffen allein der wahre
und vernünftige Vortheil Aller liegen kann. Bei fortgesetzter
einseitiger Hervorrufung von Tauschwerth, d. i. bei schließlicher
Unterdrückung des Gebrauchswerthes, müßten ja offenbar Alle
zu Grunde gehen. Nur der von neuem Gebrauchswerthe ge=
tragene neue Tauschwerth kann als volkswirthschaftliche Pro=

buktionsleistung betrachtet werden. Als die produktivste wird in
der Volkswirthschaft aber jederzeit diejenige Schaffung erscheinen,
welche die größte und wichtigste Bedürfnißsumme am ausgiebigsten
zu befriedigen gestattet.

§ 19.

Zu einer fruchtbaren volkswirthschaftlichen Produktion ge=
hört das regelmäßige Ineinandergreifen der Schaffungsfaktoren.
Das Kapital, seinerseits selbst Produkt, ist für sich allein ge=
dacht, als Schaffungsfaktor wirkungslos. Die Natur für sich
allein erzeugt nur Stoffe, aber keine wirthschaftlichen Werthe.
Die Arbeit endlich, das beseelende Princip der Schaffung, wäre
von keiner Bedeutung ohne die Hülfeleistung der beiden anderen
Faktoren.

Es versteht sich von selbst, daß das Verhältniß, in welchem
die Schaffungsfaktoren zur Herstellung eines Produktes mitwirken,
für die verschiedenen in der Volkswirthschaft vorkommenden Pro=
dukte ein sehr verschiedenes sein wird. In dem einen Produkte
herrscht die Wirksamkeit der Natur, in andern die der Arbeit,
wieder in andern die des Kapitals, und zwar in den mannig=
faltigsten Abstufungen und Verbindungen vor. Es versteht sich
aber ebenso von selbst, daß das für je die einzelnen Produkte
erforderliche richtige Ineinandergreifen der Schaffungsfaktoren
nur dadurch erzielt werden kann, daß dieselben bereits durch
Einzelwirthschaften systematisch zum Schaffungsprocesse vereinigt
werden. Eine solche Vereinigung von Schaffungsfaktoren in einer
Einzelwirthschaft zum Zwecke der Erzielung eines Ertrages heißt
Unternehmung oder Gewerbe. Freilich schließt keineswegs
jede Einzelwirthschaft nothwendig eine Unternehmung ein. Es
findet dies weder bei den Einzelwirthschaften statt, welche die

isolirte Nutzung des einzigen Produktionsfaktors, über den sie verfügen, an Andere verkaufen, noch auch bei denen, welche, obwohl über mehrere Produktionsfaktoren verfügend, doch diese nicht selbst zur Schaffung combiniren, sondern ebenfalls deren Nutzungen getrennt verwerthen.

Zweite Abtheilung.
Die Faktoren der Schaffung.

1. Hauptstück.
Die Natur.

§ 20.

Abgesehen von dem Einflusse, welchen die Natur auf den Menschen selbst und dadurch mittelbar auf die Güterschaffung äußert, ist ihre direkte Einwirkung darauf mächtig genug. Es ist jedoch in erster Linie nicht das Walten der natürlichen Potenzen an sich, was in volkswirthschaftlicher Beziehung Interesse bietet, sondern ihr Eingreifen in den Kampf des Menschen mit dem Tauschwerthe. Für die Volkswirthschaft kommt es nicht sowohl darauf an, ob man die Naturkräfte in physikalische, chemische und organische, die Naturobjekte in mineralische, pflanzliche und thierische zu unterscheiden habe, als vielmehr darauf, inwiefern die natürlichen Potenzen im Stande sind, Tauschwerth zu erlangen oder nicht. Was keinen Tauschwerth zu erlangen vermag, kann nicht Gegenstand der Wirthschaft, sondern höchstens freies oder individuell gebundenes Gut sein. Was dagegen von natürlichen Potenzen mit dem Grund und Boden zusammenhängt und also vermöge seines Verknüpftseins mit bestimmten Oertlichkeiten eines Einflusses auf die volkswirthschaftlichen Verhältnisse fähig ist, wird sich auf die Beschaffenheit des **Klima's**, der **Bodenfruchtbarkeit**, der **Fossilien** und der **Configuration** eines Landes zurückführen lassen.

A. Das Klima.

§ 21.

Die Zustände, welche die Athmosphäre eines Landes in Bezug auf Wärme, Feuchtigkeit und Luftströmungen aufweist, bilden dessen Klima.

Die Wärmevertheilung auf der Erdoberfläche wird zunächst durch die Meereshöhe und die geographische Breite der Oertlichkeiten bedingt; je höher gelegen und je entfernter vom Aequator, desto geringer hiernach die Temperatur eines Ortes. Dies Verhalten kann aber auf das Wesentlichste durch andere Einflüsse modificirt werden, worunter namentlich die Art und Weise der Abwechslung von Land und Meer oder von Berg und Thal, sowie die Richtung der Gebirgszüge von Wichtigkeit sind. Entscheidend für die Beurtheilung der Wärmeverhältnisse einer Oertlichkeit ist übrigens nicht etwa blos deren durchschnittliche Jahrestemperatur, sondern auch deren durchschnittliche Sommerwärme und Winterkälte, die bei zwei Orten von gleicher Jahrestemperatur die größten Verschiedenheiten darbieten kann. Die Linien, welche Orte von einerlei Verhalten in einer dieser drei Beziehungen über die Erdoberfläche hin verbinden (Isothermen, Iso=

theren, Isochimenen), sind von größter volkswirthschaftlicher Bedeutung, da sich auf dieselben verschiedene Zonen des vegetativen
und animalischen Lebens begründen¹). In dieser Beziehung
kommt jedoch auch wesentlich der Feuchtigkeitsgrad der Athmosphäre in Betracht, welche nur zum Theile von den die Wärmevertheilung bedingenden Einflüssen in gleicher Weise abhängig
ist. Die Feuchtigkeit der Luft äußert sich sowohl in dem gas-
förmig darin suspendirten Wasser, als in dem Regenfalle, welche
beide Faktoren wieder in Wechselwirkung stehen. Im Allgemeinen
nimmt die Regenmenge von den Aequator nach den Polen hin
ab. In tieferliegenden Oertlichkeiten ist die Intensität, in höher-
liegenden die Häufigkeit des Regenfalles größer, letzteres derart,
daß die ganze Regenmenge hier größer erscheint. Küstengegenden
hinwiederum, mit ihrer mehr von Wassergas erfüllten Luft,
pflegen größere Regenmengen zu haben als Binnenländer. Von
ganz besonderer Bedeutung für die Feuchtigkeit der Luft, insbesondere den Regenfall, sind die in einer Oertlichkeit herrschenden
Windströmungen.

Letztere können aber auch, für sich allein betrachtet, eine
nicht zu übersehende Einwirkung in wirthschaftlicher Hinsicht
äußern. Zunächst kann das organische Leben durch sie günstig
oder ungünstig beeinflußt werden. Und sodann sind sie einer
belangreichen mechanischen Ausbeutung fähig.

¹) So unterscheidet man in Rußland: die Zonen des beständigen Eises,
des Rennthiermooses, des Waldes und der Viehzucht, des Roggenbaues, des
Weizen- und Obstbaues, des Wein- und Maisbaues, des Oelbaumes, Zucker-
rohres und der Seidenzucht.

B. Die Bodenfruchtbarkeit.

§ 22.

Der fruchttragende Boden eines Landes stammt, abgesehen von seinem Humusgehalte, aus der Verwitterung der Felsarten, welche ursprünglich die feste Erdoberfläche bildeten. Gleichwohl kann eine Unterscheidung des Bodens in Granit-, Basalt- ꝛc. Boden nicht ausreichen, einmal, weil eine Felsart doch wieder sehr mannichfaltig zusammengesetzt sein kann, und ferner, weil die verwitterten Bestandtheile durch Ab- oder Zuschwemmung gar sehr verändert sein mögen. Zur Beurtheilung der Güte eines fruchttragenden Bodens müssen vielmehr unmittelbarer dessen chemische und physikalische Eigenschaften in Betracht gezogen werden. In dieser Hinsicht ist es weiterhin nöthig, bei dem Boden zwei horizontale Schichten zu beachten, einmal die obenaufliegende Dammerde, in welcher die Wurzeln der Gewächse sich ausbreiten, und aus welcher die Pflanze die für ihre Ernährung brauchbaren Bodensubstanzen holt, und sodann die darunter lagernde Schichte, den Untergrund.

Nach ihren vorherrschenden Bestandtheilen unterscheidet man die Bodenarten gewöhnlich in Thon-, Lehm-, Sand-, Kalk-, Gyps-, Talk-, Mergel-, Eisen- und Humusboden. Die Tauglichkeit eines Bodens für das Gedeihen der Pflanzen in rein chemischer Hinsicht bemißt sich, abgesehen von den organischen Substanzen, vorzüglich nach seinem assimilirbaren Reichthum an Kali, Natron, Magnesia, Kalk, Kiesel- und Phosphorsäure [1]). Kaum minder wichtig für die Fruchtbarkeit eines Bodens ist aber dessen Verhalten in Bezug auf Consistenz (leichter oder schwerer Boden), sowie auf die Fähigkeit, Wärme, Wasser und Gase aufzunehmen und zurückzuhalten.

¹) Die Grundidee der Liebig'schen Lehre von der Bodenerschöpfung wird von keinem Verständigen mehr ernstlich angezweifelt werden können. Von einer natürlichen Unerschöpflichkeit der einzelnen Bodenparcellen kann gewiß nicht die Rede sein; wohl aber ist der Boden im Ganzen von Natur unerschöpflich. Die einzelne Parcelle, der jahraus jahrein an Bodenbestand= theilen mehr entzogen wird, als sie von naturwegen (durch Verwitterung, Regenfall x.) wieder liefern kann (eine mittlere Weizenernte entzieht der Hektare Ackerland 25—26 Kilogramm Phosphorsäure, 52 Kil. Kali, 160 Kil. Kieselsäure), muß sicherlich verarmen, wenn ihr der Substanzverlust nicht anderweitig wieder ersetzt wird. Da aber auf der Erde kein Atom Substanz verloren geht und Alles, was aus dem Boden je einmal hervorgieng, schließlich wieder in den Boden zurücksinkt, so kommt es nur auf richtige Beachtung und Verwendung der Bodensubstanz an, um jeder einzelnen Parcelle durch Menschenkunst immerwährende Unerschöpflichkeit zu garantiren.

C. Die Fossilien.

§ 23.

Die Erde birgt in ihrem Innern eine Menge von Gegen= ständen, welche nur der Loslösung bedürfen, um wirthschaftlichen Nutzen leisten zu können. Aber es sind dies Vorräthe, welche die Natur in ihrem durch den Menschen nicht gestörten Walten ein für alle Male geliefert hat und welche durch fortgesetzte Ausbeutung ohne Möglichkeit künstlichen Wiederersatzes erschöpft werden, wenn dies auch bei vielen erst nach kaum absehbarer Dauer eintreten kann. Die Vertheilung dieser Gaben über die ganze Erde und damit die natürliche Ausstattung der einzelnen Länder und Landestheile mit fossilen Schätzen ist eine höchst ungleiche. Manche Oertlichkeiten haben so viel wie Nichts davon aufzuweisen, während andere wieder beinahe verschwenderisch damit bedacht sind. Vor Allem sind es Steinkohlen und Eisen= erze, deren Vorhandensein oder Nichtvorhandensein von so tief=

greifender Bedeutung für den nationalen Wohlstand ist [1]). Aber auch andere Erze (Blei, Zink, Kupfer, Zinn ꝛc.) und fossile Brennstoffe (Braunkohlen, Torf), sodann Salzlager, nutzbare Steine und Erden, Guanolager, Petroleumquellen ꝛc. können Elemente großen wirthschaftlichen Reichthums sein.

[1]) Die jährliche Produktion betrug:

in	Mill. Ctr. Steinkohlen:	Mill. Ctr. Roheisen:
England	1640	79
Ver. St. von Nordamerika	300	18
Preußen	235,19	5,75
Belgien	200	6,04
Frankreich	200	23,6
Oesterreich	34,8	6,35
Sachsen	30,39	0,26
Bayern	5,29	0,89
Schweden	4,40	4,34
Italien	1,5	—
Rußland	1,04	4,28

Der Geldwerth der jährlichen Produktion des Bergbaues war in England 230 Mill. Thaler, Preußen und Frankreich je 32 Mill. Thaler, Belgien 30, Oesterreich 28, Spanien 16, Rußland 14 Mill. Thlr. (Kolb.)

D. Die Configuration.

§ 24.

Die Configuration eines Landes, wie sie sich in dessen orographischen und hydrographischen Verhältnissen darstellt, kann, neben ihren Einwirkungen auf das Klima, an und für sich von großem wirthschaftlichem Einflusse sein; Gebirgsland und Flachland, Küstenland und Binnenland, Stromland und Steppenland sind bedeutende wirthschaftliche Gegensätze. Ein ebenes

4

Terrain erleichtert, verglichen mit einem gebirgigen, den Verkehr. Noch mehr muß dieser gewinnen, wenn Flüsse und Ströme oder gar das Meer sich ihm dienstbar erweisen [1]). In seinen Gewässern kann ein Land gewaltige Hebel des Wohlstandes besitzen; der Fischreichthum allein mag manche andere natürliche Inferiorität ausgleichen; auch ist nicht zu übersehen, daß das Vorhandensein von Wassergefäll, das sich als Triebkraft für Maschinen benutzen läßt, von sehr bedeutendem produktionsförderndem Einflusse sein kann.

[1]) Tonnengehalt der Handelsmarine in: Ver. St. von Nordamerika 5,350,000, England 5,330,000, Deutschland 2,306,000, Frankreich 1,000,000, Norwegen 745,000, Italien 680,000, Holland 540,000, Schweden 400,000, Spanien 370,000, Rußland 370,000, Oesterreich 367,000, Griechenland 300,000, Dänemark 200,000, Türkei 170,000, Portugal 83,000, Belgien 31,000 (nach Kolb).

§ 25.

Eine Volkswirthschaft kann mit Naturgaben nicht nur spärlicher bedacht sein, als wünschenswerth wäre, sondern auch zu überschwenglich. Dies wird dann der Fall sein, wenn die in Fülle vorhandenen Naturgaben so nahe genußfertig sind, daß zur Befriedigung der Hauptmasse der Bedürfnisse ein geringeres Maß von Thätigkeit genügt, als erforderlich ist, um das stetige Fortschreiten der Bevölkerung auf der Bahn der Kultur zu verbürgen. Wo das Brod am Baume reift, wo die Milde des Klimas nur die allergeringsten Ansprüche in Bezug auf Obdach und Kleidung erhebt, pflegt bei der eingebornen Bevölkerung wirthschaftliche Armuth und Unkultur Hand in Hand zu gehen. Aber freilich ebenso da, wo die Natur dem Menschen fast Alles versagt hat und er deßhalb vergebens gegen sie ankämpft. Glücklich dagegen diejenigen Länder, wo die Beschaffenheit der

genügend zugemessenen Naturgaben derart ist, daß sie nur die
Keime bedeutender wirthschaftlicher Erfolge bieten. Das sind
die Länder, in welchen die großen Kulturvölker der Erde wachsen,
und an solchen Naturgaben kann eine Volkswirthschaft nie zu
viel haben [1]).

[1]) Wie ein gut angelegtes und schon hoch entwickeltes Volk durch eine
überquellende Natur, in die es versetzt wird, noch einmal treibhausmäßig
emporschießt und dann mit seiner glänzenden Kulturblüthe zusammenbricht,
zeigen u. A. sehr deutlich die arischen Indier.

2. Hauptstück.

Die Arbeit.

§ 26.

Der Brennpunkt, von welchem die Arbeit in ihrer Eigen=
schaft als Kulturelement ausgeht (§ 10), ist die Arbeit in ihrer
Eigenschaft als Produktionsfaktor wirthschaftlicher Güter [1]).

Die Unterscheidung der wirthschaftlichen Arbeit in körperliche
und geistige kann nur in dem Sinne gemeint sein, daß das
Körperliche oder das Geistige dabei mehr vorwiegt; denn es
giebt ebensowenig ausschließlich geistige, als ausschließlich körper=
liche wirthschaftliche Arbeit. Je mehr das geistige Moment in
einer Arbeit zurücktritt, desto mehr nähert sie sich freilich der
thierischen Thätigkeit. Aber der Kulturgang bedingt gerade das
Entgegengesetzte; er sucht die körperliche Arbeit mehr und mehr
durch geistige zu verdrängen, indem er das, was jene früher
that, nunmehr durch gebändigte Naturkräfte verrichten läßt [2]).
In der fortschreitenden Erkenntniß und Beherrschung der Natur

4*

steigert sich die Arbeitskraft des Menschen fortschreitend, und die wirthschaftliche Vollendung wäre erreicht, wenn die vollständige Ueberwältigung der Natur gelungen und damit jede körperliche Arbeit überflüssig wäre.

Der Schaffungserfolg der Arbeit an wirthschaftlichen Gütern hängt nun für eine Volkswirthschaft jederzeit ab: A. von dem Verhältniß der wirthschaftlich arbeitenden Menschen zur gesammten Bevölkerung. B. von dem Fleiße und der Tüchtigkeit der Arbeiter. D. von der Art und Weise des Zusammenwirkens der Arbeiter.

¹) Das Staatswesen mitsammt dem Kulturleben der Griechen und Römer gieng an der Verachtung der wirthschaftlichen Arbeit zu Grunde. Man hat freilich gut von βαναυσία sprechen, wenn man Wesen seines Gleichen durch das Sklaventhum zu bloßen Mitteln für seine Zwecke herabwürdigt und sich selbst damit leichtfertig über den wirthschaftlichen Ernst des Lebens weghilft. Mit der Sklaverei steht in dieser Beziehung wesentlich auf einer Stufe die in Athen und Rom in colossalem Umfange betriebene Alimentation der Bevölkerung auf Staatskosten, d. h. richtiger, auf Kosten der von Staatswegen Unterdrückten. Cäsar fand in Rom, zufolge der durch das Clodische Gesetz eingeführten unentgeltlichen Getreidevertheilung, 320,000 Getreideempfänger vor; später erhielten die faullenzenden Quiriten auch noch Wein, Bäder ꝛc. auf öffentliche Kosten umsonst oder zu Spottpreisen geliefert; dafür, daß selbst die Langeweile nicht einmal zur Arbeit treiben konnte, sorgten die Jedem offen stehenden circenses.

²) Die Pyramide des Cheops, an welcher einige hunderttausend Menschen 30 Jahre lang gearbeitet haben, könnte durch den mechanischen Nutzeffekt, dessen allein die in den englischen Steinkohlengruben zum Herausschaffen der Kohlen verwendeten Dampfmaschinen fähig sind, in etwa einem Monate aufgebaut werden.

A. Arbeiter und Nichtarbeiter.

§ 27.

Je stärker die Quote der ganzen Bevölkerung ist, welche wirthschaftlich arbeitet, desto größer wird offenbar, unter übrigens gleichen Umständen, der Schaffungserfolg der Arbeit sein. Der wirthschaftlich nichtarbeitende Theil der Bevölkerung zerfällt nun wieder in zwei Klassen, von welchen die erste eine selbstständige wirthschaftliche Existenz hat, die zweite nicht.

a) Wer über einen entsprechenden Vorrath wirthschaftlicher Güter bereits verfügt, ist insoweit der Nothwendigkeit wirthschaftlichen Arbeitens für seine Person überhoben. Ist einmal der objektiven Habe (Liegenschaft und Fahrniß) der Einzelwirthschaft durch das Institut des Eigenthums rechtliche Sicherheit geworden, so kann der Vermögensinhaber auch ohne durchgreifend fortdauernde Arbeitsentfaltung von seiner Seite [1]) eine eigene Wirthschaft behaupten, da er in Nutzungen oder Bestandtheilen seiner liegenden oder fahrenden Habe doch Verkehrsleistungen zu gewähren und folglich zu erlangen vermag. Er lebt von früheren wirthschaftlichen Errungenschaften, die er entweder für sich, oder die Andere rechtlicher Weise für ihn erlangt haben (§ 103). Ist nun auch keineswegs zu erwarten und zu wünschen, daß alle solche Vermögensinhaber sich fernerhin des wirthschaftlichen Arbeitens enthalten, so steht doch fest, daß der Schaffungserfolg der Arbeit in der Volkswirthschaft jedenfalls in dem Umfange geringer ist, als es geschieht.

b) Die zweite Klasse der wirthschaftlich Nichtarbeitenden hat keine selbstständige wirthschaftliche Existenz, sondern wird auf Kosten des Vermögens anderer Menschen erhalten. Eine solche Erhaltung kann stattfinden, entweder in Folge des Familienbandes (Kinder, Greise), oder der Mildthätigkeit (Arme), oder unrechtlicher Handlungen (Diebe, Betrüger ꝛc.).

¹) Etwas Arbeit gehört freilich dazu, um auch die am bequemsten angelegte Habe (Grundstücke und Kapitalien) zu verwalten; es ist eben hier von objektivem Vermögen die Rede, welches hinlänglich ist für die Bedürfnißbefriedigung des Inhabers, ohne dessen Arbeitskraft hinlänglich zu beschäftigen.

B. Fleiß und Tüchtigkeit der Arbeiter.

§ 28.

a) Auf den Fleiß der Arbeiter ist zunächst der National= charakter und das angeborne Temperament von wesentlichem Einflusse. Es giebt sowohl Völker die durch ihre Rührigkeit, als solche, die durch ihre Trägheit sprichwörtlich sind. Den mächtigsten Impuls zum Fleiße bildet sodann die Beschaffenheit der unbefriedigten Bedürfnisse, welche zur Arbeit treiben. Aller Fleiß aber kann nur in dem Maße nachhaltig sein, als der Arbeiter Aussicht hat, die Früchte seines Fleißes auch wirklich zu genießen. In dieser Beziehung wird es zunächst ganz im All= gemeinen auf den Zustand der herrschenden Rechtsordnung an= kommen. Wo Mein und Dein unsicher ist, wo man beständig in der größten Gefahr schwebt, das, was man sich errungen hat, durch listige oder gewaltthätige Uebergriffe Anderer zu verlieren, da muß der Arbeitsfleiß nothwendig geschwächt werden. In gleichem Sinne wirkt es, wenn physische, sociale oder rechtliche Hindernisse es den Arbeitern verschiedener Kategorien erschweren, sich wirthschaftlich emporzuschwingen. Es bilden hiernach die Arbeiter auf eigne Rechnung, auf Stücklohn, auf Zeitlohn, die Frohnarbeiter, Leibeigenen und Sklaven eine Stufenleiter von oben nach unten, auf welcher der nachhaltige Arbeitsfleiß immer mehr abnimmt.

b) Die Arbeitstüchtigkeit einer Bevölkerung hängt zunächst von ihren natürlichen Anlagen ab. Sodann davon, inwiefern die Naturanlage durch körperliche, geistige und sittliche Erziehung entwickelt und ausgebildet worden ist. Und endlich von dem wirthschaftlichen Wohlbefinden, welches die Arbeiter genießen und welches ihre Arbeitstüchtigkeit so sehr zu beeinflussen vermag.

Arbeitsfleiß und Arbeitstüchtigkeit stehen augenscheinlich in einem sehr nahen Wechselverhältniß.

C. Zusammenwirken der Arbeiter.

§ 29.

Die einflußreichste Ursache für die Ergiebigkeit der Arbeit in einer Volkswirthschaft ist das Zusammenwirken der Arbeiter (Cooperation).

Bedeutungsvoll genug ist hierbei schon das quantitative Moment; zwei Arbeiter können einen Stein heben, den Einer von ihnen nie heben könnte, hundert Arbeiter können in einem Tage ein Feld aberndten, welches ein Arbeiter in hundert Tagen gewiß nicht aberndten könnte, schon deßhalb, weil bis dahin die Erndte größtentheils verdorben wäre.

Aber unermeßlich viel bedeutender ist das qualitative Moment des Zusammenwirkens, vermöge dessen jede Einzelwirthschaft, indem sie darauf verzichtet, an allen Zweigen der Arbeit theilzunehmen, ihre Kräfte nur auf eine Berufsart concentrirt und ihre wirthschaftliche Ergänzung darin sucht, daß sie in andern Berufsarten Andere für sich arbeiten läßt, weil sie in ihrer Berufsart für Andere arbeitet. Dieser große Grundsatz der

Arbeitstheilung und Arbeitsvereinigung ist es, welcher jedem
Einzelnen gestattet, seine Bedürfnisse vieltausendfältig besser und
reichlicher zu befriedigen, als es im Zustande wirthschaftlicher
Isolirung möglich wäre, weil das Gesammtprodukt der Volks-
wirthschaft dadurch so viel massenhafter und verfeinerter wird.
Das scheinbare Wunder erklärt sich einfach genug aus folgenden
Erwägungen:

a) Durch die Arbeitstheilung kann jede Arbeitskraft die für
sie am meisten passende Beschäftigung finden. Die individuelle
Verschiedenheit in den menschlichen Anlagen und Bestrebungen
ist so groß, daß ganz unmöglich die Angehörigen eines Volkes,
je einer gewissen Aufgabe gegenüber, dieselbe Befähigung ent-
wickeln können. In dem Maße, in welchem sich nun doch
Menschen an Aufgaben machen, für die sie minder geeignet sind
als Andre, wird natürlich Arbeit verschwendet. Und ohne entsprechende Arbeitstheilung muß dies unausbleiblich geschehen; die
Einen mühen sich mit Arbeitsarten ab, welche ihre Kräfte übersteigen und in welchen sie vergebens etwas Erspriesliches zu
leisten suchen, die Anderen sind genöthigt zu Beschäftigungen zu
greifen, denen sie zwar gewachsen sind, die aber ihre Thätigkeit
für das Gebiet beeinträchtigen, auf welchem sie noch mehr zu
leisten vermöchten; eine Unzahl sonst möglicher Arten von wirthschaftlichen Gütern wird hierdurch ganz unmöglich. Durch die
Arbeitstheilung aber kann selbst die absolut unbedeutendste Arbeitskraft, die sonst rettungslos verloren wäre, ein Plätzchen
finden, auf welchem sie qualificirtere Kräfte ablöst und ihnen
gestattet, sich in ihrer schwierigeren Sphäre freier und erfolgreicher
zu bewegen. So kann durch dies Zusammenwirken jede in der
Volkswirthschaft vorhandene natürliche Befähigung zu dem Maximum ihrer wirthschaftlichen Nutzbarkeit hingeleitet werden.

b) Die fortgesetzte Uebung derselben Arbeit entwickelt und steigert die Fähigkeit der darin Beschäftigten. Zuerst erfaßt der Mensch den Beruf, dann aber erfaßt der Beruf auch den Menschen. Jede Berufsart nimmt gewisse Theile des menschlichen Organismus besonders in Anspruch; bei dem einen Arbeitszweige sind es diese, bei den andern jene Funktionen der Muskeln, Sehnen, Nerven, des Intellektes, des Gedächtnisses 2c., welche fortwährend und vorwiegend geübt werden und nach und nach eine förmliche Umbildung ihrer Beschaffenheit erfahren; Uebung macht den Meister.

c) Ist der Einzelne bei mangelhafter Arbeitstheilung genöthigt, sich vielerlei Beschäftigungen zu widmen, so hat dies den Nachtheil, daß bei dem stets wechselnden Uebergange von einer zur andren leicht Zeitverluste und Stockungen des Betriebes entstehen, welche den Arbeitserfolg schmälern, während bei richtiger Arbeitstheilung die Arbeitszeit und Arbeitsgelegenheit auf das Vollständigste ausgenützt werden kann.

d) Eine wirthschaftliche Leistung läßt sich häufig mit dem nämlichen Arbeitsaufwande auf viele oder wenige Objekte erstrecken; müßte Jeder seine wenigen Objekte selbst besorgen, so könnte dies sehr wohl die größere Hälfte seiner ganzen Arbeitskraft absorbiren, wogegen nach dem Grundsatze der Arbeitstheilung ein Einziger die Besorgung für eine Menge Anderer zugleich mit Leichtigkeit übernehmen kann (Briefbote, Feldhüter 2c.).

§ 30.

In dem Wesen der Arbeitstheilung liegt Nichts, was die Befürchtung rechtfertigt, als ob dieselbe in ihrer Anwendung zu weit getrieben werden könnte [1]). Wir vermögen uns keine wirthschaftlichen Grenze zu denken, bei welcher keine weitere Theilung der Arbeit mehr Vortheil bringen könnte. Wirthschaftlicher Nachtheil kann nur aus ihrer voreiligen Zersplitterung entstehen, ehe der Wirkungskreis für die angemessene Arbeitsvereinigung der Theile vorhanden ist. Daß aber die Arbeitstheilung jederzeit bis zu diesem Punkte ausgedehnt werde, ist ein unbedingtes Postulat der Volkswirthschaft, wie der ganzen Kulturentwicklung. Der Gang der Kultur stellt immer weitere Ansprüche an die Volkswirthschaft, welche nur durch immer weitere Theilung der Arbeit befriedigt werden können. In der fortschreitenden Arbeitstheilung liegt eine unerschöpfliche Quelle wirthschaftlicher Bereicherung. Allein auch aus dem Gesichtspunkte des unmittelbaren Eingreifens der Arbeitstheilung in den Gang der Kultur muß jener ihre segensvolle Bedeutung gewahrt werden. Ohne Arbeitstheilung giebt es keinen Unterschied der Stände, keine Mannichfaltigkeit der Bestrebungen, kein unzerreißbares Band, welches die Bevölkerung in Freude und Leid, in Wohl und Wehe, in allen Stürmen und Erschütterungen zusammenhält. Will man von der Arbeitstheilung behaupten, sie wirke auch kulturfeindlich, insofern sie die harmonische Gesammtentwicklung der menschlichen Persönlichkeit einer einseitigen Richtung zum Opfer bringe, so ist dies einfach ein Mißverständniß. Nicht etwa übertriebene Arbeitstheilung, sondern mangelhafte Bedürfnißbefriedigung trägt die Schuld, wenn solche Erscheinungen auftreten. Durch die getheilte Arbeit steigt die Leistungsfähigkeit jedes Arbeiters um ein Vielfaches gegen das, was sie sonst bedeuten würde, und es ist seine Sache, diese gesteigerte Leistungsfähigkeit so zu benützen, daß in der Gesammtbefriedigung seiner Bedürfnisse, auch dem Bedürfnisse nach körperlicher oder geistiger Erholung und Abwechslung für die Einseitigkeit seiner Berufsübung Genüge geleistet werde[2]). Opfert er, der ohne Arbeitstheilung vermuthlich überhaupt gar nicht vorhanden sein könnte, dieses Bedürfniß zum Schaden seiner Persönlichkeit andern Bedürfnissen auf, so ist das beklagenswerth, aber kein Vorwurf gegen die Arbeitstheilung.

[1]) Bei den jedesmaligen letzten und kleinsten Ausläufern der Arbeitstheilung fällt deren produktionsfördernder Einfluß am meisten in die Augen. Das von A. Smith gebrauchte und schon oft nacherzählte Beispiel der Stecknadelfabrikation (obwohl aus einer noch dazu recht unvollkommenen Fabrik entnommen) ist in dieser Beziehung höchst anschaulich. Zehn Arbeiter theilen sich in die Verrichtungen zur Herstellung jeder einzelnen Stecknadel; der eine zieht, der zweite streckt, der dritte schrotet den Draht, der vierte spitzt ihn, der fünfte schleift ihn am Kopfende, ein eigner Arbeiter setzt nur Nadelköpfe auf, die wieder von andren hergestellt werden 2c. Sollte jeder der Arbeiter allein ganze Stecknadeln machen, so brächte er im Tage schwerlich ein halbes Dutzend fertig, durch die Arbeitstheilung aber liefern die 10 Arbeiter täglich an 50,000 Stück, also jeder etwa 5000. Das ist also Vertausendfältigung der Arbeitswirksamkeit blos bei den Details innerhalb der Fabrik. Um zu ermessen, was diese Arbeiter vermöge der Arbeitstheilung mehr leisten, muß man aber weiter bedenken, daß das Rohmaterial der Nadeln, dessen Beschaffung bergmännische, metallurgische, forsttechnische 2c. Thätigkeiten voraussetzt, wiederum durch die Arbeitstheilung, schon fertig in die Fabrik gebracht wurde, daß, abermals durch die Arbeitstheilung, die Nahrungsmittel und Kleider, die Wohnung, die Möbeln, die Heizung und Beleuchtung 2c. für die Nadelverfertiger geliefert werden, die ebendadurch in den Stand kommen, sich ausschließlich der Nadelfabrikation zu widmen. Daß die Gesammtwirkung eine vieltausendfältige ist, wird gewiß nicht bezweifelt werden.

[2]) Daß dies geschehe, ist nicht nur für die ganze Persönlichkeit des Arbeiters, sondern speciell für sein gesichertes wirthschaftliches Fortkommen dringend wünschenswerth; denn nur wenn er eine gewisse Elastizität des Geistes und Körpers bewahrt, kann er bei volkswirthschaftlichen Aenderungen, welche Uebergangszustände und schließlich andere Methoden der Produktion im Gefolge haben, sich leicht und rasch einem von dem seitherigen abweichenden Arbeitszweige anbequemen.

§ 31.

Man kann die, ohnedies unzählbare, Menge der durch Arbeitseintheilung entstehenden wirthschaftlichen Berufsarten, nach Maßgabe besonders hervorragender Merkmale, in eine Anzahl von Gruppen unterscheiden, innerhalb deren sich dann die Arbeitstheilung noch weiter ins Einzelne fortsetzt.

a) Aneignung der ohne menschliches Zuthun entstandenen Naturgaben (occupatorische Arbeit). Es gehören hierher besonders: Jagd, Fischerei, Bergbau.

b) Hervorrufung der Bedingungen, unter welchen die Natur werthvolle Rohstoffe zu liefern vermag (eduktive Arbeit), dies geschieht durch Viehzucht, Ackerbau und Forstcultur.

c) Umformung bereits erlangter Werthstoffe, um daraus Güter von höherer Brauchbarkeit zu gewinnen (formirende Arbeit). Hierher gehören die Handwerke und die Fabrikation[1]).

d) Leistung von unmittelbaren Diensten aller Art (immaterielle Arbeit). Es fällt hierunter: Staatsverwaltung, Rechtsbeistand, Unterricht, Heilung, Unterhaltung, Aufwartung 2c.

e) Bewirkung des Umsatzes von Gütern, um sie dadurch der jeweiligen Bedürfnißbefriedigung näher zu rücken (vertreibende Arbeit). Dies ist die Aufgabe des Handels.

---

[1]) Aus nachstehenden (von Reden 1847 ermittelten) Procentsätzen des mit eduktiver und formirender Arbeit beschäftigten Theils der Gesammtbevölkerung ergiebt sich, eine wie eminente Mehrheit von Landwirthschaft und Gewerksindustrie lebt, und wie verschieden sodann die Proportion zwischen diesen beiden wieder in den einzelnen Ländern ausfällt.

In	leben % der Gesammt=Bevölkerung		
	von Landwirth=schaft.	von Gewerbs=Industrie.	von anderen Quellen.
England . . .	32	46	22
Preußen. . . .	60,8	25,3	13,9
Frankreich . . .	62	29	9
Oesterreich . . .	69	13	18
Rußland . . .	76	15	9

In Belgien kommen 51 % der Gesammtbevölkerung auf Landwirthschaft (Horn, 1846).

In England kamen 1811 noch 352, 1821 erst 332, 1831 erst 282 ackerbautreibende Familien auf 1000 Fam. überh.; während 1831 von 1000 überzwanzigjährigen Männern noch 315 Ackerbauer waren, waren es 1841 nur noch 259. Die procentuale Verminderung der Ackerbauer im Gange der Bevölkerung (in England scheint ein momentaner Stillstand eingetreten zu sein; 1851 auf 1000 Einw. 260 Ackerbauer) ist eine durchaus normale Kulturerscheinung, denn sie spricht nur aus, daß die Produktivität der Land=wirthschaft um so viel gestiegen ist, daß eine so viel geringere Zahl von Ackerbauern die für die Gesammtbevölkerung erforderlichen Produkte liefern kann.

---

3. Hauptstück.

Das Kapital.

§ 32.

Jeder im Schaffungsprozesse gewonnene wirthschaftliche Werth, welchen der Eigenthümer seinem Genußverzehr entzieht, um ihn dem Erwerbsverzehr zu widmen, ist Kapital (§ 6). Das Kapital ist also zunächst selber ein Produkt und unterscheidet sich dadurch bestimmt von andern wirthschaftlichen Gütern, die zwar ebenfalls als Erwerbsmittel benützt werden, die aber schon von Natur vorhanden sind (Grundstücke). Ebenso scharf muß das Kapital nach der andern Seite hin von wirthschaftlichen Gütern unterschieden werden, die zwar ebenfalls Produkte sind, die aber nicht als Genußmittel dienen. In dieser Beziehung liegt das unterscheidende Kennzeichen für den Kapitalbegriff darin, ob die Verwendung eines wirthschaftlichen Gutes Bedürfnißbefriedigung oder ein neues wirthschaftliches Gut als Ergebniß bringt. Nur wenn und insoweit Letzteres der Fall ist, kann von Kapital ge- sprochen werden.

Zur Beurtheilung der Kapitaleigenschaft hat man sich nicht sowohl an die Formen, als vielmehr an die Werthe der Güter zu halten. Es kommt lediglich darauf an, ob sich ein Werth, bei übrigens rationeller Anwendung, vermindert oder vermehrt; Werthverminderung ist dann gleichbedeutend mit Genußconsum- tion, Werthvermehrung bezeichnet das Vorhandensein von Kapital. Der schließliche Verlauf ist, daß auf Werthvermehrung (Er- werbsconsumtion) Werthverminderung (Genußconsumtion) folgt. Der Umstand, daß sich bei einem gegebenen Werthe beide Er- scheinungen auch durchkreuzen können, darf darüber nicht täuschen; die Werthverminderung kann begonnen haben und später doch noch durch veränderte Anwendung aufgehalten werden und in Werthvermehrung umschlagen[1]). Die Kapitaleigenschaft über- haupt ist in letzter Instanz nur durch den Entschluß der Men- schen, lieber nachhaltig zu wirthschaften, als voreilig zu genießen, existent.

[1]) Hiernach beantwortet sich u. A. sehr bestimmt die Frage, ob Unter- haltsmittel produktiver Arbeiter als Genußmittel oder Kapital zu betrachten seien. Sie sind Kapital, insoweit und insolange sie zum Zwecke späterer Ver- wendung genußlos aufgespeichert und bereitgehalten werden, Genußmittel,

sowie dies aufhört und die Verwendung im Gange ist; während der Aufbewahrung steigt ihr Werth für den beabsichtigten Zweck, indem eine Erwerbsconsumtion (bestehend aus Zinsverlust, Schwinden, Verfaulen ꝛc.) stattfindet. Viele Irrthümer in Hinsicht des Kapitalbegriffes entstehen dadurch, daß ein concretes Gut aus Genußwerth und Erwerbswerth zusammengesetzt sein kann; selbstverständlich ist dann nur das, was in ihm neuen Werth wirkt, Kapital. Bei Verwendungen, die nicht sofortiger Verbrauch, sondern allmähliger Gebrauch sind, wird leicht Kapitalwirksamkeit und Genußconsumtion zugleich in bemerklicher Weise auftreten, so z. B. bei einem Wohngebäude, von welchem fortwährend Theile durch Genußconsumtion zerstört werden, während das Ganze durch Kapitalwirksamkeit fortwährend erhalten wird. Je nach dem Vorherrschen des einen oder anderen Momentes, wird man einen Gegenstand, der beides einschließt, zum Genußvorrathe oder Kapital zu rechnen haben, also ein Wohngebäude zum Kapital, dagegen z. B. ein Kleidungsstück, das man trägt, zum Genußvorrathe.

§ 33.

Das Kapital ist zu späterer Schaffung aufgespeicherte Produktionskraft oder, mit andern Worten, anticipirte Produktionsleistung. Soll diese Aufspeicherung, beziehungsweise Anticipation, Sinn haben, so versteht sich von selbst, daß der spätere mit Hülfe des Kapitals erzielte Produktionserfolg den früheren zur Herstellung des Kapitals gemachten Produktionsaufwand übersteigen muß. Die Art und der Umfang, worin dies der Fall ist, bestimmt, verglichen mit der Summe des vorhandenen Kapitals, in jedem gegebenen Zeitpunkte die Leistungsfähigkeit des nationalen Kapitals zur volkswirthschaftlichen Produktion. Auf die Dauer freilich werden die genannten beiden Momente gewöhnlich übereinstimmen, denn die Masse des Kapitals kann nicht leicht zunehmen, wenn nicht zugleich die Geschicklichkeit in der Berechnung und Durchführung des Zusammenhanges von Vor= und Nachproduktion in Zunahme begriffen ist. Findet

dies aber statt, schreitet die Volkswirthschaft und die Kultur über=
haupt voran, so läßt sich keine Grenze absehen, bei welcher
das Kapital nicht immer von Neuem wieder eines Wachsthums
fähig wäre. Erst mit der Unmöglichkeit fernerer Entdeckungen
und Erfindungen könnte die Möglichkeit einer sich stets steigernden
Kapitalwirksamkeit abbrechen. Mit diesem Entwicklungsgange
im Großen und Ganzen darf freilich das Auftauchen moment=
aner Stockungen in der Kapitalwirksamkeit nicht verwechselt
werden. In jeder Volkswirthschaft und zu jeder Epoche derselben
kann es vorkommen, daß die Kapitalansammlung zeitweise still=
steht und zurückgeht, entweder weil die wirthschaftliche Schaffungs=
kraft selbst für den Augenblick geschwächt ist, oder weil es den
geschaffenen Kapitalien vorübergehend an erfolgreicher Anwen=
dung fehlen würde. Eine Hemmung für immer aber wäre
gleichbedeutend mit Aufhören der wirthschaftlichen und damit der
ganzen Lebensfähigkeit des Volkes.

§ 34.

Das Kapital leitet seinen Ursprung lediglich auf die beiden
einzigen primären Schaffungsquellen, Natur und Arbeit, zurück.
Aber einmal in die Wirklichkeit getreten, ist es ein selbstständiger
Schaffungsfaktor, der sich mit vollem Nachdrucke als solcher
geltend macht. Keinenfalls darf man also sagen wollen, die
Leistungen des Kapitals seien nur Leistungen der Arbeit, be=
ziehungsweise Natur; das wäre fast wie die Behauptung, Alles
und Jedes, was ein erwachsener Mensch thue, hätten doch nur
seine Eltern gethan, oder gar, alle Leistungen einer lebenden
Generation seien doch nur Leistungen der ersten Menschen die
jemals gelebt hätten. Es hieße dies die Thatsache des Ge=
wordenen in ihrer wirthschaftlichen Bedeutung gänzlich verkennen.

Sache der Natur und der Arbeit war es, ob Kapital entstehen sollte. Aber, einmal entstanden, ist dasselbe jenen ebenbürtig geworden und vermag sogar seine Schöpfer zu meistern. Dies gilt zwar vor Allem der Natur gegenüber, welche das Kapital widerstrebend gab und die dasselbe nun seinerseits mehr und mehr wirthschaftlich zu unterwerfen trachtet. Aber selbst die Arbeit, welche das Kapital freiwillig und wohlbewußt in's Leben rief, sieht sich außer Stande, seinem Einflusse beliebig zu entgehen, und kann sogar förmliche Bedrängnisse durch dasselbe erfahren.

Der Gestaltungsproceß der wirthschaftlichen Dinge bringt es unausbleiblich mit, daß der Mensch die Natur allmählig in sich aufzunehmen und unter Verdrängung ihrer Originalität in Kapital umzuwandeln trachtet. Das Kapital ist das Medium, durch welches die Arbeit die Natur sich und sich der Natur incorporirt. Da das Kapital sohin seine eigenthümliche Beschaffen= heit wieder preisgeben und zu seinem Ursprunge zurückkehren kann, indem es damit nur zur Potenzirung der überdies ur= sprünglichen Schaffungsfaktoren gedient hat (Verbesserung der Grundstücke, Ausbildung der Arbeitskraft), so wird man das ganze volkswirthschaftliche Kapital jederzeit in folgende Bestand= theile unterscheiden können:

a) Bodenverbesserungen, insofern sie sich von dem natürlich Vorhandenen selbstständig unterscheiden lassen: Straßen, Ein= zäunungen, Anpflanzungen, Bewässerungsanlagen ꝛc.

b) Werkzeugliche Hülfsmittel. Es gehören darunter: eigent= liche Werkzeuge, Maschinen, Gebäude, Arbeitsthiere, Wagen und sonstige Geräthe.

c) Grundstoffe, die auch körperlich das Substrat der neuen Werthschaffung bilden, z. B. Erze zur Darstellung des Eisens, Wolle zur Verfertigung des Tuches, Handelsvorräthe.

5

d) Nebenstoffe, die bei der Produktion verschwinden, ohne daß sie sich im neuen Produkte körperlich nachweisen lassen, z. B. Heizungs = und Beleuchtungsmaterial in einer Fabrik, Schießpulver bei der Jagd.

e) Immaterielle Produkte, insofern sie sich nicht mit der Arbeitskraft ununterscheidbar vermischt haben, z. B. Kundschaft eines Kauflabens, Handelsverbindungen einer Firma.

f) Das Geld, als allgemeines Unterstützungsmittel des Verkehrs (§ 51).

§ 35.

Das Kapital ist ein Proteus; kein Bestandtheil desselben steht auf die Dauer in unveränderter Form zu Gebote. Der bei weitem größere Theil des Kapitals einer Volkswirthschaft ist vielmehr raschem ununterbrochenem Formenwechsel unterworfen und alles Kapital erhält sich durch beständige Reproduktion. Die raschere oder langsamere Reproduktion ist an und für sich ohne alle Bedeutung für den Kapitalbegriff, und man muß sich namentlich hüten, einem wirthschaftlichen Gute deßhalb Kapital= eigenschaft zuschreiben zu wollen, weil es seine Werthform lange behauptet und den Werth nur langsam abnehmen läßt, also Genußmittel, die geraume Zeit dauern, wie z. B. Mobilien, Kleidungsstücke, aus diesem Grunde doch ohne Weiteres zum Kapitale zu rechnen. Solche Gegenstände können ja gewiß Ka= pital sein, aber nur dann und insolange sie sich in einer Hand befinden, welche ihnen noch höheren Werth zur Bedürfnißbe= friedigung verleiht. Hat diese aber begonnen, so ist für deren ganze Dauer die Kapitaleigenschaft aufgehoben und die Genuß= eigenschaft zu Tage getreten.

Auch auf die höchst gewichtige Unterscheidung des gesammten Kapitals in stehendes und umlaufendes ist die langsamere oder schnellere Werthumwandlung als solche ohne Einfluß. Als stehendes Kapital muß vielmehr dasjenige bezeichnet werden, welches nur mit dem Werthe seiner Nutzung, einschließlich Abnutzung, in das neue Produkt übergeht, als umlaufendes aber alles Kapital, welches mit seinem ganzen Werthe im neuen Produkte aufgeht[1]).

[1]) Es werden also z. B. auf einem Landgute zum stehenden Kapital gehören: die Scheunen, Stallungen und sonstigen Gebäude, das Spannvieh, die Pflüge und sonstigen Ackerwerkzeuge oder Maschinen, zum umlaufenden Kapital: die Speicher- und Scheunenvorräthe zum eignen Gebrauch und Verkauf, das Schlachtvieh, der Dünger.

Dritte Abtheilung.

Schaffung und Unterhaltsspielraum.

§ 36.

In den ersten Anfängen der menschheitlichen Entwicklung und der wirthschaftlichen insbesondere dominirt das Walten der Natur, als deren fast noch hülf- und willenloses Anhängsel der Mensch erscheint. Er lauscht mit bangem Staunen ihren Offenbarungen, die so drohend und doch so verheißungsvoll klingen, und, indem er sich fortwährend auf der Flucht vor ihren Schrecknissen befindet, wagt er nur schüchtern und zögernd die Hand auszustrecken, um die Gaben der Natur zu empfangen. Der wirthschaftliche Einfluß der Natur ist noch ein höchst ungeregelter, nicht nur weil sie dem Menschen überhaupt noch so sehr über= legen ist, sondern auch weil ihre wirthschaftliche Erscheinungs= form als Grund und Boden noch so unvollkommen in festen Händen ruht. Trotzdem hat an dem Wenigen, was wirthschaft= lich geleistet wird, die Natur fast Alles gethan, die Arbeit, welche kaum über der blos occupatorischen Thätigkeit des Thieres steht, das seinen von der Natur fertig gebildeten Lebensunterhalt aufsucht, höchst Unbedeutendes; Kapital giebt es noch so gut wie gar nicht. Aber der Mensch ist bestimmt, die Natur erkennen und beherrschen zu lernen, damit er sich dabei selbst erkennen und beherrschen lerne. Der gewaltige Zug des Wirthschaftslebens läßt ihn mit seiner Arbeit, anfangs mehr gezwungen und unbe= wußt, später mehr und mehr freiwillig und bewußt, anfangs schwach und zweifelhaft kämpfend, später immer erstarkter und siegreicher, unwiderstehlich in neue, vollkommnere Bahnen des Daseins vordringen. Die Arbeit, emporgehoben durch den Sporn des Bedürfnisses, erlangt fortwährend größeres Gewicht im wirthschaftlichen Produktionsprocesse und gesellt sich allmählig Kapital hinzu. Aus dem Kampfe mit den Thieren der Wildniß entstehen Jagd und Fischerei; Bogen und Pfeile, Speere, Angeln und Netze sind schon ein keineswegs verächtliches Kapital. Eine merkliche Stufe höher ist mit der Viehzucht erreicht, welche viel umfassendere und complicirtere Arbeit bedingt und auch in Heerden, Wagen und vielerlei Geräthen größeres Kapital aufweist; No= madenvölker stehen wirthschaftlich und intellektuell schon viel höher als Jäger= und Fischervölker. Die entscheidendste Entwicklungs= stufe ist aber für jedes Volk ohne Zweifel sein Seßhaftwerden zum Ackerbau, mit welchem das Kapital immer rascher wachsende Dimensionen annimmt. Erst mit festem Grundbesitz wird das

Fundament der Volkswirthschaft unerschütterlich befestigt (§ 103)
und beginnt der Anspruch des Menschen auf Herrschaft über die
Natur nachdrücklich geltend gemacht zu werden; Wälder werden
gelichtet, Sümpfe ausgetrocknet, Flüsse abgeleitet und eingedämmt,
— der Erdboden erzittert unter dem wuchtigen Eingreifen des Menschen und verändert seine ursprüngliche Beschaffenheit. Ist der
entscheidende Schritt geschehen, ist durch den Ackerbau Volk und
Land unauflöslich verwachsen, so kommt mit innerer Gesetzmäßigkeit die Ausbildung der Gewerksindustrie, der persönlichen Leistungen, des Handels und, als Grund wie als Folge davon, stets
höher gesteigerter Kapitalreichthum und größere Kapitalwirksamkeit.

Än dem Gesammtprodukte einer fortschreitenden Volkswirthschaft erhält also, der Natur gegenüber, die Arbeit einen immer
stärkeren, das Kapital einen noch stärkeren Einfluß; während
anfangs die Natur noch fast Alles leistet, wird sie später von
der Arbeit übertroffen, bis dann allmählig das Kapital Beide
überflügelt.

§ 37.

Die wirthschaftliche Produktion ist solange des Wachsthums
fähig, als der menschliche Verstand Entdeckungen und Erfindungen
auf wirthschaftlichem Gebiete machen kann. Dies wird aber, bei
dem unauflöslichen Zusammenhange des Wirthschaftlebens mit
dem ganzen Kulturleben, selbstverständlich so lange der Fall sein,
als es überhaupt noch eine Entwicklungsmöglichkeit für die
Menschen giebt. Erst wenn diese aufhört, d. h. wenn die
Menschheit sich ausgelebt hat, kann von dem Aufhören einer
weitern Entwicklung der wirthschaftlichen Produktion die Rede
sein; sie ist so unermeßlich, wie das Dasein der Menschheit [1]).

Die verschiedenen einzelnen Volkswirthschaften werden natürlich in der gesammten menschheitlichen Entwicklung ein nicht weniger verschiedenes Verhalten aufweisen, wie die Völker selbst. Ein Volk kann in seiner seitherigen Individualität von einem andern Volke überwältigt und aufgesogen werden, und die Volks= wirthschaft, die sich dann in dem betreffenden Lande findet, wird ein anderes Gepräge tragen als zuvor. Nur die wahrhaft lebenskräftigen Völker, welche die Kulturaufgabe der Menschheit bis zur höchsten Spitze zu führen bestimmt sind, weil sie den Segen der wirthschaftlichen Arbeit erfaßt haben und es deßhalb verstehen, die Nothwendigkeit durch die Freiheit zu überwinden, können darauf rechnen, ihrer Volkswirthschaft einen dauernd eigenartigen Charakter aufzudrücken.

Kann auch hier der Gang der wirthschaftlichen Produktion zeitenweise gestört und zurückgehalten werden, so schreitet er doch im Großen und Ganzen unaufhaltsam voran, nach jedem über= wundenen Hindernisse, nach jeder scheinbar lebensgefährlichen Stockung, mächtiger als je zuvor; alle Unglücksfälle, alle Zer= störungen und Entbehrungen sind nur Prüfungen, aus denen sich die wirthschaftliche Leistungsfähigkeit um so geläuterter und gestählter, um so gesicherter vor künftigen gleichen Anfecht= ungen emporringt. Tritt, relativ betrachtet, die Natur, der Arbeit und dem Kapital gegenüber, im Schaffungsprozesse all= mählig mehr zurück, und die Arbeit ebenso gegenüber ihrem dämonischen Sklaven, dem Kapital, so sind doch, absolut betrachtet, sämmtliche drei Schaffungsfaktoren in einem unendlichen Wachs= thume begriffen. Die Initiative dazu geht, wie bei aller und jeder Produktionserscheinung, von der Arbeit aus. Aber beide andre Faktoren, nicht nur das Kapital, sondern auch die Natur, stehen ihr auf die Dauer in stets neuer und stets reicherer Fülle zur Seite. Die Natur wird von Periode zu Periode einen ab=

solut stärkeren Beitrag zur Schaffung so lange leisten können, als ihr letztes Geheimniß noch nicht erschloßen ist; jede neue Erkenntniß in der Natur liefert, direkt oder indirekt, neue Elemente der wirthschaftlichen Schaffung. Dem Kapital, dem Produkte der Arbeit und Natur, steht, begreiflich genug von dieser Seite als solcher kein Hemmniß für ein grenzenloses absolutes Wachsthum im Wege, welches nicht auch der Arbeit im Wege stünde, und es kommt sohin nur auf die Arbeit und deren eigene absolute Wachsthumsfähigkeit an, wie es sich mit der des Kapitals verhalten soll [2]).

[1]) In der Annahme, es könne die Fortschrittsmöglichkeit der wirthschaftlichen Produktion aufhören, während menschliche Fortschrittsmöglichkeit überhaupt fortdaure, liegt ein Selbstwiderspruch. Kein Gewordenes kann sich willkührlich von den Causalbedingungen loslösen, unter denen es ward, indem es einzelne Bedingungen annähme, andere ausschlöße. Selbst wenn diese ganze Welt nur ein ungeheurer Irrthum ihres Schöpfers wäre, hätte sie sich doch nach den ihr innewohnenden Impulsen des ursachlichen Zusammenhanges zu vollziehen; Alles, was einmal lebt, muß sein Leben erfüllen.

[2]) Den interessantesten Beleg für die sehr bedeutende Kapitalzunahme, welche während dieses Jahrhunderts in den Ländern des großen Weltverkehrs stattgefunden hat, bieten die Eisenbahnen. Es gibt deren jetzt auf der ganzen Erde 18—20,000 deutsche Meilen. Rechnet man die Herstellungskosten für die Meile (die in Wirklichkeit sehr differiren; in Teutschland etwa 500,000 Thlr., in England etwa 1 Mill. Thlr.) zu 800,000 Thlr., so hat das Eisenbahnwesen in kaum 40 Jahren die Kapitalsumme von sicherlich nicht weniger als 15,000 Millionen Thlr. absorbirt, d. h. den dreifachen Betrag alles jetzt existirenden Baargeldes (§ 59). Diese enorme Summe, deren Verwendung sich zudem der Hauptsache nach auf die letzten 20 Jahre concentrirt, konnte aufgebracht werden, ohne daß deßhalb irgendwo sonst an Kapitalverwendung hätte abgebrochen werden müssen, ja, indem sogar die Kapitalverwendung in fast allen anderen Zweigen noch sehr beträchtlich stieg. Um diesen ganzen Vorgang richtig zu würdigen, muß man bedenken, daß die Eisenbahnen

nicht nur sehr starke Kapitalconsumenten, sondern auch sehr starke Kapital=
producenten gewesen sind, die sich namentlich durch die Raschheit der Kapital=
reproduktion auszeichnen. Vom Tage der Eröffnung einer Eisenbahn erhöht
sich sofort die Kapitalwirksamkeit jedes verladenen Waarenballens 2c. um
mindestens (also abgesehen von erhöhter Wohlfeilheit und Sicherheit des
Transportes) soviel, als die Schnelligkeit der Beförderung zugenommen hat;
jede Vermehrung der Intensität des Kapitalumschlages ist gleichbedeutend
mit neuer Kapitalschaffung.

§ 38.

Auf die absolute Arbeitsergiebigkeit in der Volkswirthschaft
können zwei Momente einwirken: die Qualität der Arbeit und
die Zahl der Arbeiter. Das letztgenannte Moment ist ein ent=
schieden secundäres und von dem ersteren abhängiges. Durch
Vermehrung der Arbeiterzahl an sich kann nie die Leistungsfähigkeit
des Produktionsfaktors Arbeit zur Herstellung eines größeren
Unterhaltungsspielraums gesteigert werden, sondern nur dadurch,
daß zugleich, unter Erreichung einer höheren Entwicklungsstufe,
eine Verbesserung der Arbeitsqualität stattgefunden hat, mit Hülfe
deren nunmehr eine weitere durch vermehrte Bevölkerung zu be=
schaffende Arbeitsanwendung möglich wird. Für den Schaffungs=
erfolg kommt es nur darauf an, daß eine Arbeit gethan werde,
nicht aber, von wieviel Händen oder Köpfen sie gethan wird.
Die Produktionsgelegenheit muß erst erweitert worden sein,
ehe eine größere Arbeiterzahl dabei mit Erfolg beschäftigt werden
kann[1]). Erweiterte Produktionsgelegenheit stellt sich aber am
Ende durch mittelbaren oder unmittelbaren Zusammenhang doch
nur als Ausfluß verbesserter Arbeitsqualität dar. Mag diese
sich darin äußern, daß die individuelle Geschicklichkeit bei den
einzelnen Arbeitern zugenommen hat, oder daß es der Arbeit
gelungen ist, der Natur neue Brauchbarkeiten abzulauschen und

abzuzwingen, oder endlich, daß man die jeweilig erkundete Aus=
nutzbarkeit der Natur mit der jeweilig vorhandenen individuellen
Geschicklichkeit combinirt, um gesteigerte Kapitalwirksamkeit zu
erzielen, immer leitet aller und jeder Produktionsfortschritt auf
verbesserte Arbeitsqualität zurück. Auf jeder gegebenen Ent=
wicklungsstufe kann die Arbeit, unter Zuhülfenahme der dadurch
bedingten und demgemäß zu Gebote stehenden Natur= und Kapital=
faktoren ein ganz bestimmtes Produktionsquantum fertig bringen.
Soll dieses Produktionsquantum nun von einer größeren Zahl
von Arbeitern als seither fertig gebracht werden, so fällt offenbar
auf jeden Arbeiter eine geringere Arbeitsleistung und damit ein
geringerer Produktionsantheil, als zuvor. Die Vermehrung der
Arbeiterzahl an sich ist so weit davon entfernt, mit einer Ver=
mehrung des Produktionsfaktors Arbeit gleichbedeutend zu sein,
daß sie vielmehr mit einer Verminderung des volkswirthschaftlichen
Unterhaltsspielraums gleichbedeutend ist. Nur dann bedeutet eine
größere Arbeiterzahl auch eine größere Produktionsleistung der
Arbeit, wenn diese sich eine bessere Qualität errang, welche neue
Beherrschung der Natur und neue Kapitalschaffung im Gefolge
hat und welche nun erst durch Zunahme der Arbeiter in vollem
Umfange nutzbar gemacht werden kann²). Solche bessere Quali=
tät erringt sich nun in der That die Arbeit von Kulturstufe
zu Kulturstufe; dieser Name sagt schon zur Genüge, daß jenes
der Fall. Aber die Kulturstufen folgen einander weder mit
mathematischer Regelmäßigkeit, noch nach dem willkührlichen Be=
lieben der Menschen. Wir wissen nur, daß wir voranschreiten,
aber es entzieht sich uns, wie der nächste Voranschritt beschaffen,
und wann er vollendet sein wird. Einer Zeit, in welcher sich
Verbesserungen der wichtigsten Art auf Verbesserungen drängen,
folgt eine andere mit kleinen kümmerlichen Errungenschaften, und

wieder eine, in welcher alle Entwicklung still zu stehen, oder sich gar rückwärts zu neigen strebt, und nur nach den schwersten Opfern und Nöthen der Fluß der Voranbewegung, mit seiner schließlich doch alle Hindernisse durchbrechenden Kraft, wieder hergestellt ist.

[1]) Wenn auf einem Landgute zehn Pflüge gehen, so kann man nicht 15 oder 20 Pflugknechte zugleich beschäftigen; wohl aber, wenn die größer gewordene Intensität des landwirthschaftlichen Betriebes eine soviel größere Pflugzahl bedingt. Für die Arbeitsanwendung bei einem Postwagen genügt ein Schaffner, ein halbes Dutzend mitfahren lassen, wäre völlig sinnlos; die Arbeitsanwendung bei einem Eisenbahnzuge dagegen bedingt füglich ein halbes Dutzend und mehr Schaffner.

[2]) Dies zeigt sich recht deutlich auf dem Boden der V. St. Nordamerikas. Die frühere Produktionsgelegenheit, die Jagd, bot einer Indianerbevölkerung von 1½ Millionen kaum genügenden Unterhaltsspielraum, die dreißig Millionen Menschen europäischer Abkunft, welche jetzt mit ihren Produktionsgelegenheiten von Ackerbau, Gewerksindustrie, Handel ꝛc. auf dem Boden der Union leben, sind dagegen noch viel zu wenig zahlreich, um alle die möglichen Arbeitsanwendungen zu erfüllen, mit welchen die dieser Bevölkerung innewohnende Arbeitsqualität die Produktion in Folge des bloßen Vorhandenseins von mehr Arbeitern vervielfältigt. Für die ursprünglich einheimischen Indianer, welche vor den Europäern verschwinden, wie der Schnee an der Sonne schmilzt (ihre Zahl betrug 1860 kaum mehr 300,000), waren 1½ Mill. schon sehr dichte Bevölkerung, während für die neuen Bewohner noch geraume Zeit Untervölkerung bestehen wird. Es ist geradezu kindische Leichtfertigkeit, wenn die unter solchen Umständen durch das bloße Dichterwerden der Bevölkerung stattfindende Erweiterung des Unterhaltsspielraumes, kurzweg als generelle volkswirthschaftliche Erscheinung genommen und behauptet werden will, Bevölkerungszunahme an sich sei gleichbedeutend mit Zunahme des Produktionserfolges der Arbeit. Eine Bevölkerung, welche dieser Auffassung thatsächlich huldigt, schwächt sich selber und öffnet ihrem Verdrängtwerden durch wirthschaftlich tüchtigere Völker mit eigener Hand die Pforten. Die keltische Bevölkerung Irlands hat ihre allmählige Aufsaugung durch das germanische Element aus England und Schottland selbst heraufbeschworen, weil

fie die Zeit von Jahrhunderten nur zur Bevölkerungsvermehrung, niemals aber zu nachhaltiger Vermehrung der individuellen Arbeitstüchtigkeit zu benützen wußte. Ganz ähnlich weicht die polnische Bevölkerung in Posen und Westpreußen vor der deutschen aus rein wirthschaftlichen Gründen; in Posen kamen 1815 auf 100 Polen erst 25 Deutsche, 1865 dagegen 75, während bereits nahezu die Hälfte des Bodens an Deutsche übergegangen ist; derselbe Vorgang vollzog sich früher schon in Schlesien, wo, wohlbemerkt, das polnische Element das politisch herrschende war; wie wenig politische Herrschaft gegen wirthschaftliche Ueberlegenheit vermag, zeigt auch sehr deutlich das Beispiel von Südtyrol, wo das wirthschaftlich stagnirende deutsche Element dem wirthschaftlich fortschreitenden italienischen bisher von Jahr zu Jahr Terrain räumen mußte.

§ 39.

Hält man die Vermehrungsmöglichkeit der wirthschaftlichen Produktion mit derjenigen der Bevölkerung zusammen, so ergiebt sich Uebereinstimmug darin, daß die Möglichkeit bei Beiden unendlich groß ist, Verschiedenheit aber in der Hinsicht, daß die Vermehrungsmöglichkeit bei der wirthschaftlichen Produktion höchst ungleich, in bald rascheren, bald langsameren Intervallen auftritt, bei der Bevölkerung dagegen in stets gleicher Stärke geltend gemacht werden kann.

Die menschliche Bevölkerung lebt durch Regeneration fort. Immer wieder steigen die alten Geschlechter ins Grab, immer wieder treten neue Geschlechter an ihre Stelle, um das Menschenleben in successiver Kulturentfaltung bis zu dem Punkte fortzuführen, wo es sein letztes irdisches Ziel erreicht hat. Dieser Generationswechsel verursacht in jedem Volke enormen wirthschaftlichen Aufwand[1]). Es muß nicht nur für die Erhaltung der jederzeit lebenden Generation gesorgt werden, welche allmählig abstirbt, sondern es will auch jederzeit eine neue Generation heranwachsen. Könnten die hiefür erforderlichen wirthschaftlichen

Mittel immer in unbeschränkter Fülle geschafft werden, so würde der absolute Tod nicht im Stande sein zu hindern, daß die Menschheit kraft eigenen Beliebens noch lebend zu ihrer Schöpfungsursache zurückkehrte, um den innersten Grund aller Dinge zu schauen. Die Stärke der Fortpflanzungsfähigkeit, vermöge deren jede Generation eine sie numerisch übersteigende Generation liefern kann, ist es nicht, welche die Menschheit abhält nach kürzester Frist ins Unendliche hinein zu wachsen; denn der absolute Tod, welcher erst eintreten würde, wenn jedes mögliche Individuum jede mögliche Lebenspotenz ausgelebt hätte, würde durch die Fortpflanzung rasch überflügelt sein[2]). Was die Menschheit auf die Erde bannt und hier im Generationswechsel so lange festhält, bis sich die Kulturaufgabe in ihrem ganzen Umfange erfüllt hat, ist lediglich der relative Tod, welcher so lange eintritt, als die wirthschaftliche Schaffung noch nicht im vollständigsten Einklang mit dem numerischen Andrängen der Bevölkerung steht. Es ist uns nicht vergönnt, lebend über die Schwelle der Ewigkeit zu treten, weil wir in uns selbst noch die Nothwendigkeit durch die Freiheit zu überwinden haben.

[1]) Der Generationswechsel kostet die Bevölkerung des deutschen Zollvereins jährlich zum wenigsten 583 Millionen Thaler, wie aus folgender (auf Zahlenangaben von Engel und Wappäus gestützter) Berechnung erhellt.

Nach dem Mittel aus den statistischen Nachweisungen von 11 europäischen Ländern kommen auf eine Million Menschen

$$111{,}500 \text{ im Alter von } 0{-}5 \text{ Jahren,}$$
$$106{,}000 \quad „ \quad „ \quad „ \quad 5{-}10 \quad „$$
$$99{,}000 \quad „ \quad „ \quad „ \quad 10{-}15 \quad „$$

Auf eine Million Menschen sterben jährlich 27,620, wovon

$$45\% \text{ oder } 12{,}430 \text{ vor zurückgelegtem 15. Lebensjahre,}$$
$$55\% \quad „ \quad 15{,}190 \text{ nach} \quad „ \quad „ \quad „$$

Rechnet man nun, daß das zurückgelegte 15. Lebensjahr die Bevölkerung in zwei Bestandtheile scheidet, deren erwachsener Theil auf der Basis eigner wirthschaftlicher Selbstständigkeit seinen Lebensunterhalt, einschließlich Alters= versorgung, findet, während der andere die wirthschaftlich noch nicht Erwerben= den umfaßt, deren Erhaltung und Heranziehung dem ersteren neben seiner sonstigen Bedürfnißbefriedigung obliegt, so ist diese Annahme augenscheinlich sehr niedrig gegriffen, da in den gebildeteren Ständen der junge Anwuchs erst in viel späterem Lebensalter zum wirthschaftlichen Erwerb kommt; einiger= maßen, wenn auch nicht vollständig, wird dies aber wieder dadurch auf= gewogen, daß der Procentsatz der gebildeteren Stände zur Gesammtbevölkerung ein kleiner ist und daß in den handarbeitenden Ständen zahlreiche Unterfünf= zehnjährige schon zum Erwerb mit angehalten werden. Aus gleichem Grunde wird man zur Gewinnung eines zuverlässigen Minimalanschlages bei der Annahme stehen bleiben können, daß, die durchschnittlichen Preisverhältnisse in Deutschland zu Grunde gelegt, die Jahreskosten an Unterhalt und Er= ziehung aus Klasse 0—5 sich auf 40 Thlr., aus Kl. 5—10 auf 50 Thlr., aus Kl. 10—15 auf 60 Thlr. belaufen.

Der Aufwand, den der Generationswechsel für die Gestorbenen jährlich in Anspruch nimmt, umfaßt einmal für jeden von ihnen die Kosten des letzten vergeblichen Heilungsversuches und der Beerdigung, sodann bei Unter= fünfzehnjährigen außerdem noch den unselbstständigen Unterhalt für die durch= lebte Zeit des Jahres; schlägt man erstere Kosten für einen Erwachsenen gering auf durchschnittlich 30 Thlr. an, so wird man sie für ein unterfünfzehn= jähriges Individuum nicht höher als 20 Thlr. rechnen dürfen, während für ein solches die letztgenannten Kosten sich mit Rücksicht auf das durchschnittlich verlebte halbe Jahr zu etwa 20 Thlr. annehmen lassen, was um so begrün= deter erscheint, da die große Masse der gestorbenen Unterfünfzehnjährigen schon in die paar ersten Lebensjahre fällt.

Nach diesen Prämissen ergeben sich die Jahreskosten des Generations= wechsels für eine Bevölkerung von 1 Million folgendermaßen:

1) Erhaltungs= und Erziehungsaufwand für 328,930 Heranwachsende, wovon 12,430 nur das halbe Jahr leben . . . . 15,948,600 Thlr.

2) Krankenverpflegung und Beerdigung der 27,620 Ge= storbenen, worunter 15,190 Erwachsene . . . . 704,300 Thlr.

Summa 16,652,900 Thlr.

Wendet man diese Ziffern, welche nirgends zu hoch, eher durchgängig zu tief gegriffen sind, auf die zu 35 Millionen gerechnete Bevölkerung des deutschen Zollvereins an, so erscheint die obige Zahl von 583 Millionen Thlr. aus dem weitern Grunde noch zu gering, weil das Verhältniß der Unterfünfzehnjährigen hier, wenigstens in Preußen (1864), 353,800 auf 1 Million Bevölkerung ist. Die ganze Berechnung beruht ferner auf der Voraussetzung eines stationären Bevölkerungszustandes, während in Wirklichkeit die heranwachsende Generation eines Zeitpunktes, verglichen mit dem vorhergehenden, der Gesammtbevölkerung gegenüber um das jährliche Zuwachsprocent größer ist.

Wo dieses Zuwachsprocent sehr stark ausfällt, wie in Nordamerika, da müssen auch die Kosten des Generationswechsels von dieser Seite her bedeutend und jedenfalls mehr, als die längste bekannte Vitalität zu compensiren vermag, steigen; in der N.-A. Union und den beiden Kanadas treffen 413,000 Unterfünfzehnjährige auf 1 Million Bevölkerung.

¹) Die principielle Richtigkeit dieses Satzes wird schwerlich anzufechten sein; eine steigende unendliche Reihe führt um so rascher in die Unendlichkeit, je stärker ihr Exponent wirkt. Daß die Reihe nicht unter unseren Augen in die Unendlichkeit kommt, folgt eben daraus, daß praktisch die Wirkung ihres Exponenten und damit das thatsächliche Wachsthum der Reihe so oft und stark durch Störungen des Unterhaltsspielraumes gehemmt wird. Inwiefern, seit Menschen existiren, die Gesammtziffer der menschlichen Bevölkerung sich verändert hat, wird nie mit Bestimmtheit zu ergründen sein; kennt man ja doch heute noch nicht einmal genau diese Gesammtziffer, die sich nur vermuthungsweise auf etwa 1200 Millionen Menschen angeben läßt. Wohl aber liegen für die wichtigsten Theile der Erde, d. h. für die Länder des großen regelmäßigen Weltverkehrs, welche die europäische Kultur entweder vorantreiben oder völlig von ihr beherrscht und absorbirt sind, brauchbare Daten zur Beurtheilung des Bevölkerungsganges vor, um so brauchbarer, wenn man das genannte Gebiet als Einheit betrachtet, weil dann einmal das Gesetz der großen Zahlen besser zur Geltung kommt und sodann der bei der gesonderten Betrachtung einzelner Länder höchst mißliche Faktor der Ein- und Auswanderung fast ganz wegfällt. Es betrug nun die Bevölkerung von Großbritannien und Irland, Frankreich, europ. Rußland incl. Finnland und Polen, europ. Türkei, Griechenland mit Jonien, Oesterreich, Preußen und übr. Deutschland, Italien, Schweiz, Belgien, Holland, Dänemark, Schweden,

Norwegen, Spanien, Portugal, Ver. Staaten von Nordamerika, Kanada mit Neufundland ꝛc., Australien und Capland im Jahre 1841 zusammen 267,600,000 Menschen, dagegen 1861

315,000,000 Menschen, also ergeben sich in 20 Jahren

47,400,000 Menschen mehr.

Zählt man nun, nach Compensation mit der californisch= und australisch=chinesischen Einwanderung noch 6—800,000 Menschen, die sich durch Aus=wanderung (nach Ostindien, Central= und Südamerika ꝛc.) den obigen Gebieten entzogen haben, der Vermehrungsziffer hinzu, so erhält man für die 20jährige Periode eine jährliche Vermehrung von nur 0,9 % des Grundstockes der Be=völkerung. Selbst da, wo auf dem ganzen Gebiete der ausgedehnteste that=sächlich bekannte Unterhaltsspielraum ist, in den Ver. St. von Nordamerika, beträgt die höchste vorgekommene jährliche Zunahme doch noch kaum 3 % des Bevölkerungsstockes. Wir sind also von der größten ideell möglichen Ver=mehrung, deren Consequenz, wenn sie einmal ernstlich einträte, nur die schleunige Beseitigung von Tod und Endlichkeit sein könnte, noch sehr weit entfernt. Zieht man die abstrakte, also unter Voraussetzung eines völlig un=beschränkten Unterhaltsspielraumes mögliche, Vermehrung des Menschen=geschlechtes in Betracht, so hat man es lediglich mit dem Faktor der physio=logischen Fortpflanzungsfähigkeit zu thun. Erleidet diese nicht eine von den bisherigen jahrhundertelangen Erfahrungen total abweichende Veränderung, so könnte eine in ihrem Unterhaltsspielraume völlig unbeschränkte Bevölkerung der äußersten physiologischen Möglichkeit nach (nach den vorliegenden Er=hebungen beträgt die Zahl der gebärfähigen Frauen etwa $^1/_4$ der Bevölkerung) jährlich 13$^1/_2$ % jungen Nachwuchs liefern, nach Abrechnung unvermeidlicher Ausfälle und Abgänge aber eine Bevölkerungszunahme von 10 % pro Jahr aufweisen, was jedoch noch zu niedrig gegriffen erscheint, wenn man den bedeutenden Einfluß der dann sehr stark sinkenden Mortalität gehörig in An=schlag bringt. Eine Menschenzahl von 1200 Millionen würde sich dann nach 20 Jahren bereits vermehrt haben auf 3600 Millionen, nach 21 Jahren (von wo an die erste Altersklasse des zehnprocentigen Anwuchses als von Belang für die Vermehrung erscheint) auf 3960 Millionen, nach 27 Jahren auf 7015, nach 28 Jahren auf 7716 Millionen. Da nun, nach Herstellung der ent=sprechenden Altersklassen, eine Periode von etwa 7$^1/_2$ Jahren zur Verdopp=lung der Bevölkerung ausreicht, so könnte sich diese nach 50 Jahren auf rund

60,000 Millionen belaufen, nach 140 Jahren auf rund 250,000,000,000,000 Menschen, was, die Erdoberfläche zu 10 Millionen Quadratmeilen gerechnet und diese sämmtlich als bewohnbar angenommen, eine Bevölkerung von etwa 25 Millionen auf die Quadratmeile ergäbe. Weitere Schlußfolgerungen über die uns jetzt Lebenden unerfaßliche Beschaffenheit des Unterhaltsspielraums, der solche und weitere Bevölkerungsprogressionen ermöglichte, verbieten sich von selbst. Nur darf man sich bei aller unserer Unfähigkeit zur concreten Bezeichnung des zukünftigen Unterhaltsspielraumes in der Zuversicht auf dessen fortschreitende Vervollkommnung nicht irre machen lassen. Noch vor 100 Jahren wäre es als toller Fiebertraum ausgelegt worden, wenn Jemand behauptet hätte, man könne innerhalb eines und desselben Tages von London aus in New-York 100,000 Ctr. Mehl bestellen und die Nachricht erhalten, daß die Bestellung ausgeführt sei. Heutzutage wundert sich kein Sachkundiger darüber, wenn es geschieht. Mit welcher Miene der Geringschätzung wird ein Jahrhundert oder gar halbes Jahrtausend später auf unsre Begriffe von Unterhaltsspielraum zurückschauen?

Uebrigens soll mit den obigen Betrachtungen keineswegs gesagt sein, daß das Bestreben des Menschengeschlechtes, sich über die irdische Endlichkeit zu erheben, mit einer fortwährenden absoluten Steigerung der Bevölkerungs=ziffer verbunden sein müsse. Etwas anderes als die unermeßliche Fortpflanz=ungsfähigkeit ist die Art und Weise, wie von dieser Fähigkeit Gebrauch gemacht wird. Ebenso leicht, wie die letzte menschliche Generation, welche auf der Erde leben wird, die numerisch größte sein kann von allen die jemals existirt haben, ebensoleicht kann sie auch die numerisch kleinste sein. Es kommt nur darauf an, ob dem sich erweiternden Unterhaltsspielraume die überwiegende Richtung zur Steigerung der Zahl oder des Bedürfnißkreises der Bevölkerung gegeben wird.

§ 40.

Solange bei den Menschen noch die Freiheit mit der Noth=wendigkeit kämpft, droht immer ein Mißverhältniß zwischen der Vermehrungsmöglichkeit der wirthschaftlichen Schaffung und der=jenigen der Bevölkerung, damit aber auch die Gefahr einer Collision zwischen der Zahl und den Bedürfnissen der Be=

völkerung (§ 17). Diese Gefahr wird mit jedem höheren Stadium
der Kultur geringer, weil der menschlichen Gattung die Fähigkeit innewohnt, jenes Mißverhältniß nicht nur auf dem Wege
des Elends, sondern auch auf dem Wege des Wohlseins aus-
zugleichen. Während bei allen übrigen organischen Geschöpfen
dem Triebe zum Leben an sich nur die Befriedigung der ein für
alle Male vorhandenen und nicht weiter steigerungsfähigen Bedürfnisse entspricht, entspricht ihm beim Menschen die fortwährende Steigerung des Kreises der befriedigten Bedürfnisse (§ 9),
dem Triebe zur Fortpflanzung an sich dagegen entspricht zwar
beim Menschen, wie bei allen übrigen organischen Wesen, eine
fortwährende Vermehrung der Zahl der lebenden Generation;
der große Unterschied zwischen Beiden liegt aber darin, daß das
unbeseelte Geschöpf dem Triebe nur kraft der Nothwendigkeit des
Instinktes folgen kann, der Mensch ihm kraft der Freiheit des
Willens folgen soll. Eine Vermehrung der Menschenzahl erscheint lediglich dann als vernünftig und wünschenswerth, wenn
sich parallel damit der wirthschaftliche Horizont durch Auftauchen
neuer und verfeinerter Lebensgenüsse erweitert[1]). Jede einseitige
Vermehrung der Zahl der Bevölkerung auf Kosten der Bedürfnißentwicklung dagegen ist kulturfeindlich, indem sie die Ueberwindung
der Nothwendigkeit durch die Freiheit um wenigstens ebensoviele
Schritte zurückschiebt, als jener erste Faktor dem andern vorge-
eilt ist.

Die Thiere können einen durch Vermehrung des Lebens-
mittelvorraths erweiterten Unterhaltsspielraum nur zur Vermehrung ihrer Zahl, aber nicht ihrer Bedürfnisse benützen, denn
ihr Bedürfnißkreis ist ein unabänderlicher gegebener für die Art,
welche ja überhaupt nur die äußerliche Ausprägung und Ver-
körperung gewisser positiver Bedürfnisse und der dadurch bedingten

6

Thätigkeiten ist. Aendert die Natur die Lebensbedingungen einer Art, welche das Thier selbst spontaner Weise nie zu ändern vermag, so bildet sie damit eine neue Art. Die Bedürfnisse des Menschen aber sind facultativ unermeßlich; er ist das bedürftigste Geschöpf, nicht etwa blos nach der Nothwendigkeit seines Müssens, sondern vor Allem nach der Freiheit seines Wollens, und darin eben liegt sein größter Reichthum. Die Thiere können kein Besserwerden und keine Kultur haben, weil sie nur ihre Zahl und nicht auch ihre Bedürfnisse erweitern können. Opfern nun die Menschen ihre Bedürfnißentwicklung ihrer Zahl, so ist das thierisch, und ein solch thierisches Verhalten der Menschen kann darum nur durch thierische Noth und Nothwendigkeit wieder ins Geleise gebracht werden. Dann zeigt sich die Volkswirthschaft als die harte Zwangsschule der Menschheit, während sie doch so gerne nur deren milde Lehrerin sein möchte.

[1]) Wie wenig Parallelismus zwischen vorhandner Bevölkerungsdichtigkeit und Vermehrung der Bevölkerung zu bestehen braucht, zeigt nachstehender Vergleich von 12 europäischen Ländern (nach Wappäus, die Zahlen aus den 1840er und 50er Jahren). Es betrug:

die Dichtigkeit der Bevölkerung auf die geogr. □Meile in		die jährl. Vermehrung der Bevölkerung nach mehrj. Durchschnitte % in	
1) Belgien	8280	1) Norwegen	1,15
2) Sachsen	7500	2) Dänemark	0,98
3) England	6535	3) Schweden	0,88
4) Holland	5165	4) Sachsen	0,84
5) Sardinien	4680	5) Holland	0,67
6) Frankreich	3730	6) Sardinien	0,58
7) Preußen	3370	7) Preußen	0,53
8) Bayern	3320	8) Belgien	0,44
9) Oesterreich	3000	9) Bayern	0,35
10) Dänemark	2490	10) England	0,25
11) Schweden	450	11) Oesterreich	0,18
12) Norwegen	270	12) Frankreich	0,14

§ 41.

Durch den Fortpflanzungstrieb erhält der Kampf um's Dasein, welchen die Menschen in der Volkswirthschaft auskämpfen, erst seine eigentliche Schärfe. Es handelt sich darum, einen der mächtigsten von Anbeginn in die Menschennatur gelegten Triebe mit einer vernünftigen Lebensmöglichkeit in Einklang zu bringen. Die ersten Anläufe einer Reaktion gegen den scheinbar über= mächtigen Trieb entspringen noch dem niedrigen Impulse der Nothwendigkeit; der Trieb zur Fortpflanzung vermag nur durch den noch stärkeren Trieb der Selbsterhaltung gebannt zu werden. Mit jedem Kulturschritte voran wird aber klarer, daß es der Würde und dem Adel der Menschennatur nicht geziemt, jenem Triebe, aus dem so leicht die Bestialität hervorbricht, sklavisch unterworfen zu sein. Das ist freilich kein Werden von heute auf morgen, keine plötzlich und abstrakt angeflogene Tugend —, das ist vielmehr, in einer langen Kette von Wechselwirkungen, der ganze Erziehungsproceß der Menschheit. Es wäre geradezu lächerlich, von einer gegebenen Kulturstufe das Maß von Zurück= haltung zu verlangen, welches erst einer späteren Kulturstufe ent= spricht [1]. Aber es ist auch absurd, sich darüber einer Täuschung hinzugeben, daß jede Kulturstufe das Ihrige zum Besserwerden freiwillig thun solle, damit ihr der erbärmliche Zwang nicht in crassester Gestalt zu kommen braucht. Es gehört zur Kulturauf= gabe der Menschheit, daß sie des thierischen Fortpflanzungstriebes allmählig Meister werde [2]), und sie wird es mehr von Generation zu Generation. Die Weigerung, dies anzuerkennen, gleicht dem Murren des unverständigen Kindes, welches sich vor der Schule fürchtet. Die Rettung aus der Schmach und Qual des Elendes liegt aber einfach genug in dem Entwicklungsgange der wirth= schaftlichen Bedürfnisse.

6*

¹) Wohlverstanden und wohlbekannt ist, daß man, wie bei allen Kultur=
erscheinungen, so auch in dieser Beziehung, auf jeder Kulturstufe verschiedene
Schichten der Bevölkerung zu unterscheiden hat, anfangend bei denen, welche
in ihrem Verhalten schon die Grenzpunkte des Kulturzieles berühren, bis herab
zu denjenigen, welche sich noch in der Sphäre thierischen Treibens bewegen;
das Mehr oder Weniger bei den einzelnen Schichten ist es, was jedesmal,
neben der absoluten Kulturhöhe, die ganze Kulturstufe charakterisirt.

²) Dem Erfolge nach führt es auf Eines hinaus, daß Verbrechen und
Unsittlichkeiten vielerlei Art die Wirkung eines noch übermächtigen Fort=
pflanzungstriebes paralysiren; vom ethischen Standpunkte erscheint dies um
so trauriger und nur als verschärfte Nothwendigkeit, immer entschiedener in
die Bahnen vernünftiger Selbstbeherrschung einzulenken. Die schlimmsten
Feinde dieser Richtung sind lasciver Indifferentismus und religiöser Fana=
tismus. Das Bibelwort, auf welches sich die religiösen Bevölkerungsfanatiker
so gerne steifen, sagt übrigens „Seid fruchtbar und mehret euch und erfüllet
die Erde“, aber wahrlich nicht „und überfüllet die Erde“.

§ 42.

Der Unterhaltsspielraum wird mit jeder höheren Kultur=
stufe durch Steigerung der wirthschaftlichen Produktion (§ 37)
größer und erlaubt eine immer weitere Ausdehnung der Zahl,
beziehungsweise, der Bedürfnisse der Bevölkerung. Je niedriger
die Kulturstufe, desto mehr herrscht das Bestreben vor, den an
sich noch geringen Unterhaltsspielraum, anstatt durch Erhöhung
der Bedürfnisse, durch Vermehrung der Zahl der Bevölkerung
auszufüllen und einen Zustand der Uebervölkerung herbeizuführen,
der auf dem Wege des Elendes, durch rettungslosen Untergang
des Zuviel an Menschen, wieder ausgeglichen werden muß ¹).
Je blinder und unvorsichtiger die Menschen aber, den Thieren
darin noch so nahe stehend, dem Triebe zur Fortpflanzung folgen,
desto mehr brauchen sie ebendeßhalb den Stachel des Elendes,
der die widerwillige Menschennatur in den Bahnen der Arbeit

voranbrängt, besto verheerender muß die beleidigte Kultur den relativen Tod haufen lassen, damit die Ueberlebenden Raum gewinnen, sich als Menschen zu entfalten, und nicht Alle in der Verthierung zu Grunde gehen.

In den ersten Epochen der Menschheit macht der Hunger die Weltgeschichte, nur zu bereit, sich in das Gewand des gegnerischen Kampfes zu kleiden. Wo wirthschaftliche Armuth mit niedrigster Geschlechtsleidenschaft ringt, wo inneres und äußeres Genügen fehlt, da treibt die Noth der Verzweiflung zu Thaten. Die wilden gegnerischen Kämpfe, in deren Drangsalen oft alle Kulturmöglichkeit rettungslos unterzugehen scheint, sind unvermeidliche Durchgangspunkte, um die Schwäche und Unklarheit der Menschennatur an die ganze Größe ihrer Aufgabe heranzuführen. Sie rütteln den Menschengeist wach, sie erfüllen ihn mit neuen Vorstellungen und Wünschen, sie rufen aus schlechtem Treiben doch auch gar viel besseres Gefühl hervor. In den Stürmen wilder Raubkriege stählt sich der Mannessinn und die freudige opfervolle Sorge des Weibes; die Großmuth gegen den Besiegten, das Erbarmen mit dem Unglücklichen — hunderte vorher nicht oder nur mangelhaft gekannter Anschauungen drängen sich auf und erfüllen mit neuem Streben und Wollen, dem aber auch neue Kräfte zur Seite stehen. Hat eine Nation ihren ersten Jugendunverstand ausgetobt, ohne dabei wirthschaftlich unterzugehen, hat sie vielmehr die in Trübsal und Anfechtung verborgenen Elemente des Fortschrittes zu gewinnen verstanden, so kann der Kampf um's Dasein dann um so entschiedener und gesicherter in volkswirthschaftlichen Bahnen sich bewegen.

Mit dem Wachsen des Kreises der befriedigten wirthschaftlichen Bedürfnisse wächst die Entfernung von dem Rande des Elendes; man hat in den Mitteln zur Befriedigung der erweiterten und verfeinerten Bedürfnisse einen Rückhalt für Zeiten der Noth, man kann sich erforderlichen Falls jetzt das Entbehrliche versagen, um das Unentbehrliche damit zu retten [2]). Die Menschennatur steht weit reiner und freier da, wenn ihr der Zustand aufreibender Entbehrungen weiter in die Ferne rückt. Immer stärker und umfassender macht sich im Gauge der Kulturentwicklung ein besserer wirthschaftlicher Einfluß, als das Schreckbild des Elends, geltend. Man kann in Nothfällen von der Höhe der feineren wirthschaftlichen Bedürfnisse füglich herabsteigen, aber man will es nicht gern. Der Reiz des Wohlseins bringt gar tief in den einmal dafür empfänglich gemachten Menschen ein. Man will für sich und seine Nachkommenschaft nicht nur von dem Niveau der seitherigen Lebensgenüsse wo möglich nicht herabsteigen, man will vielmehr dieses Niveau gerne noch erhöhen. Die Empfind= ung des Wohlseins, die Hoffnung des Besserwerdens mäßigt schon in unmittelbarster Consequenz die blinde Aeußerung des Fortpflanzungstriebes und läßt diese Mäßigung immer leichter werden. Nicht nur, daß mit zunehmender wirthschaftlicher Wohl= fahrt das Dasein immer Reicheres und Mannichfaltigeres bietet und daher, indem es die Persönlichkeit vielseitiger in Anspruch nimmt, ganz von selbst schon die Aufmerksamkeit für die Be= thätigung des Lebens von einseitigen Richtungen, also auch von der des Fortpflanzungstriebes, ablenkt, sondern dieser kommt auch stets entschiedener unter die Botmäßigkeit der mit der Kultur= entfaltung steigenden moralischen Kraft. In dem Maße, in welchem der Kultureinfluß, welcher die Fähigkeit zur Beherrschung und Regelung des Fortpflanzungstriebes gewährt, seine Wirkungen mehr geltend macht und als präventive Ursache eine einseitige Zunahme der Bevölkerungszahl zurückhält, kann das Elend, welches als repressive Ursache der Uebervölkerung entgegenwirkt, schwinden. Wird auch bis zum Ende aller irdischen Dinge den Menschen der Zustand unumschränktesten und vollkommensten wirthschaftlichen Genügens nicht zu Theil werden, müssen wir Alle dem relativen Tode früher zum Opfer fallen, als es unsrer Lebensfähigkeit an sich entspräche, so ist doch die wachsende An- näherung des relativen Todes an den absoluten Tod unverkenn- bar, welcher selbst nichts Anderes ist als das absolute Leben. Im Gange der Bevölkerung walten, wenn man die Kulturent- wicklung einer Nation betrachtet, anfangs massenhaftere Geburten, aber auch massenhaftere Sterbfälle, bei durchschnittlich geringerer Lebensdauer und geringerem Lebensgenügen vor; mit jeder höheren Kulturstufe kann sich aber im Durchschnitte jedes einmal geborene menschliche Wesen länger und reichlicher ausleben [3]).

[1]) Die verschiedenen Massekrankheiten (Pest, Typhus, Cholera rc.), durch welche eine zu starke Bevölkerungszahl decimirt wird, sind doch nur ver- schiedene Pforten, durch die der mangelnde Unterhaltsspielraum den Tod herein- sendet; schließen die Menschen künstlich die eine Pforte, so öffnet der Tod andere, insolange und insoweit als ein Deficit beim Unterhaltsspielraume vorliegt. Hierin, und nicht in der Anzahl der in den Schlachten Gefallenen, besteht auch der bevölkerungsmindernde Einfluß, welchen Kriege haben können.

[2]) Der Hauptreservefonds einer Nation für Nothfälle liegt nicht sowohl in den Summen, welche sie sich erspart hat, als vielmehr in den gewählteren Bedürfnissen, welche sie befriedigt; je ausgedehnter und verfeinerter diese sind, desto mehr Mittel kann man erforderlichen Falles in Zeiten der Noth für die wichtigeren Bedürfnisse verfügbar machen.

[3]) Wenn auch dieser wichtige Satz bei der Mangelhaftigkeit der zu Gebote stehenden statistischen Hülfsmittel bis jetzt nicht als absolut unanfechtbares Ariom hingestellt werden kann, so läßt er sich doch für die Kulturvölker der Erde mit einer Wahrscheinlichkeit behaupten, die äußerst wenig von Gewißheit verschieden ist. A priori spricht schon — und die Menschen wollen im Allgemeinen gerne lange leben — die Thatsache des menschlichen Kultur- fortschrittes selbst dafür. Von den Erforschungen a posteriori führt eine

höchst beachtenswerthe, indessen vom Autor (Engel) selbst ihrer Beweiskraft nach angezweifelte, zum entgegengesetzten Resultat für die Lebensdauer in Preußen während 1816—1860. Das Durchschnittsalter der Gestorbenen war hiernach: 1816—20: 27,57 Jahre; 1821—30: 28,39 Jahre; 1831—40: 28,34 J.; 1841—50: 27,23 J.; 1851—60: 26,4 J.; jedenfalls ist auch die Periode eines 20jähr. Rückschlages kurz genug.

Sieht man sich nach längeren statistisch festgestellten Zeiträumen um, so liegen benutzbare Angaben über das Sterblichkeitsverhältniß vor: aus England, Frankreich, Kurmark Brandenburg, Schweden und Genf.

In der Stadt Genf betrug, nach den sorgfältigen Aufzeichnungen seit 1550, die mittlere Lebensdauer: in der zweiten Hälfte des 16. Jahrh. 21,18 Jahre, während des 17. Jahrh. 25,66 J., während 1701—1750 32,58 J., während 1751—1800 34,5 J., während 1801—13 38,5 J., während 1814—1833 40,68 Jahre.

In England kam 1 Sterbfall im Jahre 1700 auf 39; 1710 auf 36; 1720 auf 35; 1730 auf 31; 1740 auf 35; 1750 auf 40; 1760, 1770 und 1780 auf 41; 1790 auf 45; 1800 auf 47 gleichzeitig lebende Menschen; nachdem innerhalb dieses Jahrh. das Verhältniß (Durchschnitt von 1821—31) sich sogar wie 1 : 58 gebessert hatte, ergab eine veränderte Aufstellungsmethode (Durchschnitt von 1845—54) 1 : 43,7.

In Frankreich starb im Durchschnitt von 1771—80 jährlich 1 Mensch auf 29,5 Lebende (Necker), 1817—26 auf 39,8, 1827—36 auf 39,5, 1837—46 auf 41,3, 1847—56 auf 40,5, 1857—61 auf 42,2.

In der Kurmark Brandenburg traf (nach den exakten Erhebungen von Süßmilch) 1739—48 jährl. ein Sterbfall auf 34,35 Lebende, 1839—48 dagegen erst auf 41,64.

In Schweden starb jährlich 1749—50 ein Mensch auf 35,8; 1751—60 auf 36,6; 1761—70 auf 36,1; 1771—80 auf 36,8; 1781—90 auf 36,2; 1791—1800 auf 39,4; 1801—10 auf 36,7; 1811—20 auf 38,7; 1821—30 auf 42,6; 1831—40 auf 44,1; 1841—50 auf 48,5; 1851—55 auf 46.

Längere Lebensdauer einer Bevölkerung kann eintreten, wenn die Gesammtziffer der Bevölkerung fortschreitend proportionell größer wird als die Ziffer der jährlichen Geburten oder wenn der Gang des Wirthschaftens derart ist, daß er jeder folgenden Generation eine absolut größere und verhältnißmäßig wirksamere Summe von Mitteln zur Bedürfnißbefriedigung aufzuwenden gestattet, als der vorausgehenden Generation. Ist letzteres in sehr reichem Maße der Fall, so kann die Geburtenziffer sogar proportionell viel größer werden, ohne der Prosperität der Lebensdauer Eintrag zu thun, aber es werden nicht leicht andauernde Epochen sein, in welchen dies bemerkenswerth zutrifft, während sonst vergrößerte Geburtenzahl als ungesunde Erscheinung zu betrachten ist, welche größere Sterblichkeit, insbesondere größere Kinder= sterblichkeit, herbeiführt. Es muß dann als durchaus günstige Erscheinung erklärt werden, wenn die Procentziffer der Geburten zur Bevölkerung eine abnehmende Tendenz geltend macht. So hat in Preußen von 1816—54 die proportionale Geburtsziffer im Jahre durchschnittlich um 0,36 °/₀ abgenommen, in Frankreich von 1817—53 um 0,50 °/₀ (1779 kam in Frankreich 1 Geburt schon auf 25,9 Lebende, 1855 erst auf 38,7), in Schweden von 1749—1855 um 0,21 °/₀, wobei freilich Gesammtbevölkerung und absolute Geburtenzahl sehr wohl im Steigen bleiben konnte.

Drittes Buch.

Der Verkehr.

Erste Abtheilung.
Das Wesen des Verkehrs.

§ 43.

Die Summe von Eigenschaften, welche dem menschlichen Geschlechte verliehen ist und welche es der höchsten Vollendung nach in einem Gedanken und einem Willen als einheitliches Wesen erscheinen läßt, ist ihm von Hause aus in solch individuell zerstreuter Weise verliehen, daß die einzelnen Menschen für sich allein in keiner Weise ihr Genügen als Kulturgeschöpfe finden können. Der einzelne Mensch, auch wenn er seine Individualität zur Familie erweitert hat, ist doch nur in höchst beschränktem Sinne der Mikrokosmos der Menschheit, weil keiner die Summe aller menschlichen Eigenschaften wirksam in sich zu vereinigen vermag. Es giebt keine zwei Menschen, es gab und wird nie zwei Menschen geben, die miteinander in allen Eigenschaften vollständig übereinstimmten. In den mannigfaltigsten, bald scharf, bald leise schattirten, Uebergängen herrschen bei den einzelnen Individuen diese oder jene Begabungen vor und treten andere entsprechend zurück. Für Jeden giebt es etwas, das er bei sich nicht so findet, wie es bei Anderen vorkommt. Das künstlerische Genie bei dem Einen, der wissenschaftliche Scharfsinn bei dem Andern, die leichte humoristische Lebensauffassung bei Diesem, der tiefe sittliche Ernst bei Jenem, geistige Befähigung hier, körperliche Stärke dort, Herzensgüte und Kühnheit, Sanftmuth und Beharrlichkeit, Vorsicht und Nachgiebigkeit, rasche Auf=fassung und zähes Festhalten des Erfaßten — in wenigen Worten schon eröffnet sich ein unabsehbares Gebiet, welches den Einzelnen gestattet, ihre Persönlichkeit durch civilisatorische Berührung zu erweitern und jedes folgende Geschlecht auf eine höhere physische, intellektuelle und moralische Stufe zu stellen.

Aber im Bereiche des ganzen Kulturlebens können die Grundlagen nur durch die Nothwendigkeit gelegt werden, aus welcher erst allmählig die Menschennatur in Freiheit heraus=wächst. Um aus eigenem Antriebe, das, was unter Millionen und aber Millionen Menschen von Kulturmaterial zerstreut liegt, mit der entsprechenden Energie und in entsprechendem Umfange zu erfassen, dazu gehören schon Menschen von innerer Freiheit; der unentwickelte Mensch dagegen kennt weder die Ziele, noch hat er die Impulse einer großen, festen, alle wichtigen Lebensbe=ziehungen umfassenden Gemeinschaft von Menschen. Freiwillig schließt er sich und kann er sich nicht zur Pflegung von Kultur=beziehungen anschließen, welche ihm fremd sind; die rohen centri=petalen Triebe eines unvernünftigen Egoismus herrschen zuviel vor, der trotzige Hang zur unbedingten Selbstständigkeit, welcher nur die eigene Willkühr kennt, und an und für sich unver=meidlich zur feindseligen Isolirung führt, muß durch andre Fak=toren überwältigt werden, wenn es Staats= und Kulturvölker geben soll.

Das generatorische Band ist das erste und wichtigste, welches Menschen umschlingt, aber es vermag für sich allein kein Volk zu bilden; das generatorische Band allein, welches sich in gemeinsamer Abstammung und fortgesetzter neuer Familiengründung ausspricht, ist zu schwach, als daß es Menschen in weiteren Kreisen dauerhaft aneinander zu fesseln vermöchte. Der Kreis derer, die sich durch das Band des Blutes und der Verwandten= liebe als zusammengehörig fühlen, ist naturgemäß ein sehr enger. Soll er sich zu einer umfassenden Stammesgemeinschaft erweitern, so müssen noch andere Interessen hinzutreten, welche die Glieder der Gemeinschaft aneinander knüpfen. Das Interesse der gemein= samen Vertheidigung gegen andere Stammesgemeinschaften kann dies, an und für sich, wieder nicht sein Denn eine gemeinsame Vertheidigung, welche über den engen Kreis der blos genera= torischen Beziehungen hinausgehen soll, setzt ja selbst schon gemein= same Interessen voraus, welche über diese Beziehungen hinausgehen.

Es ist auch hier wieder die Noth und der Reiz wirth= schaftlicher Bedürfnisse, welche in einem vom Tauschwerthe der Unterhaltungsmittel getragenen Verkehr solche gemeinsame Interessen knüpfen. Einzelwirthschaften, ohne Verkehr neben einander gestellt, können in dem unvermeidlichen Kampf ums Dasein nur dadurch etwas von einander zu gewinnen trachten, daß sie sich die Früchte ihres kärglichen Schaffens wechselseitig zu entreißen suchen; sie können gleich den Thieren nur einen Vertilgungskampf um den Unterhalt miteinander führen, der sie über thierische Nothwendigkeit und Armseligkeit nicht hinaus= kommen läßt. Einzelwirthschaften dagegen, die sich durch den Verkehr zur Volkswirthschaft zusammenschließen, betreten damit den Pfad der Kultur und unermeßlicher gegenseitiger Bereicherung; sie sind durch unauflösliche Bande an einander gefesselt, weil sie

von einander leben, indem sie sich vermöge der Arbeitstheilung
den Kampf um's Dasein wechselseitig erleichtern helfen.

§ 44.

Erst durch den Verkehr bildet sich aus Einzelwirthschaften
eine Volkswirthschaft. Volk und Volkswirthschaft entstehen zusammen. Ohne Verkehr keine Volkswirthschaft, ohne Volkswirthschaft aber auch kein Volk. Erst durch den Verkehr kann die
Arbeit wahrhaft zum Kulturelemente werden, denn durch ihn
erst wird die Arbeitstheilung zur Wahrheit; der Verkehr ist
nichts Anderes als die Arbeitsvereinigung, ohne welche die Arbeitstheilung nicht einmal eine schöne Idee, geschweige denn
eine Wirklichkeit, sein könnte. Die Arbeitstheilung, dieses
Mittel ohne Gleichen zur Vervielfältigung der Produktion (§ 29),
kann nur in dem Maße vorhanden sein, in welchem es jeder
Einzelwirthschaft möglich ist, die von ihr einseitig producirte
Werthform durch den Tausch in alle übrigen Güter ihres Bedarfes umzuwandeln.

Betrachtet man den Verkehr, das regelmäßig fortgesetzte
System des Austausches wirthschaftlicher Leistungen, aus dem
Gesichtspunkt dieser seiner Objekte, so erscheint er als Güter-
umlauf. Ein Gut befindet sich im Umlaufe, so lange es im
Uebergange von seinem Producenten zu seinem Consumenten
begriffen ist. Die Vollendung dieses Ueberganges ist für den
Consumenten Anschaffung seines Bedarfes, für den Producenten
Absatz seines Ueberflusses, wobei freilich nie vergessen werden
darf, daß jeder selbstständige Wirthschafter fortwährend, bald als
Producent, bald als Consument im Verkehr auftritt; denn da
alle Güter beim Austausche lediglich wieder mit andern Gütern
vergolten werden, so eröffnet jeder Producent dadurch, daß er

in den Verkehr tritt, nothwendig eine Absatzmöglichkeit für einen andern Producenten, weil er ja ebensowohl Consument hinsichtlich der ertauschten Leistung des letzteren ist, wie dieser hinsichtlich der Leistung des ersteren. Jeder ist also auf's Höchste beim Gedeihen der Anderen interessirt. Kein Zweig der Produktion kann auf Blüthe hoffen, wenn die anderen Zweige nicht ebenfalls frisch und gesund sind. Alle schöpfen durch den Güterumlauf Leben und Kraft von einander, weil sie in dieser Vereinigung den Schatz der Arbeitstheilung heben.

Die Volkswirthschaft ist eine große gemeinschaftliche Vorrathskammer. Jede Einzelwirthschaft trägt die Art von Gütern, welche sie vermöge ihrer besondern Berufsübung erzeugt hat, in die gemeinsamen Räume und holt sich aus denselben von den darin aufgespeicherten Güterarten der übrigen Einzelwirthschaften den Gleichwerth ihres eignen Einsatzes, gewärtig, daß sie auf diesem Wege nach Quantität wie nach Qualität ein Vielfältiges von dem erhält, was sie sich bei isolirtem Wirthschaften hätte erwerben können. Spricht sich hierin kurz das Wesen des Verkehrs aus, in welchem schon der bloße richtig verstandene Eigennutz die Einzelwirthschaften festhält und aus welchem dann alle übrige von vereinten Kräften abhängige civilisatorische Errungenschaften hervorgehen, so ist doch in Wirklichkeit der Mechanismus des Verkehrs weit zusammengesetzter. Die ganze Erscheinung des Verkehrslebens kann ohne Verständniß des Preises (§ 45), des Geldes (§ 51) und des Credites (§ 60) nicht begriffen werden.

Zweite Abtheilung.

Der Mechanismus des Verkehrs.

1. Hauptstück.

Der Preis.

§ 45.

Tauschwerth (§ 5) und Preis verhalten sich zu einander wie Möglichkeit und Wirklichkeit. Der Tauschwerth eines Gutes drückt nur aus, wie hoch dieses Gut eventuell allen gleichzeitig im Verkehr befindlichen Gütern gegenüber vertauscht werden könne, er ist die bloße Preismöglichkeit des Gutes. Der Preis eines Gutes dagegen ist sein verwirklichter Tauschwerth, d. h. die Quantität des bestimmten Gegengutes, welche man im Tausche dafür erhält.

Zwei Tauschlustige, die einander unter dem Impulse des Eigennutzes gegenübertreten, haben, jeder für sich, von vornherein das Bestreben, von dem eignen Gute thunlichst wenig hinzugeben, von dem Gegengute thunlichst viel zu erlangen, m. a. W., das eigne Gut recht theuer abzusetzen, das Gegengut recht billig anzuschaffen. Bei solch entgegengesetztem Interesse kann eine beiderseits befriedigende Uebereinkunft zu Festsetzung des Preises nur äußerst schwer zu Stande kommen, wenn beide Tauschlustige einander allein gegenüberstehen. Bei nur einigermaßen vorhandenen Verkehrsbeziehungen, also schon in den ersten Keimen einer Volkswirthschaft, pflegt aber jedes Gut sowohl Objekt der Anschaffung, wie des Absatzes für eine ganze

Anzahl von Einzelnwirthschaften zu sein, es findet Concurrenz (Mitwerben) in Nachfrage und Angebot statt. Zu dem Gegensatze des Interesses zwischen Consumenten und Producenten eines Gutes gesellt sich der Gegensatz, welcher sowohl innerhalb der Zahl der ersteren, wie innerhalb der der letzteren besteht. Jeder Consument und Producent, welcher tauschen will, muß fürchten, daß ihm Andere zuvorkommen und daß er seinen Zweck nicht erreichen werde, wenn er bei der Preisbestimmung unbillige Anforderungen durchsetzen will. Dieser zweite Gegensatz von Interessen hilft also den ersten ausgleichen.

§ 46.

Das Bereich, innerhalb dessen Nachfrage und Angebot eines Gutes sich geltend machen, ist sein Markt. Wer den Markt betritt, um ein Gut einzutauschen, steht bei der Verhandlung über den Tausch unter der Einwirkung des Entschlusses, höchstens den anderweitigen Anschaffungsbetrag dafür zu bezahlen, ebenso wie Jemand, der vertauschen will, mindestens auf dem anderweitigen Absatzbetrag als Preis des Gutes bestehen wird. Durch wiederholtes Auftreten dieser concurrirenden Anschaffungs= und Absatzbeträge und der demgemäß abgeschlossenen Tauschgeschäfte bildet sich für ein Gut auf dessen Markte leicht ein in beiläufig gleicher Höhe eine gewisse Zeitlang oft wiederkehrender Preisstand, den man mit dem Namen des Marktpreises bezeichnet. Dieser Preis, welcher als Durchschnittspreis aus einer Anzahl von Einzelpreisen in kurzer Zeit nicht leicht sehr nennenswerthe und erst in etwas längerer Frist größere Differenzen aufweisen wird, muß demnach um so höher sein, je stärker die Nachfrage und je schwächer das Angebot, und um so niedriger, je schwächer die Nachfrage und je stärker das Angebot des betreffenden Gutes ist. Es versteht sich dabei von selbst, daß Theuerung oder Wohlfeilheit des einen Theiles der auf dem Markte vorkommenden Güter nothwendig umgekehrt Wohlfeilheit oder Theuerung des andren Theiles bedingt. Denn allgemeine Theuerung oder Wohlfeilheit aller Güter ist ein Unding. Der Ausdruck, daß der Preis eines Gutes gestiegen sei, d. h. daß man von dem dafür ertauschten Gute jetzt ein größeres Quantum als früher erhalte, sagt ja offenbar zugleich, daß das letztere Gut im Preise gesunken sei.

§ 47.

Auf Seiten der Nachfrage tritt der Gebrauchswerth der begehrten Waare verbunden mit der Zahlungsfähigkeit der Begehrer als Bestimmungsgrund des Preises auf. Es wird hierdurch die Maximalgrenze bestimmt, welche den Preis nicht zu überschreiten vermag.

Jedes verständig abgeschlossene Tauschgeschäft bringt beiden Contrahenten Vortheil, was sich schon aus der bloßen Thatsache daß sie tauschen, folgern läßt, denn es ist schlechterdings kein anderes Motiv denkbar, welches zur Vornahme einer solchen Handlung veranlassen könnte. Der Vortheil beim Tausche liegt nun einfach darin, daß Jeder der Tauschlustigen von dem Gute des Andren eine bessere und erfolgreichere Anwendung zur Befriedigung seiner Bedürfnisse machen kann, als von dem eignen Gute. Vermöge der Arbeitstheilung hat Jeder von Beiden ein Gut producirt, welches der Andre gar nicht oder doch nur viel mangelhafter hätte produciren können; Jeder hat, nachdem sein eigner Bedarf an dem selbstproducirten Gute gedeckt ist, in dem Ueberschusse desselben einen Vorrath, der für ihn geringen, für Andre aber, die das betreffende Gut nur mangelhaft oder gar nicht

produciren können, hohen Gebrauchswerth hat. Bis zur jedes=
maligen Höhe dieses Gebrauchswerthes kann der Preis im
äußersten Falle steigen, darüber hinaus aber nicht, denn schon
bei Erreichung des Punktes, wo nach der individuellen Schätzung
der Preis den Gebrauchswerth deckt, wäre kein Vortheil mehr
beim Tausche, und über diesen Punkt hinaus nur positiver
Schaden.

Vollends wirksam als Preiselement wird indessen der Ge=
brauchswerth des Gutes für den Begehrer erst durch Hinzutritt
von dessen Zahlungsfähigkeit für das begehrte Gut, oder, gleich
umfassender ausgedrückt, für die begehrten Güter, da man ja
im Verkehrsleben eine Vielheit von Gütern zur Befriedigung
seiner verschiedenen Bedürfnisse eintauschen will. Der zu diesen
Eintauschungen bestimmte Vorrath des selbstproducirten Gutes ist
in jedem gegebenen Momente ein gegebener; was man also von
demselben zum Eintausch eines gewissen Gutes verwendet, entgeht
der Zahlungsfähigkeit für die sonst noch begehrten Güter. Um
hier richtig zu verfahren, wird daher jeder Wirthschafter seine Be=
dürfnisse nach der Reihenfolge ihrer Wichtigkeit für ihn ordnen
und einen aliquoten Theil seiner ganzen Zahlungsfähigkeit für
jedes hiernach begehrte Gut bestimmen. Es ist aber leicht ein=
zusehen, wie häufig die von Seite der Nachfrage bestimmte
Maximalgrenze des Preises nicht auf der Höhe fixirt werden
kann, welche ihr der Gebrauchswerth des Gutes für den Begehrer
allein anweisen würde, sondern bis zu dem Punkte der unge=
nügenden Zahlungsfähigkeit herabsteigen muß; eine Nachfrage
ohne entsprechende Zahlungsfähigkeit ist wirkungslos und äußert
durchaus keinen Einfluß auf die Preisbestimmung.

§ 48.

Auf Seiten des Angebots bilden die Schaffungskosten des hinzugebenden Gutes den Bestimmungsgrund des Preises. Es wird hierdurch die Minimalgrenze bestimmt, unter welche der Preis auf die Dauer nicht zu fallen vermag.

Da die Faktoren aller wirthschaftlichen Schaffung in Boden (Natur), Arbeit und Kapital zu suchen sind, so müssen alle Schaffungskosten in letzter Analyse aus der mit der Leistungs= fähigkeit zur Produktion verglichenen Schwierigkeit der Erlangung dieser Faktoren, beziehungsweise aus den hierdurch zunächst be= dingten Preisen der Nutzungen von Boden, Arbeit und Kapital, d. h. aus Bodenrente (§ 93), Arbeitslohn (§ 89) und Kapital= zins (§ 84), bestehen (§ 100).

Würden dem Producenten eines Gutes alle Auslagen, die er machen mußte, um dasselbe feilbieten zu können, nur gerade im Preise ersetzt, so wäre kein Vortheil für ihn dabei, würden dagegen die Kosten im Preise sogar nicht einmal ersetzt, so wäre positiver Schaden für den Producenten, oder, mit andren Worten, die wirthschaftliche Unmöglichkeit eines dauernden Handelns in solchem Sinne die Folge.

§ 49.

Sind Nachfrage und Angebot eines Gutes frei und bleiben die seitherigen Elemente seiner Preisbestimmung ungeändert, so werden die Tauschcontrahenten einander regelmäßig auf dem= selben Punkte beiderseitigen Vortheiles beim Tausche begegnen müssen. Aendern sich die Elemente der Preisbestimmung, so kann dies den Punkt der Begegnung ändern, aber es giebt auch dann wieder einen bestimmten Punkt regelmäßiger Begegnung. Dieser Punkt, der unfehlbar immer wieder getroffen wird, weil gleiche Ursachen unfehlbar die gleichen Wirkungen hervorbringen, kann als der normale Preissatz eines Gutes bezeichnet werden. Zeitweilige Schwankungen in der Stärke von Nachfrage oder Angebot eines Gutes können bewirken, daß dessen Marktpreis während einer gewissen Dauer nicht mit dem normalen Preissatze übereinstimmt, aber alle Abweichungen der Marktpreise sind kein einseitiges Auf= oder Abwärtssteigen vom normalen Preissatze, sondern lediglich ein beständiges Gravitiren um denselben, ein unaufhaltsames Streben, trotz aller Concurrenzwandlungen, oder vielmehr gerade durch sie, stets wieder zum normalen Preissatze zurückzukehren.

Am unbedingtesten zeigt sich dies bei denjenigen Gütern, welche in praktisch beliebiger Menge producirt werden können, ohne daß durch die Vermehrung der Produktion eine überproportionale Steigerung des Satzes der Schaffungskosten für die neu hinzu producirten Mengen eintritt, bei welchen also, mit andern Worten, auf jedes producirte Quantum, nicht etwa blos vermöge Durchschnittsberechnung aus dem Gesammtquantum, sondern absolut, der gleiche Kostenaufwand fällt.

Steht nämlich, was sowohl durch die Concurrenz als durch die Schaffungskosten veranlaßt sein kann, der Marktpreis eines solchen Gutes eine Zeitlang über oder unter dem normalen Preissatze, so machen die Producenten des Gutes im ersten Falle übermäßige Gewinnste, während sie im zweiten Falle ihren Vortheil nicht mehr finden. Die längere Fortdauer solcher Erscheinungen ist ganz unmöglich, insofern die Concurrenz frei spielen kann; denn diese ruft auf Grund des wirthschaftlichen Eigeninteresses alsbald nivellirende Kräfte hervor. Im ersten Falle werden sich neue Producenten dem so günstigen Erwerbszweige zuwenden, beziehungsweise die seitherigen Producenten, Alles aufbieten, um den Umfang ihres Betriebes für eine so lucrative Waare zu steigern. Im zweiten Falle werden die in dem nach= theiligen Erwerbszweige befindlichen Producenten denselben ver= lassen oder doch schwächer betreiben. Im ersteren Falle wird das vermehrte Angebot des Gutes dessen Preis unbedingt bis zum normalen Preissatze erniedrigen. Im zweiten Falle wird der Preis des Gutes durch das verminderte Angebot dann ent= sprechend erhöht, wenn sich eine zahlungsfähige Nachfrage zur Vergütung des normalen Preissatzes einstellt; denn stellt sie sich nicht ein, so muß das Produkt, mit seinem nunmehr unmöglich gewordenen normalen Preissatze, auf die Dauer vom Markte verschwinden.

Außer den Gütern der ebengenannten Art, für welche die Regel des normalen Preissatzes unbedingt gilt, giebt es eine andere Kategorie von Gütern, welche zwar ebenfalls in beliebiger Menge, aber nur mit stets überproportinaler Kostensteigerung für jedes neu hinzutretende Produktionsquantum erzeugt werden können. Je tiefer man ein Bergwerk von gewisser Qualität ausbaut, desto theurer kommt jeder neue Centner Erz, je inten= siver man ein Ackerfeld in Anspruch nimmt, desto theurer kommt jeder neue Scheffel Getreide, verglichen mit den früheren. Dies relative Wachsen der Schaffungskosten wird freilich durch das im Gange der wirthschaftlichen Entwicklung von Periode zu Periode steigende absolute Wachsen der Betriebsgeschicklichkeit successive immer wieder ausgeglichen; aber auf jeder gegebenen Stufe der Entwicklung hat man doch für gleiche Einheiten der betrachteten Güter ungleiche Schaffungskosten. Ist nun eine zahlungsfähige Nachfrage für eine bestimmte Menge eines solchen Gutes vorhanden, so wird sich das entsprechende Angebot nur dann einstellen und halten können, wenn die für die ungünstigsten

Bedingungen zur Produktion des nachgefragten Quantums auf=
zuwendenden Kosten im Preise noch mit Vortheil vergolten werden.
Für solche Güter gilt daher die Regel des normalen Preissatzes
mit der Modification, daß derselbe lediglich von den höchsten
Schaffungskosten des zur Befriedigung der Nachfrage noch er=
forderlichen letzten Quantums abhängt, und daß somit jedes
andre Quantum einen um so höheren Extravortheil im Preise
erhält, je günstiger seine Produktionsbedingungen sind.

Bei Gütern, deren Angebot nicht frei ist, wird die Regel
des normalen Preissatzes noch mehr eingeschränkt und es giebt
Monopolpreise oder Nothpreise.

Monopolpreise finden da statt, wo es, trotz aller Bereit=
willigkeit Schaffungskosten aufzuwenden, nicht thunlich ist, eine
beliebige Gütermenge in den Verkehr zu bringen, entweder weil
das Gut sich gar nicht willkührlich produciren läßt oder weil
das Angebot sich ausschließlich in einzelnen Händen befindet.
Die Preisbestimmung erfolgt also hier, einem gegebenen Angebot
gegenüber, lediglich durch das höchste Maß von Gebrauchswerth
und Zahlungsfähigkeit auf Seiten der Consumenten.

Nothpreise sind vorhanden, wenn die Producenten außer
Stande sind, das Angebot eines Gutes zu vermindern und sich
daher die von einer zu geringen Nachfrage diktirten unvortheil=
haften Preise gefallen lassen müssen.

§ 50.

Je ausgebildeter und ungehemmter Angebot und Nachfrage
sind, desto regelmäßiger und stetiger werden im Allgemeinen die
Preise der Güter, desto seltner kommen extreme Preiswechsel vor.
Allerdings verhalten sich die einzelnen Güterarten hierin wieder
wesentlich verschieden. Grade diejenigen, welche die unentbehr=

lichsten Bedürfnisse befriedigen, neigen am stärksten zu empfind=
lichen Preisschwankungen, weil bei ihnen die Nachfrage am
wenigsten Elastizität besitzt. Mit dem Grade der Entbehrlichkeit
der Güter nimmt die Leichtigkeit zu, sich einer drohenden Preis=
steigerung gegenüber Etwas davon abzubrechen, ebenso wie man
anderseits geneigt ist im Falle des Wohlfeilwerdens seine Ver=
zehrung zu erweitern; die zahlungsfähige Nachfrage ist bei ent=
behrlichen Gütern dem Angebote gegenüber gar schmiegsam und
anbequemend, während sie mit dem Grade der Unentbehrlichkeit
der Güter immer schwerfälliger und ungeeigneter zur Garantirung
einer ebenmäßigen Preishöhe wird. Man kann sich nicht mehr
als satt essen, aber man muß sich satt essen, um zu leben; die
Nachfrage ist bei den Gütern absoluten Bedürfnisses eine so
constante, daß Abweichungen des Angebotes die jähesten Preis=
sprünge hervorrufen können. Hier kann also die Nachfrage nur
dadurch, daß sie weitblickender und gewandter in ihrem Auftreten
wird auf die Preisstetigkeit wirken, während die Hauptaufgabe
dem Angebote durch angemessenere Regelung der Produktion und
des Umsatzes zufällt. Auch das Angebot hat übrigens verschiednen
Gütern gegenüber mit verschiednen Schwierigkeiten zu kämpfen
und kann im Gange der Verkehrsentwicklung seine preisnivellirende
Kraft denjenigen Gütern gegenüber am leichtesten geltend machen,
deren Eigenthümlichkeiten eine Vermehrung oder Verminderung
des Angebotes am leichtesten gestatten.

Mit der für alle Glieder der Volkswirthschaft wohlthätigen
Milderung der Schroffheiten des Preiskampfes, welche im Laufe
der Kulturentwicklung allmählig eintritt, macht sich, als Ursache
und Wirkung zugleich, ein höchst bemerkenswerther Umschwung
in den wechselseitigen Gesinnungen der Tauschcontrahenten geltend.
Der Preiskampf, anfänglich ein stark gegnerisch gefärbter Kampf

der Tauschcontrahenten, in welchem der eine auf Kosten des andern zu gewinnen sucht, wird entschiedener zum gemeinsamen Kampfe derselben gegen den Tauschwerth, bei welchem beide Contrahenten sicher gewinnen. Man sieht im Verkehrsleben fort= während klarer ein und wird mehr geneigt, das zuzugestehen, was Jedem billiger Weise gebührt, wenn das Wohl der ganzen Volkswirthschaft nicht leiden soll. Die Eigenliebe und die Nächsten= liebe, so grundverschieden in den Beweggründen, von welchen sie ausgehen, treffen in dieser Gesinnung stets bestimmter zusammen. Die Eigenliebe, in ihren ersten wirthschaftlichen Keimen zur rück= sichtslosen Ausbeutung der Andern geneigt, lernt immer deut= licher, daß ihr Interesse auf die Dauer nur gedeihen kann, wenn das der Andern auch gedeiht. Die Nächstenliebe, ursprünglich zu rücksichtsvoller Aufopferung für die Andern geneigt, muß immer tiefer die Ueberzeugung gewinnen, daß Niemanden auf die Dauer wirthschaftlich geholfen werden kann, der sich nicht selbst helfen will, und daß es eine Ungereimtheit ist, ganz ver= gebens für Andere zu Grunde gerichtet zu werden. So leitet dem Erfolge nach die Nächstenliebe zur Eigenliebe, die Eigen= liebe zur Nächstenliebe hinüber und Beide, indem sie an wahrem wirthschaftlichem Verständniß zunehmen, sorgen gleichmäßig für thunlichste Uebereinstimmung der Marktpreise jedes Gutes mit dessen richtigem normalen Preissatze. Die letzte Stufe, das Ideal des Verkehrslebens, ist, daß Jeder ohne Weiteres, und ohne daß dies der Gesammtheit Schaden bringt, über die Güter der Andern verfügen darf. Die allmählige Annäherung an dieses Ideal kann aber nicht dadurch erfolgen, daß der normale Preissatz aufgehoben wird und in einer erzwungenen Güter= gemeinschaft untergeht (§ 102), sondern dadurch, daß dem Contrahenten die Gegenleistung für die empfangene Leistung immer facultativer und leichter gemacht wird. Dies ist die große Aufgabe des Credites (§ 60). Im Gange der Kultur werden die Preise der Güter immer mehr zu Creditpreisen. Eine entsprechende Gestaltung des Preises sowohl wie des Credites, welche schließlich den Creditpreis hervorbringt, ist aber undenkbar ohne Geld (§ 51).

2. Hauptstück.

Das Geld.

§ 51.

Geld ist dasjenige Gut, welches in der Volkswirthschaft als allgemeines Tauschmittel und Preismaß der Güter angewendet wird. Auf den ersten flüchtigen Anschein hin könnte man geneigt sein glauben, daß die Anwendung von Geld, weit entfernt dem Verkehr Etwas zu nützen, nur eine höchst überflüssige Complication desselben herbeiführe, weil nunmehr jedes Tauschgeschäft in zwei Tauschgeschäfte auseinander gezogen wird; man vertauscht jetzt sein angebotenes Gut zuerst gegen Geld und tauscht dann mit dem empfangenen Gelde das ursprünglich nachgefragte Gut ein, indem man jedesmal den Preis nach Geld bemißt, oder m. a. W., man verkauft und kauft, anstatt nur einmal zu tauschen. In Wirklichkeit aber ist das scheinbar einfachere das complicirtere, das scheinbar complicirtere das einfachere, und zwar dermaßen, daß ohne das Verkehrswerkzeug Geld eine entwickelte Volkswirthschaft geradezu unmöglich ist. Nur dann, wenn der ganze Markt sich auf kümmerlich wenige Waarengattungen beschränkt, ist ein Verkehr mittelst Naturaltausch denkbar. Beim Naturaltausche muß man ja immer für sein eigenes vertauschbares Produkt gerade den Consumenten finden, für dessen vertauschbares Produkt man selbst Cosument werden möchte. Die Schwierigkeit eines solchen direkten Austausches wird aber offenbar mit jeder neu hinzutretenden Waarengattung größer und bald genug unüberwinblich[1]). Parallel damit geht die weitere Schwierigkeit einer Uebersicht aller im Verkehr vorkommenden Güter und der gegenseitigen Preisbemessung derselben; denn diese kann beim Naturaltausch nur in der Weise stattfinden, daß man sämmtliche Preisrelationen zwischen sämmtlichen im Verkehr vorkommenden Gütern fortwährend vor Augen hat[2]). Bei Vorhandensein von Geld fallen diese beiden Schwierigkeiten weg, deren Fortbestehen, indem sie alle Entwicklung in Verwicklung untergehen ließe, jede Verkehrserweiterung und damit die Entfaltung der Arbeitstheilung, jeden wirthschaftlichen Aufschwung und damit das ganze Emporstreben der Kultur abschneiden würde. Erst das Geld in seiner doppelten Eigenschaft als Tauschmittel und Preismaß entfesselt den Verkehr, indem nun einerseits Jedermann seine angebotenen Leistungen unbedenklich gegen Geld hingiebt, in dem Bewußtsein eben, daß es bei Jedermann wieder als Gleichwerth der ursprünglichen Leistung gilt, andrerseits aber alle Preisvorgänge in der gleichmäßigen übersichtlichen Skala des Geldes unter einerlei Benennung gebracht sind.

[1]) Stellt man durch A, B, C 2c. die Tauschlustigen, durch q, r, s, t 2c. die zwischen ihnen umzusetzenden Waaren vor, und zwar mit + im Angebot, durch — in der Nachfrage, so sieht man aus nachfolgender Zusammenstellung leicht, daß bei einigermaßen großer Personen= und Waarenzahl nur ein Glücksfall die Ausgleichung von Bedarf und Vorrath, und wenn diese noch so vollkommen auf einander passen, herbeiführen könnte:

A	B	C	D	E	F	G	H	J	K	L
+ p	q	r	s	t	u	v	w	x	y	s
— r	s	t	u	v	w	x	y	s	p	q

Bei dieser Combination und bei allen übrigen sonst möglichen, mit Ausnahme einer einzigen (des Glücksfalles), würde kein direkter Austausch stattfinden können, obwohl + und — einander genau decken. Ist aber Geld vorhanden und schaltet man es bei einer der Personen noch als + g ein, so ist jede Schwierigkeit des Umsatzes gehoben, wie die Combination auch ausfallen möge.

²) Dies wird bei zunehmender Güterzahl bald zur völligen Unmöglichkeit. Wenn der Markt 800 Güter enthielte, so müßte man, nach der Anzahl der möglichen Versetzung zu 2, $\frac{800\ (800-1)}{1 \cdot 2} = 319{,}600$ Preisangaben überblicken, bei Vorhandensein von Geld natürlich nur 800.

§ 52.

Die Anerkennung und Anwendung eines bevorzugten Gutes als Geld läßt sich weder auf eine glückliche Erfindung, noch auf willkührliche Uebereinkunft oder auf Zwangsbefehl einer Auktorität zurückführen. Das Geld ist vielmehr mit innerer Gesetzmäßigkeit aus dem Bedürfnisse des Verkehrs selbst allmählig entstanden.

Schon in den ersten Anfängen eines rohen Tauschverkehrs mußten die Tauschlustigen bald bemerken, daß gewisse Güter größere Umlaufsfähigkeit besaßen als andere. Fand man es nun unmöglich, für sein eigenes vertauschbares Gut das gewünschte Gegengut zu ertauschen, so begnügte man sich vorläufig auch schon, wenn man nur ein Gut von größerer Umlaufsfähigkeit, als das eigne, erlangen konnte, weil jenes doch immerhin mehr Eintauschgelegenheit für das wirklich begehrte Gegengut gewährte, als das eigne. Je öfter man leichtcirculirbare Güter auf solche Weise zur Beförderung des Tauschgeschäftes anwendete, desto deutlicher mußte ihre Nützlichkeit dafür zu Tage treten, so daß man sie am Ende in der wohlbewußten Absicht erwarb, sich ihrer zur Sicherung künftiger Eintausch-

ungen zu bedienen. Je bestimmter und allgemeiner dies nach
und nach geschah, desto mehr mußte ebendadurch wieder ihre
Fähigkeit steigen, als Tauschmittel angewendet zu werden. Ohne
allen Zweifel konnten eine gewisse Zeit lang mehrere Tauschmittel
nebeneinander um den Vorrang des bevorzugten Gutes streiten;
denn in der bloßen Sicherung des Austausches lag gerade keine
zwingende Veranlassung, die übrigen obsolet werden zu lassen,
und nur ein einziges Medium aller Umsatzgeschäfte anzuwenden.

Allein der Verkehr, einmal über seine ersten Anfänge hinaus,
kann sich nicht mehr mit bloßen Tauschmitteln beim Umsatze der
Güter begnügen. Man empfängt jetzt Leistungen, die nicht
mehr blos zum eigenen Gebrauche, sondern auch zur weiteren
Erwerbung von Gütern verwendet werden sollen, man producirt
auf Grund der Arbeitstheilung einseitiger und ausgedehnter zu
dem Zwecke, seine Erzeugnisse gegen andre zu verwerthen, die
Concurrenz in Angebot und Nachfrage wird mächtiger und der
Tauschwerth der in wachsender Massenhaftigkeit und Mannig=
faltigkeit producirten Güter hebt sich markirter gegen den Ge=
brauchswerth hervor; eine übersichtliche Preisbenennung und
Preisbemessung der Güter wird immer wichtiger und dringlicher.
Aber diesem Bedürfnisse des Verkehrs kann nur ein einziges
Gut entsprechen. Das Nebeneinanderbestehen mehrerer Maße
für denselben Zweck ist unter allen Umständen, der zu messende
Gegenstand (Raum, Zeit, Gewicht, Wärme ꝛc.) mag sein, welcher
er will, sehr lästig und beschwerlich; aber es können doch
immerhin mehrere Maße für denselben Gegenstand dann bestehen,
wenn eine gegenseitige Umwandelbarkeit ihrer messenden Eigen=
schaft in der Weise vorhanden ist, daß die Messungen nach dem
einen sich stets mit Gewißheit und Genauigkeit auf die Messungen
nach den andern reduciren lassen. Eine solche Umwandelbarkeit

ist nun bei der Preismessung undenkbar, da es kein Gut giebt und geben kann, welches sich in seinen eigenen Elementen der Preisbestimmung (§ 47, 48) stets und unter allen Umständen völlig gleich bliebe. Verschiedene Preismaße, die man neben einander anwenden wollte, würden also, da ihre eigne Preishöhe der Veränderung unterworfen ist, gar keine mit einander vergleichbare Messungen liefern können und nothwendig die vollständigste Verwirrung und Unsicherheit der Verkehrsbeziehungen herbeiführen müssen. Kann es demnach überhaupt kein absolut vollkommenes Preismaß geben und muß man sich mit einem nur relativ vollkommenen begnügen, so wird man als einziges allgemeines Preismaß dasjenige Gut anwenden, welches sich durch die Erfahrung als am geeignetsten dafür bewährt hat. Ist dieses Gut aber aus der Reihe der seither gebrauchten Tauschmittel, mit denen man, ohne es eigentlich recht zu wissen und zu wollen, selbstverständlich fortwährend in dieser Beziehung experimentirt, nach und nach herausgefunden und in den weiteren Kreisen der Volkswirthschaft als das Brauchbarste anerkannt, so hat es sich damit, unter Verdrängung der übrigen Tauschmittel, zum G e l d e emporgeschwungen.

§ 53.

Das in einem Lande vorhandene Geld bildet einen Theil des Volksvermögens, es ist eine Waare im Kreise aller übrigen Waaren, nicht mehr, aber auch nicht weniger [1]). Zu dem ursprünglichen Gebrauchswerthe des Gutes, das man als Verkehrswerkzeug anwendet, ist, eben vermöge dieser neu beigelegten Eigenschaft, ein neuer Gebrauchswerth hinzugetreten, und dieses Gut theilt sich nun, seiner ganzen vorräthigen Menge nach, in zwei Güter, deren eines fortgesetzt für den ursprünglichen, deren anderes nunmehr für den neuen Gebrauchszweck, d. h. als Geld, angewendet wird. Aber freilich bleibt der ursprüngliche Gebrauchs=werth immer die Basis der Geldeigenschaft; für diese ist unum=gänglich, sowohl daß man das dem ersten Zwecke gewidmete Gut beliebig in Geld, als auch daß man letzteres wieder beliebig in ersteres verwandeln kann. Wie nun jedes Gut seine Eigenthüm=lichkeiten hat, durch welche es sich von den übrigen Gütern unterscheidet, so natürlich auch das Geld, und kein Wunder, daß diese Eigenthümlichkeiten, deren beim Gelde zwei besonders hervorzuheben sind, bei dem bevorzugten Gute der Volkswirth=schaft sehr scharf und charakteristisch auftreten.

a) Alle übrigen Güter, wenn sie auch noch so viele Umsätze erleiden und noch so verschiedenartige Stadien des Verkehrs durchlaufen, gelangen doch einmal in den definitiven Gebrauch irgend einer Einzelwirthschaft, um daselbst ihre Aufgabe zur Bedürfnißbefriedigung endgültig zu erfüllen. Das Geld dagegen bleibt beständig in Circulation. Selbst wenn es noch so lange bei Jemandem gelegen hat, um zur Ansammlung eines Ver=mögensstammes zu dienen, wird es sein Besitzer doch jedenfalls weggeben müssen, wenn er einen definitiven wirthschaftlichen Zweck erreichen will. Grade durch den fortwährenden Wechsel seines Besitzers leistet das Geld seinen Nutzen. Wird es der Circulation entzogen, um seinem ursprünglichen Gebrauchswerthe wiedergegeben zu werden, so hört es eben damit auf Geld zu sein. So lange es aber als solches dient, ist sein Gebrauchs=werth mit seinem Tauschwerthe identisch.

b) Alle übrigen Güter können ihren Nutzen stets nur der jeweiligen Menge entsprechend leisten; ein Centner Getreide kann nur ein bestimmtes Maß von Sättigung bewirken, ein Klafter Holz nur einen bestimmten Wärmeeffekt hervorbringen, ein Pferd nur eine bestimmte Last ziehen 2c. Das Geld dagegen kann, unabhängig von seiner Menge, der Volkswirthschaft stets die gleichen Dienste leisten; denn in Folge einer veränderten Geld= menge wird sich nur der Preis des Geldes selbst, d. h. die Quan= tität jeder im Verkehr vorkommenden Waare, welche man für eine bestimmte Quantität Geld erhält, erhöhen oder erniedrigen und werden demgemäß die im Geld ausgedrückten Preise aller Waaren umgekehrt erniedrigt oder erhöht werden. Die S a c h = p r e i s e der Güter, d. h. die Preisproportionen, in welchen sie wirk= lich gegen einander umgesetzt werden, bleiben dabei völlig die nämlichen; nur die in Geld ausgedrückten N o m i n a l p r e i s e haben sich geändert, d. h. die Geldmenge repräsentirt kraft ihres geän= derten eigenen Preises eine größere oder kleinere Preismenge.

¹) Daß der Gegenstand, der in einem Lande als Geld dient, mit logischer Nothwendigkeit einen eigenen Werth voraussetzt, d. h. ein selbstständiges wirth= schaftliches Gut sein muß, ergiebt sich einfach aus der Funktion des Geldes als Preismaß. So wenig es ein Längemaß ohne eigene Länge geben kann, so wenig ein Preismaß ohne eignen Preis; eines Preises aber sind nur wirth= schaftliche Güter fähig. Der Irrthum, als ob es Geld ohne eignen Werth geben könne, rührt wesentlich von der Verwechselung des Geldes mit Geld= surrogaten (§ 68) her. Ueber das andere Extrem, die Ueberschätzung des Geldes, vgl. § 56, 108.

§ 54.

Es kann nicht befremden, daß bei verschiedenen Volkswirth= schaften und zu verschiedenen Zeiten gar vielerlei Güter als Geld im Gebrauche gewesen sind; denn naturgemäß greift jeder Ver= kehr aus dem Kreise der ihm eigenthümlichen Güter das heraus, was sich vorzugsweise zum Gebrauche als Geld eignet¹); daher ist es auch sehr erklärlich, daß man in einem Lande das bereits eingeführte Geldgut aufgiebt und durch ein anderes ersetzt, wenn

der veränderte Verkehr Besseres als seither bietet. Von sämmt=
lichen jemals gebrauchten Geldgütern ist ohne Zweifel das edle
Metall (Gold, Silber) das relativ vollkommenste und verdrängt
deßhalb, sowie es einem Verkehr zugänglich wird, der es noch
nicht besaß, unfehlbar das Gut, welches seither als Geld gedient
hatte. Diese hervorragende Befähigung des Edelmetalles zum
Geldgute, vermöge deren es eine so gewaltige Rolle unter den
am großen Weltverkehr theilnehmenden Volkswirthschaften spielt,
zeigt sich, wenn man die Anforderungen, denen ein möglichst
vollkommenes Geldgut entsprechen muß, mit den Eigenschaften
des Edelmetalles zusammenhält, auf das Ueberraschendste bis
ins Einzelne hinab durchgeführt; von einem solchen Verkehrs=
werkzeuge muß man verlangen:

a) hohen Tauschwerth; schon bei einem rein örtlichen
Güterumsatz ist es sehr beschwerlich, wenn der Tauschwerth des
Geldgutes so gering ist, daß große Massen desselben erfordert
werden, um eine empfangene Leistung zu compensiren; beim Ver=
kehr auf größere Entfernungen macht sich dies aber, wegen der
dann zu stark anwachsenden Frachtkosten des Geldgutes, noch
viel empfindlicher fühlbar. Eine Tauschwerthsumme, die etwa
in Gestalt von Steinkohlen oder Pflastersteinen ꝛc. an Zahlungs=
statt hin= und hergeschickt werden sollte, würde leicht durch die
Transportkosten absorbirt sein, während Silber und Gold die
weitesten Versendungen vertragen [2]).

b) Entbehrlichkeit für unbedingt nothwendige Gebrauchs=
zwecke; je dringendere Bedürfnisse ein Gut befriedigt, desto
größer ist die Gefahr, daß es der Bestimmung als Verkehrs=
werkzeug entfremdet werden kann. Würde z. B. Getreide als
Verkehrswerkzeug angewendet, so könnte ein solches Geld im
Falle der Noth sehr rasch aufgezehrt sein, während das Edel=

metall mit seinem ursprünglichen Gebrauchswerthe zu Schmuck=
sachen und Ziergeräthen nie in solch bedrohlicher Weise dem
Geldbdienste entrinnen kann.

c) **Dauerhaftigkeit.** Ein brauchbares Geldgut muß sowohl
die Möglichkeit seiner Ansammlung und Aufbewahrung ohne
Verschlechterung der Substanz bieten, als auch hinlängliche
Widerstandsfähigkeit gegen die Abnützung beim Umlaufe besitzen.
Ein Stück Edelmetall kann Jahrhunderte lang gelegen oder viele
tausend Male im Verkehr circulirt haben, ehe sein Werth irgend
erheblichen Abbruch erlitten hat. Wie anders würde es aber
z. B. mit einer Speise oder einem Kleidungsstück in diesen beiden
Fällen stehen.

d) **Theilbarkeit** ohne Werthverringerung. Im Verkehr
kommen sehr verschiedenartig abgestufte Werthgrößen vor, die
aber alle durch Geld ausgleichbar sein müssen, wenn der Umsatz
nicht auf das Schwerste beeinträchtigt werden soll. Wohl
wenige Gegenstände lassen sich mit solcher Leichtigkeit beliebig
theilen und wiedervereinigen als Gold oder Silber, während die
Mehrzahl der Verkehrsobjekte (z. B. ein lebendes Stück Vieh,
ein Hausgeräthe) dies gar nicht verträgt.

e) **Homogenität** des Vorkommens, ohne welche eine völlig
genaue Werthabschätzung unausführbar ist. Zwei Thierfelle
z. B. sind nie von genau gleicher Beschaffenheit, zwei gleich=
schwere Stücke chemisch reinen Goldes dagegen, mögen sie vom
Ural, aus Californien oder Australien kommen, haben stets
gleiche Beschaffenheit und gleichen Tauschwerth.

f) **Formbarkeit,** vermöge deren die circulirenden Stücke des
Geldgutes zur Erleichterung und Sicherung des Gebrauches mit
dem Ausdruck der Garantie ihres Werthes durch eine glaub=
würdige Auktorität versehen werden können. In dieser Beziehung

zeichnen sich wiederum die Metalle, insbesondere die edlen, durch einen hohen Grad von Prägbarkeit aus, während es bei andern Gütern zumeist unausführbar ist, eine bestimmte Werthgröße durch Stempelung genügend zu fixiren[1]).

g) Gleichmäßigkeit des eignen Preises, welcher, für das Geld, sowohl in seiner Eigenschaft als Tauschmittel, wie als Preismaß erforderlich ist, und welche das Edelmetallgeld in einer für die Verkehrsinteressen durch kein anderes Gut übertroffenen Weise besitzt (§ 55).

[1]) Wo die Jagd eine wirthschaftlich vorherrschende Bedeutung hat, wird sich das Pelzwerk der Jagdbeute als brauchbares Geldgut darbieten; in Rußland erhielt sich dasselbe noch bis lange nach der mongolischen Invasion; in den Hudsonsbailändern ist immer noch das Biberfell Geld. Hirten- und Ackerbauvölker wenden Vieh als Geld an, wie das griechische, römische (pecunia) und germanische Alterthum auf das Unzweideutigste erkennen läßt; noch heute dient Vieh bei Kirgisenstämmen zum Verkehrswerkzeug. In Virginien und Maryland benutzte man noch im vorigen Jahrh. Tabak, in Neufundland Stockfische als Geld. Beim russisch-chinesischen Verkehr zu Kiachta findet Thee, in Ziegelform gepreßt, als Tauschmittel und Preismaß Anwendung, in Abyssinien und Timbuktu Salz, in den portugiesisch-afrikanischen Besitzungen Elfenbein ec. ec. Die Benutzung der Metalle als Geld gründet sich auf deren geognostisches Vorkommen und auf die Richtung des Handelsverkehrs; von unedlen Metallen dienten namentlich Kupfer und Eisen als Geld und bildeten öfters die unmittelbaren Vorläufer der Edelmetallcirculation.

[2]) Durch eine Meile Eisenbahnfracht werden Steinkohlen um 13,8 %, Silber und Gold dagegen nur um 0,00055 und 0,0000035 % ihres Werthes vertheuert.

[3]) Das Prägen von Gold und Silber zu Münzen macht die Edelmetalle selbstverständlich nicht zu Geld, sondern macht sie, die bereits Geld sind, durch die Form der Münze nur bequemer für die Circulation. Bei Anwendung von ungeprägtem Edelmetall als Geld muß jeder in Zahlung empfangene Betrag erst gewogen und —, da das Edelmetall sowohl vermöge seines natür-

lichen Vorkommens, als auch vermöge seiner technischen Verwendung nicht leicht rein, sondern mit unedlem Metall (Kupfer ꝛc.) legirt zu sein pflegt, — nach dem Feingehalte probirt werden, ehe man über seinen Werth im Klaren ist. Diese große Unbequemlichkeit der Geldanwendung, die besonders bei den regelmäßigen Alltagsumsätzen am fühlbarsten wird, verschwindet, wenn das Edelmetall nach einem zweckmäßig gegliederten und consequent durchgeführten System (Münzfuß) in Stücke (Thaler, Gulden, Franks ꝛc.) von bestimmtem Gewichte (Schrot) und Feingehalt (Korn) ausgeprägt wird, wie z. B. nach dem heutigen deutschen Vereinsmünzfuße das Zollpfund chemisch reinen Silbers in 30 Hauptstücke (Thaler) zerfällt, deren jedes $\frac{9}{10}$ Silber und $\frac{1}{10}$ Kupfer enthält.

§ 55.

Der Preis des edlen Metalles folgt, unter Einwirkung von Nachfrage und Angebot, der modificirten Regel des normalen Preissatzes (§ 49). Die Nachfrage nach Geld ist gleichbedeutend mit dem durch Hülfe von Geld zu bewerkstelligenden Güterumsatz. Steigt sie, so strebt der Preis des Edelmetalls zu steigen, und es können dann noch Minen abgebaut werden, deren Betrieb seither nicht lohnte; sinkt sie, so strebt der Metallpreis zu sinken, und der Betrieb seither baufähiger Minen wird dann reducirt. Ebenso wechselt das Angebot seinerseits, durch Auffindung neuer oder Erschöpfung alter Minen, durch Verbesserung oder Erschwerung des Betriebes, beständig, und strebt gleicherweise den Preis und damit die fernere Produktion von Edelmetall zu beeinflussen. Man sieht aber sofort, wie schwerfällig und oft genug unzureichend das Anbequemen der Edelmetallmenge an den Edelmetallpreis vor sich gehen muß; ein Zuwenig an Edelmetall kann ebensogewiß nicht alsbald und beliebig durch Ausdehnung der Minenproduktion ergänzt, wie ein Zuviel durch substanzielle Abnützung des Vorraths und Einschränkung des Betriebes reducirt werden. Da demnach die Bildung eines neuen normalen

Preissatzes für Edelmetall oft genug unvermeidlich ist, so müßte
der Marktpreis desselben sehr schroffen periodischen Wechseln
unterworfen sein, wenn Nachfrage und Angebot selbst raschen
und bedeutenden Wechseln unterworfen wären. Dies ist nun
glücklicher Weise durchaus nicht der Fall. Die Nachfrage nach
Geld entspringt aus der Gesammtheit der wirthschaftlichen Zu=
stände, die sich wohl in allmähligen Uebergängen, aber nicht in
plötzlichen Sprüngen ändert, und kommt zumal schon deßhalb
nicht leicht aus dem Geleise, weil abnehmender Umsatz in ein=
zelnen Zweigen der Produktion doch unfehlbar immer von zu=
nehmendem Umsatz in andren begleitet ist, und überdies die im
Gange jeder gesunden Volkswirthschaft der Hauptsache nach stets
zunehmende Produktion durch gesunkene Schaffungskosten und
deßhalb wohlfeilere Preise vieler Produkte eine Compensation
erfährt. Aenderungen in der Nachfrage nach Geld sind immer
nur sehr kleine Bruchtheile der Gesammtnachfrage, die, wenn sie
sich öfters in gleichem Sinne wiederholen und summiren, auf
die Dauer wohl eine veränderte Gesammtnachfrage nach Geld
herbeiführen, für kurze Fristen aber keinen Einfluß darauf üben
können. Ganz ähnlich, wie mit der Nachfrage, verhält es sich
mit dem Angebot von Edelmetallgeld. Gegen die einmal vor=
handene Masse von Edelmetall, welche im Lauf der Jahrhunderte
angesammelt worden ist, tritt eine Jahresausbeute, und möge sie
noch so groß sein, doch nur als höchst bescheidener Bruchtheil
auf (§ 59 Anm.). Erwägt man nun ferner noch, daß auch
der doppelte Gebrauchswerth des Edelmetalls, grade weil es von
Hause aus entbehrliches Gut ist, als Regulator des Geldpreises
wirkt, indem bei Geldmangel Gold= und Silbersachen vermünzt
werden, bei Geldüberfluß aber der Gebrauch von Gold und Silber
zu Schmuck und Geräthen zunimmt, so stellt sich als Ergebniß

heraus, daß die edlen Metalle zwar allmählig und in längeren Perioden beträchtliche Preisveränderungen erleiden können, daß sie aber in kürzeren Zeiträumen eine sehr große Gleichförmigkeit ihres Preises behaupten. Das ist es aber gerade, was der Verkehr zu seiner Sicherheit und Festigkeit vor Allem verlangt, denn für die ganz eminent überwiegende Mehrzahl aller Umsatzgeschäfte genügt eine so kurze Zeit, daß sie von der Veränderlichkeit des Preises, welche das Edelmetall als Geldgut zeigen kann, gar nicht berührt werden; nur für die auf lange Termine hinaus festgesetzten Leistungen bedarf man noch ein Controle= und Correktivmittels des Edelmetallgeldes (§ 59). Zur vollen Beurtheilung des Preisstandes und Preisganges der edlen Metalle darf übrigens auch nicht übersehen werden, daß die große Gleichförmigkeit ihres Preises innerhalb kürzerer Fristen sich über alle regelmäßig miteinander verkehrenden Märkte erstreckt, und eben durch diesen kosmopolitischen Charakter des Edelmetalles, welcher es zum Weltgelde macht, eine um so viel größere ist, als sie es bei dem Beschränktsein auf nur einzelne isolirte Volkswirthschaften sein würde.

§ 56.

Alle Länder, welche am Weltverkehr theilnehmen, sind solidarisch in Bezug auf ihre Geldverhältnisse. Jedes dieser Länder wird, es mag wollen oder nicht, jederzeit eine ganz bestimmte Menge von dem im Weltverkehr überhaupt vorhandenen Geldvorrathe erhalten. Die Furcht, daß ein Land gegen seinen Willen von Geld entblößt werden könne, ist eben so thöricht, als die Hoffnung, daß es eine beliebig große Geldmenge anhäufen könne, eitel. Eine solche, übermäßig angehäufte Geldmenge, selbst wenn sie auf die Dauer möglich wäre, würde doch vor allen Dingen sehr weit davon entfernt sein, dem Lande zu nützen. Die Einzelwirthschaft ist freilich um so reicher, über je mehr Geld sie verfügt, weil sie damit um so mehr von den im Verkehr vorkommenden Gütern haben kann. Für die ganze Volkswirthschaft aber ist das Geld lediglich ein Vehikel, um die Güterumsätze leichter zu bewerkstelligen. Eine übermäßige Anhäufung von Geld würde aber nur die Kanäle des Umlaufs schwerfälliger machen und wäre nicht etwa Reichthumsvermehrung, sondern Reichthumsverminderung, weil die, ohne allen Nutzen für den Güterumsatz, vergrößerte Geldmenge doch nur unter Aufopferung andrer Güter herbeigeschafft werden könnte. Allein eine solche übermäßige Anhäufung kann sich auf die Dauer ebensowenig halten, wie der Geldvorrath eines Landes unter das ihm und allen Ländern durch den Weltverkehr zwangsweise zugetheilte Niveau herabsinken kann. Das edle Metall sucht wie jede andre Waare den besten Markt. Bei der großen und durch Nichts zu beeinträchtigenden Leichtigkeit, mit welcher es von Land zu Land übergeht, wird der Handel jeder Volkswirthschaft solange Edelmetall zuführen, als es bei ihr noch theurer ist, als anderswo, oder umgekehrt abnehmen, solange es noch wohlfeiler ist. Auf die Größe des Geldvorraths, welchen jede Volkswirthschaft zur Herstellung des Gleichgewichts der Geldpreise auf dem Weltmarkt unfehlbar erhält, sind aber jederzeit folgende drei Faktoren von Einfluß:

a) die absolute Werthmenge der zum Umsatze gelangenden Güter; offenbar steht die Geldmenge eines Landes in direkter Proportion damit; je bedeutender der jährliche Waarenumsatz, desto größer an und für sich die Geldmenge eines Landes; sie müßte ohne Zweifel dem Belaufe des gesammten Waarenumsatzes gleichwerthig sein, so daß man in diesen Beiden die beiden einanber fortwährend balancirenden Schalen einer Wage vor sich hätte, wenn nicht noch die anderen Faktoren vorhanden wären, welche im umgekehrten Sinne auf den Geldvorrath einwirken, nämlich:

b) die Raschheit des Geld- und Güterumlaufes; das Geld, als das indifferente Gut, welches erst Genüsse gewährt, wenn man die specifischen Güter seines Bedarfes dafür einkauft, rollt beständig aus einer Hand in die andre; das nämliche Quantum Geld kann daher in einem gewissen Zeitabschnitte mehrere Kaufgeschäfte nach einander bewerkstelligen helfen, und je öfter dies geschieht, je rascher die Waarenumsätze gegen Geld auf einander folgen, desto geringer wird sich der Geldvorrath des betreffenden Landes herausstellen; zwei Länder, deren jährliche Waarenumsätze gegen baares Geld völlig gleich sind, können dieselben doch mit durchaus verschiedenen Geldmengen bewirken, wenn die Umlaufsgeschwindigkeit sich bei ihnen nur beziehungsweise entgegengesetzt proportional zur umlaufenden Waarenmasse verhält.

c) die Ausdehnung, in welcher der Credit angewendet wird, um Geld zu ersetzen (§ 68); je umfassender dies der Fall, desto geringer wird augenscheinlich wieder der Metallgeldvorrath eines Landes sein.

§ 57.

Die, parallel mit der Regulirung des Geldvorrathes eintretende, Gleichstellung des Geldpreises zwischen den Volkswirthschaften des Weltverkehres hat mit einer Klippe zu kämpfen, welche bewirkt, daß die Ausgleichung hin und wieder kleine Differenzen der Geldpreise bestehen lassen muß. Es ist dies nämlich die Beschaffenheit der Waaren, welche im internationalen Verkehr als Aequivalente für das ab- oder zufließende Geld

dienen. Die meisten Länder des Weltverkehrs haben keine ge-
nügende eigene Edelmetallproduktion, sondern beziehen von den
eigentlichen Minenländern Edelmetall im direkten oder durch
Zwischenländer vermittelten Austausche gegen selbstständig producirte Güter. Je leichter frachtbar die hierzu verwendeten
Exportgüter sind, desto leichter und rascher gestaltet sich die
Geldausgleichung. Ferner kommt dabei in Betracht, daß die
Exportgüter, in Hinsicht auf deren verschiedene Arten die einzelnen
Länder ihre eigenthümlichen Ueberlegenheiten zu haben pflegen,
in den Minenländern sehr ungleich, bald weniger, bald mehr
geschätzt sind; je höher aber Waaren, die man in Minenländern
nicht selbst produciren kann, in diesen geschätzt sind, eine desto
stärkere Quote des Gesammtvortheils beider Contrahenten beim
Tausche, muß dem Exportlande der betreffenden Waaren zu Theil
werden [1]). Es sind demnach die hervorragenden Länder des
Welthandels, welche, entweder als Selbstproducenten oder als
commercielle Beherrscher der, den Minenländern gegenüber mit
übermächtigem Vortheile vertauschbaren, Stapelprodukte, die edlen
Metalle am massenhaftesten und wohlfeilsten in die Kanäle ihres
Umlaufes strömen sehen, aus welchen sie dann successive nach
den andren Ländern überfließen; dabei staut sich aber leicht die
Geldcirculation in jenen Ländern etwas auf, so daß diese, selbst
wohl anhaltend, etwas wohlfeilere Preise des Geldes, d. h. etwas
theurere Geldpreise der Waaren haben können [2]).

[1]) Die Repartition des Gesammt-Tauschvortheiles zwischen zwei Ländern
kann so weit gehen, daß das eine vom andern nachhaltig Produkte, also auch
edle Metalle, erhalten kann, deren Schaffungskosten effektiv höher sind, als
diejenigen der hingegebenen selbstproducirten Güter. Das andre Land findet
bei Fortsetzung eines solchen Verkehres solange Vortheil, als es auf diesem
Wege die begehrten Produkte doch noch billiger erhält, als es sie durch eigne
Produktion liefern könnte.

*) Dies ist der eine Grund, weßhalb in England eine größere Geld-summe zur Bestreitung des Lebensbedarfes gehört, als in den übrigen euro-päischen Ländern; über den zweiten Grund, der nicht, wie der ebengenannte, ein nomineller, sondern ein höchst reeller ist, vgl. § 105.

§ 58.

Der faktische Geldvorrath, welcher einer Volkswirthschaft durch den Weltverkehr zwangsweise zugetheilt wird, ist keines-wegs gleichbedeutend mit ihrem Geldbedarf. Geldbedarf einer Volkswirthschaft ist vielmehr diejenige Geldmenge, welche jeder-zeit erforderlich ist, wenn die Nominalpreise der Güter die näm-lichen bleiben sollen. Was für Nominalpreise bestehen, ist zwar am Ende ganz gleichgültig; aber daß die einmal bestehenden Nominalpreise fortbestehen bleiben, ist im Interesse der Volks-wirthschaft dringend wünschenswerth. Denn die Bildung neuer Nominalpreise an Stelle der seither herrschenden ruft immer einen nachtheiligen wirthschaftlichen Uebergangszustand hervor. Die Bildung neuer Nominalpreise ist aber unvermeidlich, wenn das Verhältniß zwischen Geldvorrath und Güterumsatz, welche beide ja wechselseitig Angebot und Nachfrage für einander sind, sich in einer Weise geändert hat, die ein fühlbares Uebergewicht des einen über das andre bedingt. Die Aenderung im Preise des Geldes, welche dann in Folge der Differenz zwischen Geld-bedarf und faktischem Geldvorrath eintritt, kann sich unter allen Umständen zwar nur sehr allmählig herausbilden (§ 55), aber sie kann bei längerer Fortdauer gleichwirkender Ursachen eine sehr bedeutende werden.

Wird das Angebot von Geld successive stärker, als die Nach-frage nach Geld, was sowohl durch einseitiges Veränderwerden der Menge und Umlaufsgeschwindigkeit, als auch durch einseitiges

Größerwerden des Geldvorrathes veranlaßt sein kann, so stellt sich eine allmählige Erniedrigung des Geldpreises ein. Geld wird wohlfeiler, d. h. die Nominalpreise der Güter werden theurer. Alle Einzelwirthschafter, welche ein in Geld fixirtes Einkommen beziehen (Beamte, Kapitalisten 2c.), sehen ihre Macht zu kaufen fortwährend verringert, während diejenigen gewinnen (Pächter, Kapitalschuldner), welche früher festgesetzte Zahlungsverbindlich= keiten zu erfüllen haben und diese nun in dem inzwischen wohl= feiler gewordenen Gelde abtragen können. Beträchtliche Gewinnste können während dieser Uebergangsperiode den Verkäufern der gerade marktgängigsten und in ihrem Consumtionsbereiche aus= dehnungsfähigsten Güter zu Theil werden; der starke Impuls zu kaufen, der den Geldüberfluß so lange hervorruft, als die Nominalpreisänderung noch nicht durchgedrungen ist, bewirkt eine Steigerung des Geldpreises der betreffenden Güter, welche, da den Verkäufern ja keine vermehrten Schaffungskosten obliegen, mit einer Sachpreissteigerung gleichbedeutend ist; mit der Voll= endung des Ueberganges hören selbstverständlich diese Extrage= winnste auf, welche übrigens schon früher dadurch eingeschränkt werden, daß der gebotene Anreiz zur Vermehrung der Produktion das Angebot der fraglichen Güter steigert, und damit ihrer Preissteigerung entgegenwirkt.

Die umgekehrte Reihe von Erscheinungen bietet der Ueber= gangszustand veränderter Nominalpreise dar, wenn der Geld= vorrath der Volkswirthschaft dem Güterumsatz gegenüber als zu gering erscheint. Der Preis des Geldes steigt dann, d. h. alle Nominalpreise werden wohlfeiler, als sie bisher waren. Bei allen in Geld festgesetzten Leistungen sind hier, umgekehrt wie oben, die Empfänger zum Nachtheil der Zahlungspflichtigen be= günstigt. Aber furchtbar schwer kann ein solcher Zustand auf ben Verkäufern der im Vordergrunde des Verkehrs stehenden Güter lasten; die verminderte Geldmenge bringt, solange die Krisis der Nominalpreise dauert, die Kauflust und Kaufkraft ins Stocken und nöthigt die Verkäufer, welche ohnehin schon häufig fremde Kapitalien in ihrem Betriebe haben und schließlich in dem vertheuerten Gelde an ihre Gläubiger zahlen müssen, vorerst die Preise ihrer Güter herabzusetzen, d. h. sich mit kleineren Geldbeträgen bezahlen zu lassen, während doch jedes Geldstück noch nicht mehr gilt als früher; daß diese Beschädigungen nach vollendeter Nominalpreisänderung aufhören, kann benen nichts mehr helfen, die während denselben wirthschaftlich zu Grunde gegangen sind, oder doch einen Theil ihres Vermögens eingebüßt haben [1]).

Das Endresultat jeder Nominalpreisänderung überhaupt ist eine mehr oder weniger veränderte Vertheilung des Volksvermögens unter die Einzelwirthschaften.

[1]) In dem Umstande, daß, für die Dauer einer solchen Uebergangsperiode der Nominalpreise, Geldvermehrung oder Geldverminderung gleichbedeutend mit Kapitalvermehrung oder Kapitalverminderung wirkt, wurzelt der populäre Irrthum, als ob Geld und Kapital auch sonst identisch seien, während das Geld doch nur ein ganz kleiner Theil des nationalen Kapitales ist und, in seiner Eigenschaft als bloßes Circulationsmittel, specifische wirthschaftliche Güter, also auch Kapitalien, wohl zeitweise in seiner indifferenten Form verbergen, damit aber nicht die specifischen Gebrauchswerthe derselben ersetzen kann.

§ 59.

Es ist nicht leicht zu erkennen, ob der Geldvorrath einer Volkswirthschaft mit ihrem Geldbedarf übereinstimme, und selbst dann schwierig, die Uebereinstimmung herbeizuführen; alles was in dieser Beziehung geschehen kann, kann nur durch den Credit (§ 60, 68) geschehen. Es handelt sich hier also um die Erkenntniß des Zuftandes und um Abwehr der möglichen schlimmen Folgen.

Wenn eine Waare sich im Preise gegen Geld geändert hat, so weiß man daraus natürlich noch ganz und gar nicht, ob der Sachpreis der Waare oder der eigne Preis des Geldes oder vielleicht sogar beide zugleich sich geändert haben. Je größer die Zahl der Waaren ist, die ihren Preis gegen Geld in gleichem Sinne geändert haben, desto größer wird die Wahrscheinlichkeit, daß die Ursache der Preisänderung nicht auf Seite der Waare, sondern auf Seite des Geldes liegt, m. a. W., daß keine Sach= preisänderung, sondern nur eine Nominalpreisänderung vorge= gangen ist; erstreckt sich die Aenderung des Geldpreises in der nämlichen Richtung auf alle in der Volkswirthschaft vorkommende Waaren, so kann man mit Gewißheit eine bloße Nominalpreis= änderung annehmen. Aber dieses Symptom wird nicht leicht auftreten, weil während der keinenfalls kurzen Frist, innerhalb welcher sich eine Nominalpreisänderung vollzogen hat, Anstöße genug eintreten können und in der Regel sicherlich eintreten werden, welche auch die Sachpreise einer größern Zahl von Gütern ändern. Die sich dann durchkreuzenden Erscheinungen erschweren natürlich ein sicheres Urtheil bedeutend. Bei solcher Lage der Dinge muß es als ein äußerst günstiger Umstand be= trachtet werden, daß ein Gut existirt, welches in Bezug auf die Art der Veränderlichkeit seines Preises einen so diametralen Gegensatz zum Edelmetallgelde bildet, daß es mit ziemlich be= friedigendem Erfolge als Controle= und Correktivmittel der im Preise des Geldes vorgekommenen Veränderungen benutzt werden kann. Dieses Gut ist das Getreide, als der Repräsentant derjenigen Bestandtheile des Unterhaltsspielraumes, von deren Vorhandensein menschliches Dasein unbedingt abhängig ist. Kaum ein anderes Gut bietet in kurzer Zeit so jähe Abstände zwischen extremer Wohlfeilheit und extremer Theuerung, wie das Getreide, dessen jährliche Marktmenge, bei von Jahr zu Jahr wesentlich gleicher Nachfrage, sehr beträchtlichen Schwankungen unterliegt. Kein einziges Gut aber gewährt, wegen des hier auftretenden Causalnexus zwischen Produktion und Consumtion, im Durch=schnitte längerer Jahre eine solche Stabilität des Preises für jedes Marktgebiet. Denn ebensowohl strebt eine mit zunehmender Bevölkerung vergrößerte Nachfrage nach Getreide dessen Hervor=bringung durch Urbarmachungen und neue Verwendungen auf schon bebauten Boden zu steigern, wie umgekehrt erleichterte und vergrößerte Hervorbringung von Getreide ein Steigen der Be=völkerung nach sich zu ziehen strebt [1]). Freilich ist die hierdurch zu erzielende Correktion und Controle der Edelmetallpreise deß=halb nicht jederzeit unbedingt genau, weil die Schwierigkeit der Getreideerzeugung mit immer stärkerer Ausbeutung des Bodens an und für sich zunimmt, während die immer von Neuem wieder eintretenden Verbesserungen des Betriebes, welche ihrerseits die Produktion erleichtern, damit in keinem bestimmten Verhältnisse stehen. Nichtsdestoweniger bleiben, da sich dies doch innerhalb umfassenderer Perioden ausgleicht, die langjährigen örtlichen Durchschnittspreise des Getreides sowohl ein ganz brauchbares Mittel, um auf längere Fristen hinaus festgesetzte Leistungen darin, gegen Aenderungen der Nominalpreise gesichert, zu stipu=liren, als auch ein hinlänglich tauglicher Maßstab, um die auf den einzelnen Märkten im Laufe der Jahrhunderte vorgegangenen Veränderungen in den Geldpreisen klar zu stellen [2]).

---

[1]) Die unmittelbare Rückwirkung der Getreidepreise auf die Heiraths=frequenz ist bekannt genug; Nothjahre wie das von 1847 ergeben hierin be=deutende Verminderung. So war die jährliche Zahl der Heirathen:

	1844/46	1847	1848/50
in Belgien	28,068	24,145	31,402
„ England	140,552	135,845	144,283
„ Frankreich	278,195	249,797	289,734
„ Holland	21,956	19,280	24,791
„ Sachsen	15,631	14,220	16,487

*) Die thatsächlichen Zustände des Edelmetallmarktes im Laufe der Zeiten sind, sowohl was die Geldvorräthe, als was die Geldpreise betrifft, schwer nachweisbar, ersteres hauptsächlich wegen absolut unbeseitigbarer Lückenhaftigkeit mancher Daten, letzteres hauptsächlich, weil man einen Zeitpunkt, wenn auch alle Daten noch so genau vorliegen, doch erst dann genügend ins Auge fassen kann, nachdem etwa ein halbes Jahrhundert darüber hingegangen ist, welches die Ziehung entsprechender Durchschnittspreise gestattet.

Auf Zifferangaben über die Geldvorräthe des Alterthums wird man freilich verzichten müssen. Dagegen läßt sich mit großer Wahrscheinlichkeit annehmen, daß zur Zeit der Entdeckung Amerikas, dieses bedeutendsten historischen Ereignisses für die Gestaltung der Geldverhältnisse bis zur Mitte unseres Jahrhunderts, der Edelmetallvorrath des damaligen Weltverkehrs den Betrag von 300 Millionen Thaler pr. Ct. nicht überschritten haben wird, und daß schwerlich viel mehr als etwa 80 Millionen Thaler an Gold, 200 Millionen Thaler an Silber um das Ende des 15. Jahrh. vorhanden gewesen sind. Die Gold- und Silberausbeute Amerikas betrug (theils nach officiellen Registern, theils nach Schätzungen von Humboldt, Chevalier u. A.) von 1492—1848 in runder Summe:

an Gold . . . . 2700 Millionen Thaler,
an Silber . . . . 7300 „ „

Zusammen . . . . 10,000 Millionen Thaler.

Nimmt man dazu obigen Betrag, sowie die Minenproduktion der übrigen Länder, so erhält man für das Jahr 1848 die Summe von 12,000 Mill. Thaler, worunter

3900 Millionen Thaler (32,5 %) Gold,
8100 „ „ (67,5 %) Silber.

Um aus diesen 12,000 Millionen die Quote zu finden, welche um 1848 in den Ländern des Weltverkehrs (Europa, Ver. St. von Nordamerika und englische Kolonien) als Geld circulirte, muß man verschiedene Posten davon in Abzug bringen:

a) Die Absorption durch Länder, welche außerhalb des regelmäßigen Weltverkehres gelegen sind; dies bezieht sich besonders auf Ostindien und China, welche, nach den vorliegenden Angaben über die Verschiffungen, zusammen mit der Levante ꝛc., innerhalb obiger Periode wohl nicht weniger als den Werth der halben Silberproduktion Amerikas in sich aufgenommen haben, ohne, bei dem Charakter des mit ihnen bestehenden Handelsverkehrs, der noch immer sehr wesentlich auf Tausch gegen Baargeld basirt, irgend nennenswerthe Beträge von dieser enormen Summe wieder zurückfließen zu lassen.

b) Den Abgang durch Schiffbrüche, Feuersbrünste, Vergrabungen u. dgl. welche, wenn man aus einzelnen Wahrnehmungen und Beobachtungen weiter schließt, mit einem Promille des jedesmaligen Jahresvorrathes vielleicht eher zu niedrig, gewiß aber nicht zu hoch angeschlagen wird.

c) Die Abnützung der Münzen; hält man fest, daß sich vollhaltiges Geld bei der Circulation durchschnittlich um mindestens $1/40$ % jährlich abnützt, so reducirt sich hiernach 1 Million Thaler in 100 Jahren auf 975,320 Thlr.

d) Die Verwendung für Schmuck und Geräthschaften; diese strebt mit zunehmender Wohlhabenheit und sinkenden Edelmetallpreisen zuzunehmen, welcher Tendenz verbesserte Technik, die mit gleicher Quantität Metall mehr auszurichten versteht, etwas entgegenwirkt; ein gewisser, wenigstens durchschnittlicher, Parallelismus mit der Jahresproduktion von Edelmetall wird hiernach wohl angenommen werden dürfen. Schließt man aus den bekannten Verarbeitungen analog auf die andern Ländertheile und zieht den Procentsatz zur Jahresproduktion an Edelmetall, so erhält man beiläufig 10 % der Jahresproduktionen als die durchschnittliche Verwendung zu Schmucksachen und Geräthen.

Nimmt man nun an obigen 12000 Millionen Thaler die nach a, b, c und d erforderlichen Abzüge vor und controlirt das Resultat mit Hilfe dessen, was über faktische Geldcirculation, sich hin und wieder in einzelnen Ländern erfahren läßt, so kann man ohne Befürchtung eines erheblichen Irrthums festhalten, daß um das Jahr 1848 in den Ländern des Weltverkehres 3000 Millionen Thaler Edelmetallgeld circulirten, wovon etwa 7—800 Millionen Thaler Gold.

Die Frage, wie sich dieser Verzehnfachung des Geldvorrathes gegenüber der Preis des Edelmetalles gestaltet hat, beantworten die örtlichen Getreidedurchschnittspreise zur Genüge. Während sie kurz vor Entdeckung Amerikas unverkennbar ein, wenn auch nicht sehr bedeutendes, Steigen des Edelmetallpreises darthun, beginnt dieser mit dem massenhaften Einströmen des amerikanischen Goldes und Silbers anderthalb Jahrhunderte lang so beträchtlich zu fallen, daß eine völlige Umwälzung der Nominalpreise der Güter eintrat, die mit einer Erhöhung derselben um das 3—4fache schloß; dieser Stand der Geldpreise hielt sich mit geringen Fluktuationen von der Mitte des 17. bis in unser Jahrhundert, zu dessen Anfang eine etwas sinkende Tendenz sich geltend machte, die aber durch Zuwachs der Minenprodultion, namentlich des uralischen Goldes, reichlich wieder compensirt ward. (Helferich.)

Der Umstand, daß die Verzehnfachung des Geldvorrathes nur Verdrei- bis Vervierfachung der Nominalpreise hervorrief, wirft ein sehr bezeichnendes Schlaglicht auf die Zunahme des Güterumsatzes, umsomehr wenn man bedenkt, daß die gesteigerte Geldwirksamkeit in der That eine noch viel größere als die zehnfache geworden war; an durch Metallgeld ungedecktem Papiergeld circulirten um 1848 in den Ländern des Weltverkehrs 5—600 Millionen Thaler, die übrige Creditanwendung zu Geldersatz (§ 69) ist jedenfalls ein Vielfältiges dieser Summe; nimmt man sie aber selbst nur damit gleich und rechnet die noch viel bedeutender gestiegene Raschheit der Circulation ebenfalls nicht höher, als den Belauf des geldersetzenden Credites, so erhält man unter diesen, jedenfalls ganz unverhältnißmäßig niedrig gegriffenen, Voraussetzungen, eine von 1492—1848 um das 15—20fache gestiegne Geldwirksamkeit und kann ermessen, welche Dimensionen des Wachsthums die wirthschaftliche Produltivität der civilisirten Welt mindestens angenommen haben muß, wenn der Güterumsatz soviel Geldwirksamkeit aufsaugen konnte, daß die Nominalpreise mit 3—4facher anstatt mit 20- und noch viel mehrfacher Steigung aus dem großen Umschwung hervorgingen.

Vom Jahre 1848 an datirt eine neue Epoche für die Geldverhältnisse des Weltmarktes. An die Auffindung der californischen Goldfelder reihte sich die Entdeckung ähnlicher Schätze in Australien (1851) und minder ausgiebiger Lager in Columbia, Oregon zc. an. Seit dem Fließen der californischen und australischen Goldströme, welche Jahresbeträge von 100—150 Millionen Thaler, d. h. mehr als die Gesammtjahresprodultion an Edelmetall überhaupt bis dahin betrug, in den Verkehr stürzten, sah man mit Besorgniß einer ungeheuren Preisrevolution entgegen, die aber glücklicherweise noch immer ausgeblieben ist. Die Edelmetallproduktion des ganzen Weltmarktes betrug von 1849—1864

an Gold	3200 Millionen Thaler,
an Silber	800 „ „
Zusammen	4000 Millionen Thaler.

(Diese 4000 Millionen ergeben mit obigen 12000 Millionen eine bekannte Gesammtproduktion von 16000 Millionen Thaler, welche eine Last von etwas über 3 Millionen Zollcentner repräsentiren. Zur Fortschaffung einer solchen Last würden erforderlich sein: 700 Eisenbahnzüge zu 30 Waggons, den Waggon zu 150 Ctr. Ladung; oder 1000 Stromschiffe zu 3000 Ctr. Ladung; oder 26000 vierspännige Lastwagen zu 120 Ctr. Ladung.)

Bringt man von der Edelmetallausbeute der Jahre 1849—64 mit 4000 Millionen Thaler die ziemlich genau bekannten Verschiffungen nach Ostasien mit 1500 Millionen Thaler (worunter 200 Millionen Thlr. Gold), die Verarbeitung für Schmuck und Geräthe, sowie sonstige Abgänge, mit 500 Millionen Thaler in Abzug, so ergiebt sich für den kurzen Zeitraum von 16 Jahren eine Geld vermehrung von 2000 Millionen Thaler, sodaß der Geldvorrath des Weltverkehrs von 3000 Millionen um das Jahr 1848, auf 5000 Millionen um 1865 gestiegen ist. Ist trotz dieser enormen Veränderung keine Preisrevolution eingetreten, so kann man überhaupt sogar eine Preiserniedrigung des Geldes von irgendwelchem Belang mit Bestimmtheit nicht einmal nachweisen, wenn auch die Vermuthung dafür spricht, daß doch eine Geldpreißenkung, d. h. Nominalpreiserhöhung der Güter, stattgefunden hat; Bestimmtheit darüber können wir erst erlangen, wenn die Getreidepreise bis zu Ende dieses Jahrhunderts vorliegen und mit Ziehung von 50jährigen Durchschnitten operirt werden kann. Andre Zusammenstellungen von Preisangaben, wie z. B. die nachstehende (von Laspeyres) bestätigen nur das Nichtvorhandensein einer extremen Preiswandlung, geben aber keinen genauen Aufschluß über das, was wirklich vorgegangen ist. Setzt man den Preisdurchschnitt von 1841—50, resp. 1845—50, = 100, so haben im Durchschnitt von 1851—62 ihren Preis verändert:

9

		in Hamburg:	in London:
Wein	auf	216	123
Rosinen	„	161	98
Genever	„	167	108
Zucker	„	118	93
Hafer	„	141	109
Korinthen	„	152	118
Gerste	„	139	109
Roggen	„	138	112
Weizen	„	131	102
Reis	„	96	80
Käse	„	139	116
Kleesamen	„	139	118
Kaffee	„	135	113
Zinn	„	152	134
Baumwolle	„	126	112
Schweinefleisch	„	130	125
Butter	„	132	127
Rüböl	„	120	119
Talg	„	121	117
Tabak	„	108	109
Theer	„	126	128
Häute	„	164	167
Blauholz	„	104	107
Blei	„	121	122
Eisen	„	107	109
Kakao	„	152	162
Kupfer	„	119	123
Rum	„	91	94
Wolle	„	110	114
Thee	„	86	90
Indigo	„	122	128
Mandeln	„	102	116
Hanf	„	101	111
Ochsenfleisch	„	129	149

		in Hamburg:	in London:
Pfeffer	auf	127	141
Kalbfelle	„	104	125

Abgesehen davon, daß die Periode 1851—62 eine sehr kurze für Be= urtheilung der veränderten Geldeinwirkung ist, wird das Gewicht der, fast durchgängigen, Preissteigerung dieser Güter durch den Umstand noch sehr ab= geschwächt, daß sie, fast durchgängig, vorherrschend Naturprodukte sind (und zwar die „Landesprodukte" wieder mehr als die „Kolonialwaaren"), welche den vorherrschend durch Arbeit und Kapital producirten gegenüber im Verlauf der Entwicklung ohnehin steigen. Das hiernach bedingte Wohlfeilerwerden von Gütern letzterer Art zeigt sich in den letzten $1^1/_2$ Dezennien vielfältig und deutlich genug an den Geldpreisen von Gütern aus dem Bereich der Webe= und Wirkwaaren, Droguerien und Chemikalien, Glas= und Porcellan= sachen, Galanterie= und Quincaillieriewaaren ꝛc. Es wird noch einige Zeit offene Frage bleiben müssen, was an den Preisänderungen seit 1849 Nominal= und was Sachpreisänderung ist. Würde es schließlich ohne merkbare Nominal= preisveränderung abgehen, so läge darin ein überaus glänzender Beweis für die Zunahme der wirthschaftlichen Prosperität in der Mitte des 19. Jahr= hunderts und dieser Beweis (dem so viele andere Indicien nur noch sekundiren) ist zum Theile wirklich schon durch die Thatsache geliefert, daß eine Ver= mehrung des Gesammtgeldvorrathes um beinahe 70 % in etwa anderthalb Dezennien nicht bereits eine furchtbare Preisrevolution hervorgerufen hat; dies heißt mit andern Worten, daß uns durch das californische und australische Gold eine sonst ganz unvermeidliche Preisrevolution im Sinne einer Nominal= preiserniedrigung erspart worden ist.

Noch auffallender als dieser unbedeutende Einfluß auf den Geldpreis, ist der, den die so massenhaften Goldfunde auf die Preisrelation zwischen Gold und Silber geäußert haben. Während in der Gesammtproduktion an Edelmetall bis 1848 das Gold mit nur 32,5 %, das Silber mit 67,5 % figurirt, enthält die Gesammtproduktion von 1849—1864 an Gold 80 %, an Silber nur 20 %. Die Goldentwerthung gegen Silber, die man hiernach im größten Maßstabe hätte erwarten sollen, ist aber kaum nennenswerth aufgetreten; der Preis von Gold zu Silber war im Durchschnitt von 1801—50 wie 1 : 15,7, dagegen 1851—62 wie 1 : 15,36, ist also noch nicht einmal auf dem Durchschnittspreis von 1701—1800 angelangt, der wie 1 : 14,9 war,

sondern hat sich nur um den höchst unbedeutenden Betrag von 2—3 %, er-
niedrigt. Dieses geringe Schwanken findet seine Erklärung in der stärkeren
Anwendung zum Geldbienste, welche das Gold inzwischen erfahren hat. Als
Tauschmittel und Preismaas in einem Lande kann entweder Gold oder
Silber angewendet werden, niemals aber können beide zugleich im vollen
Sinne des Wortes Geld für ein Land sein (§ 52), weil bei der, der Natur
der Sache nach unmöglichen, Stabilität ihrer beiderseitigen Preisrelation, die
Messung nach zwei schwankenden Maßen den ganzen Verkehr ruiniren würde.
Man muß sich daher in jedem Lande entweder für Silberwährung oder für
Goldwährung entscheiden; das abgewährte Edelmetall wird dann selbst in
seinem Preise nach dem gewährten gemessen und verrichtet darum auch die
Funktion als Tauschmittel nicht mit der gleichen Vollkommenheit, wie das
andre. Will man nun doch in einem Lande beide Edelmetalle nach einer
gesetzlich firirten Preisrelation als Zahlmittel fungiren lassen, so kann ein
solches Bestreben nur so lange auf Erfolg rechnen, als der firirte Preissatz
nicht merklich von der auf dem Weltmarkte zwischen Gold und Silber zur
Zeit bestehenden Preisrelation abweicht. Stellt sich aber eine irgend bemerk-
liche Differenz zwischen dem firirten Preis und dem Marktpreis ein, so wird
man zu Zahlungen im Lande nur noch das gesetzlich zu niedrig gewerthete,
weil nunmehr dafür vortheilhaftere, Edelmetall benutzen und das andere aus
der einheimischen Geldcirculation herausziehen und auf dem Weltmarkte ver-
äußern, weil man so mehr damit ausrichtet als bei Zahlungen zu Hause.
Nun war 1848 in den Vereinigten Staaten von Nordamerika und in Frankreich, die beide ganz vorherrschend Silbercirculation hatten, das Gold gegen
Silber wie 1 : 15,98 und wie 1 : 15,5 gesetzlich gewerthet; der Goldstrom
drängte sich massenhaft in die Geldcirculation zuerst Nordamerikas und sodann Frankreichs ein und löste allmählig alles vollhaltige Silbergeld in der
Circulation ab. (Die Goldausprägungen betrugen 1848—1862 in der
amerikanischen Union 658 Mill. Dollars, in Frankreich 4749 Mill. Francs,
in England, das bereits Goldwährung hatte, 78 Mill. L. Sterling.) Das
durch den faktischen Uebergang zur Goldwährung in Nordamerika und Frankreich abgelöste Silber fand seine Verwendung zu den obenerwähnten Contanten-
versendungen nach Ostasien, wozu es geeigneter war als Gold, weil es dort
gegen Gold theurer ist, als auf dem Weltmarkte. Die Frage, ob Deutschland, welches jetzt recht eigentlich das Refugium der Silberwährung auf dem

Weltmarkte geworden ist, diese beibehalten oder durch gesetzliche Werthung und stärkere Goldausprägung zur Goldwährung übergehen solle, wird sich nur mit Rücksicht auf die demnächstige Gestaltung der Edelmetallproduktion beantworten lassen. Sollte, was innerhalb eines bis zweier Dezennien klar sein wird, die Silberproduktion wesentlich stabil auftreten, die Goldproduktion aber auf ihre starke Steigerung einen starken Rückschlag erfahren, so wäre das Verlassen der Silberwährung jedenfalls sehr mißlich.

---

3. Hauptstück.

Der Credit.

§ 60.

Es giebt zwei Grundformen des Güterübertrags von Person zu Person: Tausch (Kauf) und Geschenk. Die letztere ist keine wirthschaftliche Verkehrsform mehr, aber sie ist das Ideal alles Güterübertrages; die wirthschaftliche Verkehrsform des Tausches, mit allen Vor= und Nachbedingungen, welche sie einschließt, ist erforderlich, so lange an den Menschen noch Etwas zu erziehen ist; zwischen Wesen aber, welche die Nothwendigkeit vollständig durch die Freiheit überwunden haben, kann nur der Grundsatz gelten: was mein ist, ist dein. Dem höchsten Kultur= ziele der Menschheit, mag dasselbe auch noch so ferne liegen, nähern wir uns beständig in allmähligen Uebergängen, und wie es demzufolge für alle Seiten des menschlichen Zusammenlebens Uebergangsformen von der Nothwendigkeit zur Freiheit geben muß, so auch für das Verkehrsleben. Die Uebergangsform zwischen der Schroffheit des Tausches (Kaufes) und der Milde des Ge= schenkes bietet nun der Credit, d. h., dasjenige Verkehrsver=

hältniß, kraft dessen eine Person einer andern freiwillig und ohne Gegenleistung Güter liefert, indem sie ihr die Lieferung von Gegengütern anheimstellt. Dieses Anheimstellen ist auf der höchsten und letzten Stufe ein so unbedingtes, daß Gut und Gegengut nur noch den völligen Charakter von Geschenken tragen. Je niedriger dagegen die Entwicklungsstufe, desto bedingter ist noch das Anheimgeben der Lieferung des Gegengutes, desto deutlicher zeigt das Verhältniß noch das Gepräge eines Tauschgeschäftes, bei welchen blos die Zahlungsverbindlichkeit des einen Contrahenten, anstatt sofort erfüllt zu werden, etwas hinausgeschoben wird.

§ 61.

In der Anwendung des Credits liegt einer der mächtigsten Hebel wirthschaftlicher Wohlfahrt. Das Verkehrsleben ist Ergänzung der getrennten Einzelkräfte zu einer größeren Totalwirkung, welche Allen zu Gute kommt. Dieser Ergänzung dient schon das Geld in sehr ausgedehnter Weise. Aber eine ungleich stärkere Multiplikation und Verflechtung der Verkehrsbeziehungen läßt sich durch den Credit erreichen, der zu seiner Entwicklung zwar einen entsprechenden Geldverkehr voraussetzt, der aber gerade in seiner Entwicklung den Geldverkehr sowohl den Wirkungen nach überflügelt, als auch der ganzen Existenz nach mehr und mehr zu ersetzen trachtet. Durch den Geldverkehr können sich zwar alle zum wechselseitigen Absatz geeignete Leistungen immer finden, aber sie müssen unbedingt bereits vorhanden sein, wenn von einem wirklichen Umsatz und einer darauf folgenden Bedürfnißbefriedigung die Rede sein soll. Durch den Credit dagegen wird Bedürfnißbefriedigung ermöglicht, auch ohne daß Leistung und Gegenleistung für einander vorhanden wären, und zwar nicht etwa nur für den, der die Leistung empfängt, d. i.

für den Schuldner, sondern auch für den, der die Gegenleistung zu empfangen hat, d. i. für den Gläubiger. Die vortheilhafte Bedeutung des Creditverhältnisses für beide Theile liegt darin, daß durch dasselbe der Schuldner in eine günstigere wirthschaft= liche Lage kommt, welche ihm gestattet dem Gläubiger die Gegen= leistung leichter und besser als sonst möglich wäre, zu bieten; der Schuldner, wie der Gläubiger hätte ohne Credit seinen gerade erstrebten wirthschaftlichen Zweck gar nicht oder nur zum Schaden anderer Zwecke erreichen können. Die Bedeutung des Credites für die ganze Volkswirthschaft ergiebt sich hieraus von selbst; sie liegt einfach darin, daß er Millionen von Produktivkräften, die sonst zur Wirkungslosigkeit verurtheilt gewesen wären, ent= fesselt und mit einer sonst unerreichbaren Intensität in die Ver= kehrsbeziehungen eingreifen läßt. Dies zeigt sich schon augen= scheinlich genug in den Fällen, in welchen Produktivfaktoren genügend in einer Einzelwirthschaft zum Productionsprocesse vereinigt sind und wo es sich sohin nur um erleichterten Umsatz der Erzeugnisse handelt; von noch weit tieferer und umfassenderer Bedeutung aber erscheint die Wirkung des Credites, wenn man erwägt, wie häufig nur durch Transferirung von Produktions= faktoren aus einer Einzelwirthschaft in eine andere wirthschaft= liche Erfolge zu erzielen sind. Es giebt auf der einen Seite immer eine große Zahl von Grund= und Kapitalbesitzern, die entweder nicht fähig oder nicht willens sind, sich in Unter= nehmungen einzulassen, für deren Grundstücke und Kapitalien es also an Anwendung fehlt. Auf der andren Seite finden sich in jeder Volkswirthschaft genug qualificirte Arbeitskräfte, denen es nicht an Talent und Neigung fehlt, erfolgreiche Unternehmungen auszuführen, denen aber die nöthigen Mittel an Grundstücken und Kapitalien fehlen.

Die Förderungen, welche der Credit einer Volkswirthschaft dadurch gewährt, daß er sonst isolirte und unergiebige Produktionskräfte in die innigste und einträglichste Verbindung bringt, sind so hervorragend, daß dagegen eine andre mögliche Folge der Creditanwendung, die Ersetzung von Geld nämlich (§ 68), trotzdem dieselbe auf den ersten Blick viel blendender erscheint, doch nur eine ganz untergeordnete Rolle spielt.

[1]) Mit dem Credit ist nicht nur im Leben, sondern auch in der Wissenschaft schon entsetzlich viel Schwindel getrieben worden; man hat ihm hier Eigenschaften andichten wollen, die geradezu ins Gebiet der Magie streifen, während der Credit in der imposanten Einfachheit seines Wesens doch selbst gegen jeden Aufputz dieser Art so entschieden wie möglich protestirt. Der plumpe Irrthum, als ob ein Betrag dadurch, daß er in der Creditanwendung zweimal (aktiv und passiv) vorkommt, zu zwei ebenso großen Werthbeträgen geworden sei, ist heutzutage wohl nicht mehr ernstlich zu befürchten. Dagegen scheint die Phraseologie auf diesem Gebiete äußerst schwer zur Ruhe kommen zu können.

§ 62.

Der Credit muß zunächst in a k t i v e n und p a s s i v e n Credit unterschieden werden, je nachdem man das Verkehrsverhältniß vom Standpunkte des Gläubigers (Creditgebers) oder des Schuldners (Creditnehmers) betrachtet.

Er zerfällt weiter in r u h e n d e n und a n g e w e n d e t e n Credit, je nachdem es sich darum handelt, ob Schuldverhältnisse eingegangen werden können oder wirklich eingegangen worden sind.

Je weiter ein Creditgeber seinen aktiven angewendeten Credit ausdehnt, desto geringer wird sein ruhender; dieser ist jederzeit eine gegebene Größe, welche sich in der Anwendung absorbirt. Beim Creditnehmer dagegen muß der passive ruhende Credit

durch Verwandlung in angewendeten keineswegs vermindert
werden; er kann sich trotz der Anwendung, oder vielmehr gerade
wegen derselben, sogar vermehren.

Der ruhende Credit eines Creditnehmers hängt offenbar
von zwei Voraussetzungen ab: von seiner Fähigkeit und von
seinem Antriebe zur Erfüllung der einzugehenden Schuldver=
bindlichkeiten. Die Fähigkeit zu leisten beruht auf dem Ver=
mögensstande (der objektiven Habe oder der subjektiven Erwerb=
fähigkeit) des Creditnehmers. Der Antrieb zu leisten beruht
vor Allem auf des Creditnehmers eigenem gutem Willen, der
aber auch durch einen gegen ihn zu äußernden Zwang ergänzt
werden kann. Die engste und ängstlichste Form, welche der
Credit diesen Gesichtspunkten nach haben kann, ist der Real=
credit, der seinem Wesen nach auf objektiver Habe und Zwang
beruht; die Habe des Schuldners ist dem Gläubiger verpfändet,
welcher damit ein Objekt zur eventuellen Befriedigung seiner
Forderung schon in Händen hat, während des Schuldners Hände
in Bezug auf die Verfügung über sein Vermögen ebendamit
entsprechend gebunden sind. Der Gegensatz des Realcredites ist
der Personalcredit, welcher sich wieder in bedingten und
unbedingten unterscheidet. Der bedingte Personalcredit nimmt
den, ob aus Erwerbfähigkeit oder Habe bestehenden, Vermögens=
stand des Schuldners als eine Thatsache und rechnet hinsicht=
lich des Antriebes zu leisten auf eventuellen Zwang. Der un=
bedingte Personalcredit dagegen kennt in allen Stücken nur die
Person des Schuldners; der Gläubiger überläßt eine Gegen=
leistung auf seine Leistung lediglich der subjektiven Erwerbfähigkeit
und dem freien Willen des Schuldners; in der höchsten Form
des Credites giebt es gar nicht mehr rechtlich, sondern nur noch
moralisch Schuldner.

Man sieht nun leicht, wie der ruhende passive Credit durch seine Verwandlung in angewendeten noch zunehmen kann. Die Anwendung kann nicht nur im unmittelbarsten Causalnexus die Leistungsfähigkeit des Schuldners als in der Steigerung begriffen erscheinen lassen, sondern auch seinen, bisher nicht hinlänglich erkannten, Antrieb zu leisten, in befriedigenderer Weise documentiren.

§ 63.

Die Creditlage einer ganzen Volkswirthschaft muß sich auf die bei den Einzelwirthschaften thätigen Creditelemente und auf das sie alle im Verkehr verbindende Element zurückführen lassen; sie wird also abhängen: von der Beschaffenheit des Volkswohl= standes, von der herrschenden Moralität und Rechtssicherheit und von dem Zustande der Geldcirculation. Diese drei Faktoren werden wegen des inneren Zusammenhanges der auf sie wirken= den Ursachen in der Regel ziemlich parallel mit einander auf= treten und die Creditlage der Volkswirthschaft um so günstiger gestalten, je günstiger ihr eigenes Auftreten ist. Doch wird man, weil auch durchkreuzende Einflüsse sich geltend machen können, von einem gegebenen Symptom noch keinen sichern allgemein= gültigen Rückschluß ziehen können. So wird ein starkes Vor= herrschen des Personalcredits an und für sich durchaus keinen zuverlässigen Beleg für eine befriedigende Gesammtlage bieten; denn bei einem mangelhaften Rechtszustande kann der Realcredit, nach welchem man gerne noch mehr greifen würde, gar nicht in entsprechendem Umfange benützt werden, und das Vorherrschen des Personalcredites ist nur ein Nothbehelf und verfrüht. So gestattet ferner eine sehr ausgedehnte Anwendung des Credites überhaupt keineswegs, wie man wohl glauben möchte, einen augenblicklichen sichern Schluß auf die Blüthe des Volkswohl=

standes; der Volkswohlstand kann gering sein und der Belauf des Gesammtcredites doch groß, wenn die moralische Triebfeder eines gesunden nachhaltigen Wirthschaftens gering ist; beim Vorwiegen tüchtiger Impulse werden die durch Credit bewirkten Werthübertragungen vor Allem Kapitalübertragungen sein, welche aus minder betriebsamen an betriebsamere Einzelwirthschaften gelangen und die Lust und Gelegenheit zu neuen Kapital= ansammlungen nur steigern; im entgegengesetzten Falle aber kann vorübergehend leicht viel Kapital durch Credit an schlechte oder augenblicklich bedrängte Wirthe gelangen, die es zu Con= sumtionszwecken aufbrauchen. Nicht minder kann eine ganz be= denkliche Creditlage herrschen, während doch Wohlstand, Rechts= sicherheit und Treuglauben im Lande walten; es bedarf nur einer, gar nicht einmal sehr bedeutenden, Krisis der Geldpreise (§ 58), um den Credit in Schwanken zu bringen.

§ 64.

Die Wirkungen des Credites greifen nicht nur tief in das Verkehrsleben und in das gesammte Wirthschaftsleben ein, sondern sind zugleich so vielgestaltig, in einander verschlungen und sich gegenseitig beeinflussend, daß nur eine Betrachtung derselben, welche an die charakteristischen äußerlichen Haupterscheinungen des Credites im Verkehr anschließt, den erforderlichen klaren Ueberblick gewähren kann. Diese Haupterscheinungen sind: Wechsel, Creditgeld, Creditgesellschaften, Banken, Assecuranzen.

A. Wechsel.

§ 65.

Eine Anweisung im Allgemeinen ist ein Zahlungsauftrag, den Jemand an einen Andern zu Gunsten eines Dritten ertheilt. Im Begriffe der Anweisung spricht sich schon aus, daß das Walten des Credites in der Volkswirthschaft nicht etwa aus lauter vereinzelten zwischen zwei Personen abschließenden Credit= beziehungen besteht, sondern daß, da ja jede Einzelwirthschaft mehreren Einzelwirthschaften gegenüber Schuldner, mehreren Einzelwirthschaften gegenüber Gläubiger sein kann, an einen Cre= ditvorgang sich leicht eine ganze Kette von Creditbeziehungen anknüpft, welche eine größere Zahl von Einzelwirthschaften um= schließt. Unter den Anweisungen ragt nun eine Form hervor, welche in sehr umfassender Weise solchen Creditbeziehungen dienen kann, die des Wechsels, d. h. einer Anweisung, welche weitere Anweisungsbefugniß ausspricht [1]).

Um das Wesen eines durch Wechsel vermittelten Geschäftes vollständig zu überschauen, muß man zwei Forderungen und zwei Schuldigkeiten zu Grunde legen. Die vier Wechselsubjekte sind hiernach: a) Derjenige, welcher den Wechsel ausstellt (Tras= sant); b) Derjenige, auf welchen er ausgestellt (gezogen) ist (Trassat); c) Derjenige, welcher den Wechsel vom Trassanten erhält, um weiter darüber zu verfügen (Remittent, Indossant); d) Derjenige, auf welchen der Remittent den Wechsel überträgt (indossirt), um ihn von dem Trassaten einzukassiren (Indossat, Präsentant). Die Anzahl der Wechselpersonen kann nun, je nach der Verkehrsanwendung, mehr oder weniger als vier werden. Mehr Personen werden es, wenn der Indossat weiter indossirt, also selbst zum Indossanten wird; dieser Vorgang kann sich bei dem nämlichen Wechsel öfters wiederholen, so daß der Wechsel leicht durch die Hände einer ganzen Menge von Indossanten, beziehungsweise Indossaten, gegangen ist, ehe er dem Traffaten schließlich zur Einlösung präsentirt wird. Dagegen wird die Zahl der Wechselpersonen weniger als vier und sinkt auf drei herab, wenn der Remittent den Wechsel, der auf seine Ordre gestellt ist, gar nicht indossirt, sondern selbst beim Traffaten eincassirt. Stellt ferner noch der Trassant den Wechsel auf sich selbst aus, so daß also Trassant und Traffat in einer Person zusammenfallen, so sinkt die Zahl der Wechselpersonen sogar auf zwei herab (eigene Wechsel).

¹) Man muß die nationalökonomische Definition des Wechsels von der Begriffsbestimmung dieses oder jenes positiven Rechtes unterscheiden. Was ein Wechselrecht thut, um die schon vorhandene Verkehrsanwendung einer so ausgezeichneten Creditform zu sichern und zu erleichtern, macht die wirthschaftliche Charakteristik des Wechselinstituts nicht anders, kann aber zu wesentlich erweiterter Verkehrsanwendung desselben führen.

§ 66.

Der anfänglichste Nutzen und der Grund der Einführung der Wechsel liegt darin, daß mit ihrer Hülfe Geldsendungen von Ort zu Ort vermieden und damit Risiko und Kosten des Geldtransportes erspart werden können. Wer Geldzahlung an einem fremden Ort zu bewirken hat, kann dies dadurch, daß er (Remittent) an seinem eignen Orte eine in Wechselform gekleidete Forderung kauft, die ein Andrer (Trassant) an jenem Orte hat, und dann den gekauften Wechsel an seinen Gläubiger (Präsentant) daselbst zum Incasso vom Schuldner (Traffat) des Wechselverkäufers sendet.

Es ist begreiflich genug, daß gerade diese nützliche Eigen=
schaft des Wechsels zuerst auftauchen und ihm Eingang ver=
schaffen mußte, denn dieselbe behauptet, wenn auch nicht extensiv,
so doch gewiß intensiv, ihre entschiedenste Bedeutung für noch
wenig entwickelte Zustände mit mangelhafter Rechtssicherheit und
unvollkommenen Verkehrsmitteln [1]); extensiv natürlich strebt die
Verwendung der Wechsel als Ausgleichungsmittel für die zwischen
zwei Plätzen bestehenden Forderungen und Schuldigkeiten mit
der Zunahme des Verkehrs fortwährend zuzunehmen.

Wenn die aus dem Verkehr zwischen zwei Plätzen ent=
springenden Forderungen und Schuldigkeiten einander nicht
vollständig decken und deßhalb zur völligen Ausgleichung baare
Herauszahlungen von einem an den andern in Aussicht stehen,
so wird auf dem einen Platze die Nachfrage nach Wechseln
stärker sein als das Angebot von solchen und in Folge dessen
jeder Wechsel einen etwas höheren Preis erhalten, als die am
zweiten Platz dafür zu empfangende Geldmenge beträgt, während
sich auf diesem zweiten Platze selbstverständlich Alles umgekehrt
verhält; stimmt die Ankaufsumme eines Wechsels mit der
Summe überein, über die man am andern Platze kraft des
Wechsels verfügt, so hat man das Wechselpari, dem sich der
Marktpreis der Wechsel, der Wechselcurs, immer wieder zu
nähern strebt, während er in seiner Abweichung vom Pari
höchstens den Belauf des Risikos und der Kosten der Baargeld=
sendung erreichen kann [2]). Für die Dauer läßt sich das Wechsel=
pari zwischen zwei Plätzen, wenn nicht etwa Veränderungen auf
dem Geldmarkte selbst vorgegangen sind, begreiflicher Weise nicht
durch Geldsendungen, sondern nur durch Sendung anderer
Waaren herstellen; denn jede solche Geldsendung verursacht ja
auf dem Markte, wohin sie gelangt, eine Geldanhäufung und

theurere Geldpreise der Waaren, mithin einen Wiederexport von
Geld, um anderwärts geldwohlfeilere Waaren dafür zu kaufen
(§ 56). Specifische Waaren können eben endgültig nur mit
andern specifischen Waaren bezahlt werden. Ob dies direkt geschieht oder dadurch, daß man dem Platze, welcher Herauszahlung
zu empfangen hat, diese vermittelst Zusendung von Wechseln auf
einen dritten Platz leistet (Arbitrage), mit dem man eine Handelsbilanz im umgekehrten Sinne hat, bleibt für das Wesen der
Sache einerlei. Durch Geld, so oft auch mit Hilfe desselben
der Wechselcurs provisorisch beeinflußt wird, kann die Herstellung des Wechselpari nur dann endgiltig bewirkt werden,
wenn das Geld selbst im gegebenen Falle den Charakter einer
specifischen Waare angenommen hat, d. h., wenn geänderte Um-
satzverhältnisse eine entsprechend andre Vertheilung des Geldes
bedingen, als seither.

¹) Daß das Alterthum außer einfachen Anweisungen auch unsere Wechsel
gekannt habe, muß bezweifelt werden. Im 13. und 14. Jahrhundert findet
sich das Wechselinstitut schon sehr eingebürgert; eigne campsores, die den
Wechselverkehr vermittelten.

²) Eine nachhaltige wirkliche Abweichung des Wechselcurses vom Wechselpari kann bis zum Belaufe der geringen Kosten der Wechselanwendung selbst
(Maklerlohn, Porto) und, wenn die beiderseitigen Münzsorten nicht beiderseits circulationsfähig sind, bis zum Belaufe der Umprägungskosten der
Münzen bestehen. Blos scheinbare Abweichung vom Wechselpari ist es dagegen, wenn der Wechselcurs in Folge des Umstandes, daß hier Goldwährung,
dort Silberwährung besteht, oder daß ein entwerthetes Papiergeld die Circulation eines Landes beherrscht, differirt.

§ 67.

Ein weiterer sehr wichtiger Gebrauch der Wechsel, die durch
den zwiefachen Credit des Trassanten und Trassaten getragen sind,

beruht darauf, daß man mit ihrer Hülfe viel leichter und bequemer als auf anderm Wege über den Betrag einer ausstehenden Schuldforderung verfügen kann, schon ehe diese fällig ist. Die im Verkehrsleben, namentlich bei größeren Waarenlieferungen, so gewöhnliche Einrichtung, daß dem Waarenempfänger die Zahlung des Preises auf kürzere oder längere Zeit creditirt wird, ist offenbar äußerst vortheilhaft für den Schuldner, dessen wirthschaftlichen Bestrebungen sie erhöhte Schwungkraft verleiht. Der Vortheil, der dem Gläubiger aus dieser Transaktion zu Theil wird, besteht in dem erleichterten und zu angemessenem Preise bewirkten Absatze seiner Verkehrsleistung; aber der Gläubiger muß ferner wünschen, daß er, im Interesse eines lebhaften und ausgedehnten Betriebes seiner eigenen Wirthschaft, thunlichst bald über den creditirten Betrag selbst wieder verfügen könne. Er erreicht dies dadurch, daß er für den Betrag seiner Forderung einen am stipulirten Zahlungstermine fälligen Wechsel auf seinen Schuldner zieht und biskontiren läßt, d. h. unter Abzug der bis zum Verfalltermine laufenden Zinsen an Jemanden verkauft, der für diese Zeit verfügbares Kapital in solcher Weise nutzbringend anzulegen wünscht; das Wechselbiscontiren bildet ein wichtiges Feld für die Thätigkeit der Banken (§ 74).

Bei der großen und vielseitigen Anwendbarkeit des Wechselinstitutes zur Crediterpansion kommt es häufig genug vor, daß Wechsel gezogen werden, die sich auf keine wirklich vorliegende Schuldforderung begründen. Es kann dies ebensowohl geschehen, um unsoliden Speculationen zum Deckmantel zu dienen (Gefälligkeitswechsel, Wechselreiterei), als auch, um der auf dem Creditmarkte fluktuirenden Nachfrage nach Wechseln mit dem Angebote thunlichst entgegenzukommen, was wiederum hauptsächlich in das Bereich der Bankthätigkeit fällt.

B. Creditgeld.

§ 68.

Wird der Credit angewendet, um Metallgeld zu ersetzen, so ist das natürlich keineswegs eine Schöpfung von Etwas aus Nichts. Vielmehr sind die wirthschaftlichen Zustände, in welchen Creditgeld möglich ist, aus langer und mühevoller Arbeit hervorgegangene Errungenschaften, und der Credit wendet nur einen Theil der in und mit ihm neu erkämpften wirthschaftlichen Werthe zur Gelddienstleistung an.

Aller Geldersatz durch Credit beruht darauf, daß anstatt einer Zahlung von Geld ein Zahlungsversprechen von Geld erfolgt. Aus solchen Zahlungsversprechen kann nun in zweierlei Weise Creditgeld werden. Entweder dadurch, daß zwei Zahlungsversprechen einander gegenseitig aufheben, oder dadurch, daß ein empfangenes Zahlungsversprechen an Zahlungsstatt weiter gegeben wird. Man muß hiernach das Creditgeld in **Abrechnungsgeld** und **Papiergeld** unterscheiden.

§ 69.

a) **Abrechnungsgeld.** Wenn zwei Einzelwirthschaften, die einander gegenseitig credibirt haben, zur Abrechnung schreiten, indem sie vermittelst Compensation die beiderseits geschuldete Summe streichen, so wird hieburch offenbar eine Baargeldsumme im doppelten Belaufe des Compensationspostens erspart, die sonst hätte vorhanden sein und ausgezahlt werden müssen. Der Metallgeldvorrath einer Volkswirthschaft wird also jedenfalls um den mittleren Betrag dieser Art der Creditanwendung durch alle Einzelwirthschaften geringer sein, als er sonst sein würde (§ 56). ·

Die Fälle der Anwendung des Abrechnungsgeldes können sehr mannigfaltig sein: Wechsel, die an Trassaten als Befriedigung von deren Schuldnern gegeben werden, das Zusammentreten von Kaufleuten eines Plaßes, um die gegenseitigen Schuldigkeiten abzugleichen (scontriren), das Creditgeben auf Contocorrent zwischen Fabrikanten und Kaufleuten bei gegenseitigen Waarenlieferungen, die offene Rechnung zwischen Handwerkern und Geschäftsleuten verschiedener Art ꝛc. Diese ideelle Circulation des Geldes, bei welcher nur etwaige Ueberschüsse auf Seite des einen Contrahenten (Saldo) zur wirklichen Entrichtung in Geld gelangen, darf nicht etwa als ein, unter bloser Zuhülfenahme des Geldes als Preismaß hoch entwickelter Naturaltauschverkehr betrachtet werden, bei welchem auf das Geld in seiner Realität als Tauschmittel gar nichts mehr ankäme. Diese Realität kann, solange Menschen beim Geben und Nehmen der Güter noch von wirthschaftlichen Beweggründen geleitet sind, keinenfalls entbehrt werden, und der ganze Abrechnungsverkehr mit seiner ideellen Geldcirculation beruht schließlich doch nur darauf, daß jeder Contrahent, falls er dies für angemessen befindet, das Compensationsverhältniß abbrechen, und sein Guthaben in baarem Gelde einziehen kann. Wie der Bau eines solchen Verkehrs nur durch Hülfe eines allgemein currenten und immer unbedingt geltenden Gutes erwachsen konnte, so würde er bei Entfernung desselben mit einem Schlage zusammenstürzen.

§ 70.

b) **Papiergeld.** Schuldurkunden, welche durch den Credit ihres Ausstellers gehörig getragen sind, können unter gewissen Voraussetzungen die Funktion des Metallgeldes versehen, indem sie gleich diesem circuliren und ein Aequivalent desselben auf die

Dauer körperlich vertreten. Nicht alle Crebitpapiere sind zu solchem Dienste, d. i. als Papiergeld, anwendbar. Der bei weitem größere Theil der Crebitpapiere (Hypothekscheine, einfache Privatschuldbriefe, Staatsobligationen, industrielle Aktien, Wechsel 2c.) wird vielmehr in der Regel selbst gegen Geld ge= kauft und verkauft und kann nur in sehr beschränktem Sinne als Geldsurrogat dienen. Zu einem Papiergelde, welches wirk= lich gleich dem Metallgelde Geldbienste leisten soll, gehört nicht nur die Sicherung von dessen Realisirbarkeit gegen oder anstatt Metall, sondern auch, daß die Papierscheine ohne die geringste Schwierig= keit von Person zu Person übertragen werden können, und ihrem Inhaber kein Einkommen gewähren, solange er sie behält. Ein taugliches Papiergeld muß also unverzinslich sein, auf Inhaber lauten und von einem Aussteller herrühren, der durch seine wirthschaftliche Persönlichkeit im Verkehr weit hervorragt und die jederzeitige Realisirbarkeit der auf den Papierscheinen verzeichneten Geldbeträge garantirt. Die Emission von Papiergeld kann durch die Wirthschaft des Staates (Staatspapiergeld) oder durch andre Einzelwirthschaften (Privatpapiergeld, besonders Banknoten) er= folgen und eröffnet dem Aussteller den Vortheil eines unverzins= lichen Darlehens, dem Publikum den eines für viele Zwecke bequemen Zahlmittels, der ganzen Volkswirthschaft aber den Nutzen, daß ein entsprechender Edelmetallwerth vom Geldbienste abgelöst und entweder anderweitig verarbeitet oder nach dem Aus= land exportirt werden kann.

Die Grundbedingung der Unschädlichkeit eines circulirenden Papiergeldes ist dessen Paristand mit Metallgeld, d. h. die im Verkehr von Hand zu Hand auch wirklich stattfindende Gleich= geltung jedes Papierscheines mit der Metallgeldsumme, über welche er lautet. Der Paristand eines Papiergeldes ist aber

10*

nur so lange möglich, als das Vertrauen in dessen augenblick=
liche oder doch demnächst bestimmt wieder eintretende beliebige
Realisirbarkeit nicht geschwunden ist. Fehlt aber das Vertrauen,
und zwar ganz einerlei ob mit oder ohne Grund, so ist Ent=
werthung des Papiergeldes unvermeidlich. Ein Creditpapier kann
sich eben nur durch Credit halten; alle Bemühungen einer Staats=
gewalt durch Zwangscurs[1]) einen künstlichen Preisstand zu be=
wirken sind eitel und können die Entwerthung nicht aufhalten,
welche unter allen Umständen nachtheilig genug wirkt. Ihre erste
Folge ist, daß die zeitweiligen Inhaber von Papiergeld einen
Theil von dessen Werth unter ihren Händen geradezu ver=
schwinden sehen. Die zweite noch schlimmere Folge der Ent=
werthung besteht aber darin, daß nun die ganze Geldmenge des
Landes plötzlich geringer wird und damit die Krisis einer Stei=
gerung des Metallgeldwerthes droht; steigt demnächst ein solches
entwerthetes Papiergeld wieder, so ist, bei der Raschheit, mit
der dies zu geschehen pflegt, vermehrte Geldmenge und damit die
Krisis einer Entwerthung des Metallgeldes (§ 58) zu befürchten.
Jede dieser Krisen für sich allein kann nun allerdings durch
nivellirendes Zu= und Abfließen von Baargeld zwischen der
eigenen und fremden Volkswirthschaften wesentlich gemildert
werden, das Ueble ist nur, daß in der Regel beide Erscheinungs=
reihen wiederholt und kurz nach einander abwechseln, und mit der
schwankenden unsichern Geldvaluta, die sich dann, sowohl bei Papier,
wie bei Metall, bildet, die Tauglichkeit des circulirenden Geldes
als Tauschmittel und Preismaß schwer beeinträchtigt ist. Diese Uebel
können natürlich um so fühlbarer auftreten, je mehr Papiergeld
circulirt, und am fühlbarsten, wenn alles Metallgeld einer Volks=
wirthschaft durch Papiergeld ersetzt ist. In diesem Falle muß,
wenn das Papiergeld nur anstatt Metallgeld realisirbar ist,

ober wenn die Einlösung des gegen Metallgeld realisirbaren
Papiergeldes selbst nur ganz momentan stockt, unausbleiblich
Entwerthung eintreten, weil es dann unmöglich ist, sich aus den
Kanälen der einheimischen Circulation Metallgeld, sei es zur
Ausfuhr, sei es zu andren Zwecken, vermittelst Papiergeld zu
verschaffen.

¹) Der Aberglaube an die Möglichkeit eines s. g. Zwangscurses scheint
noch ziemlich weit verbreitet zu sein; ein Papiergeld, für welches ein Zwangs=
befehl der Staatsgewalt den Paricurs anordnet, kann ja gewiß zu diesem
Curs circuliren, aber nicht wegen des Zwangsbefehles, sondern wegen seiner
eigenen Creditwürdigkeit; in dem Maße, in welchem diese in den Augen des
Publikums etwa sinkt, sinkt auch der Curs des Papiergeldes; Jedermann
nimmt es bei Zahlungen nur noch zu soviel geringerem Preise an, als der
Aufwägung des Risikos entspricht, daß man die Papierscheine am Ende
als ganz werthlose Fetzen in Händen behalten könnte. Der Erfolg eines
unter solchen Umständen ausgesprochenen Zwangscurses ist dann nur, einer=
seits eine schmähliche Beraubung Einzelner, die, in Geldsummen bereits stipulirte,
Leistungen zu erhalten haben und die nun freilich das Papiergeld für voll
annehmen müssen (Beamte, Staatsgläubiger ꝛc.), während der Verkehr im
Ganzen den Schlag ebenso sicher als nachdrücklich dadurch parirt und den
s. g. Zwangscurs illusorisch macht, daß jeder Verkäufer, der bei Absatz seiner
Verkehrsleistungen auf Zahlung durch ein in seinen Augen entwerthetes Papier=
geld zu rechnen hat, mit dem Preise seiner Verkehrsleistungen um gerade soviel
aufschlägt, als seiner Meinung nach die Creditwürdigkeit des Papiergeldes
gesunken ist; man kann diese Erscheinung überall da sehr deutlich beobachten,
wo solches Papiergeld in Circulation ist.

§ 71.

Die Anwendbarkeit des Credites zum Gelbersatz hängt von
der Entwicklungsstufe der Volkswirthschaft ab. Je tiefer diese
noch steht, desto gefährlicher die Geldsurrogate, namentlich das
Papiergeld. Eine Volkswirthschaft, welche eine Papiercirculation

aufkommen läßt, der sie noch nicht gewachsen ist, gleicht dem Kinde, welches mit Feuer spielt. Es sind das bittre Lehren, welche dann ertheilt werden, und die empfangenen schmerzlichen Wunden mahnen bringend zu erhöhter Vorsicht und Wachsamkeit, zu festerer Creditgewöhnung und Crediteinsicht, zu größerer Verkehrsgewandheit, zu ernsthafterem und soliderem wirthschaftlichem Verhalten überhaupt. Parallel mit der fortschreitenden wirthschaftlichen Entwicklung steigt die Fähigkeit der Creditanwendung zum Geldersatz, und nehmen dabei die durch verfehlte Creditanwendung möglichen Gefahren ab.

Die mit dem Wachsthume einer gesunden Volkswirthschaft succesive steigende Anwendung des Credites zum Gelderatz kann nie so weit gehen, daß hierdurch das eigentliche Geldgut ganz entbehrlich gemacht würde. Die Metallgeldcirculation wird zwar relativ immer geringer und damit die Geldcirculation immer weniger von den Launen dunkler Naturmächte und immer mehr von einsichtsvollem freiem menschlichen Willen abhängig, aber der relativ prädominirende Gang der Creditcirculation über das ihr zu Grunde liegende Geldgut ist ein so langsamer, daß er erst mit dem Ende alles Wirthschaftslebens völlig sein Ende erreichen kann. Solange der Tauschwerth noch eine Rolle spielt, kann die Realität des Geldes nicht entbehrt werden. Der Credit vermag immer nur so lange als Geld zu fungiren, als es nicht auf den Stoff des Geldes ankommt; dieser, mit seinem selbstständigen wirthschaftlichen Werthe, ist aber nicht nur in Hinblick auf das Tauschmittel, sondern noch viel mehr in Hinblick auf das Preismaß unumgänglich (§ 53).

Eine völlig andre Frage ist die, ob das Edelmetallgeld, wenn auch das Creditgeld, so lange noch Wirthschaftsleben dauert, das wirkliche Geldgut nie ganz und gar zu verdrängen vermag, nicht dennoch aus der Geldcirculation spurlos verschwinden könne. Die Möglichkeit eines solchen Ereignisses ist unbedenklich zuzu= geben. Wenn massenhafte Gold= und Silberfunde, welche das Edelmetall so gemein wie Blei oder Eisen machen würden, ein= träten oder wenn es der Wissenschaft gelingen sollte, Gold und Silber, welche sie bis jetzt für chemische Elemente hält, als zu= sammengesetzt und leicht herstellbar nachzuweisen, so wäre es mit der Geldqualität des Edelmetalls vorbei. Faßt man dieses Ereigniß, welches gewiß nicht außerhalb des Bereiches der Wahr= scheinlichkeit liegt, näher in's Auge, so tritt eine Frage voll schweren Ernstes an das Wirthschaftsleben heran. Worin dann die Realität des Tauschmittels und Preismaßes suchen, ohne welche jede Geldcirculation undenkbar ist? Auf dieser reellen Grundlage beruht jeder entwickelte Verkehr und am meisten, wenn auch nicht extensiv, so doch intensiv, der am höchsten ent= wickelte Verkehr. Nimmt man aber das Fundament weg, ohne ein neues zu legen, so wird auch der stolzeste Bau zum Trüm= merhaufen. Es giebt nun allerdings ein Mittel, um einen möglichen drohenden Ruin, wie das Wirthschaftsleben aller Zeiten und Völker noch keinen gekannt, abzuhalten. Dieses Mittel ist die Fundirung des Creditgeldes auf Getreide, und zwar nicht etwa auf momentan vorhandene Getreideeinheiten, sondern auf Getreidedurchschnittsmengen. Der Getreidedurchschnittspreis (§ 59) ist die constanteste Wertherscheinung des Verkehrs. So unbrauch= bar das Getreide, seiner schwankenden jährlichen Preisvorgänge wie seiner ganzen sonstigen Beschaffenheit halber, zu regelmäßiger Circulation als Geld auch erscheinen mag, so sehr geeignet kann es als Basis und Deckungsmittel einer Papiergeldcirculation in Zeiten und Verhältnissen werden, welche durch die Art und Weise ihrer Creditentwicklung zu einem solchen Gebrauche befähigt sind. Es gehört allerdings nicht geringe und wohlverstanden durch die ganze Masse der Bevölkerung verbreitete wirthschaftliche Einsicht dazu, wenn Papiergeld, dessen Scheine über, in etwa dreißig Jahresraten abgetheilte, Getreidemengen lauten, gut circulationsfähig sein soll. Ist dies aber der Fall, so hat man auch einen weit vollkommneren Zustand des Geldwesens als bei einem Metallgeldumlauf oder einer damit verbundenen Papiergeldcirculation. Jedenfalls ist dringend zu wünschen, daß jede Volkswirthschaft diesen Zustand bereits erreicht habe, wenn das Edelmetall nicht länger mehr Gelddienste verrichten könnte.

C. Creditgesellschaften.

§ 72.

Eine Unternehmung ist die Concentrirung von Produktionsfaktoren unter die Willensherrschaft einer bestimmten wirthschaftlichen Persönlichkeit, welche eben durch diese Concentration einen Ertrag erstrebt, der außer den einfachen Nutzungen der angewendeten Produktionsfaktoren (Zins, Lohn, Rente; § 84, 89, 93) noch einen weiteren Gewinn (§ 98) liefern soll. Eine solche Unternehmung kann in zahlreichen Fällen schon aus den Mitteln einer Einzelwirthschaft vollständig hergestellt werden. Sie kann ferner betrieben werden, indem eine Einzelwirthschaft ihre unzulänglichen eignen Mittel durch einseitige Anwendung ihres passiven Credites ergänzt. Aber die bedeutungsvollsten Unternehmererfolge lassen sich erzielen, wenn Einzelwirthschaften zu einem System wechselseitigen aktiven und passiven Credites zusammentreten und durch Bildung einer solchen Creditgesellschaft eine gemeinschaftliche Unternehmung begründen, deren Gewinn unter die Mitglieder vertheilt wird, welche in ihrer Gesammtheit die Persönlichkeit der Unternehmung repräsentiren, und welche in ihren Gewinnquoten größere wirthschaftliche Erfolge erhalten, als ihnen sonst erreichbar gewesen wären.

Diese gemeinsamen Unternehmungen können einestheils solche sein, welche die Unternehmerkräfte auch der größten zur Zeit in der Volkswirthschaft vorhandenen Einzelwirthschaft absolut über= steigen, und welche also ohne Creditvergesellschaftung überhaupt nicht in's Leben getreten wären. Anderntheils können sie von der Beschaffenheit sein, daß ihr Betrieb durch vorhandne Einzel= wirthschaften zwar ganz thunlich ist, daß aber eine große Anzahl der auf den betreffenden Unternehmungszweig reflektirenden Einzel= wirthschaften ohne Creditassociation davon entweder ganz und gar ausgeschlossen wäre oder denselben doch nur in ungenügendem Umfange betreiben könnte.

Die Bedeutung dieses letztgenannten Punktes erhellt, wenn man die Aussichten des Großbetriebes einer Unternehmung mit denen des Kleinbetriebes einer solchen vergleicht. Sie können mit mehr oder weniger Bestimmtheit, selbst Ausschließlichkeit, bei verschiedenen Arten von Unternehmungen auftreten, den Grundzügen nach gilt jedoch das Nämliche für alle. Der Klein= betrieb hat für sich, daß der Unternehmer den Einzelheiten des Geschäftes mehr Aufmerksamkeit widmen kann und, durch die sorgfältigere Beachtung, welche auch den untergeordneten Parthieen des Geschäftsbetriebes zu Theil wird, diesen manchen vortheil= haften Erfolg abringt, der dem Großbetriebe entgeht. Dafür hat aber der Letztere zahlreiche und bedeutende Vorzüge. Zunächst besitzt die große Unternehmung mit ihren compakten Mitteln größere Widerstandskraft gegen nachtheilige Verkehrsstörungen; sie kann bei zu niedrigen Marktpreisen ihrer Produkte, oder bei zu hohen Marktpreisen ihres Produktionsmaterials mit dem

Abſatze ober mit ber Anſchaffung ſchon eher zuwarten, als eine
kleine Unternehmung, bie gleichſam von ber Hand zum Munbe
lebt; überhaupt wirb ber nämliche Unglücksſtoß, ber bie kleine
Unternehmung ſofort gänzlich über ben Haufen wirft, für bie
große nur eine vorübergehende unb balb verſchmerzte Erſchütterung
ſein können. Ferner kann bie große Unternehmung bie Arbeits=
theilung unb bie Kapitalhülfe weit beſſer ausnützen als bie
kleine; bei bieſer findet zu leicht eine boppelte Vergeubung von
Probuktivwirkſamkeit ſtatt, einmal baburch, baß bie einzelnen
Arbeitskräfte nicht ausſchließlich bem für ſie am beſten paſſenben
Geſchäftszweige gewibmet werben können, unb ſobann burch ben
Umſtand, baß bie Anwendung von Maſchinen allzuſehr beſchränkt
iſt; bie Schaffungskoſten einer Unternehmung ſinb weit entfernt,
in gleicher Proportion mit ber ſteigenben Ausbehnung bes Be=
triebes zu ſteigen.

§ 73.

In Bezug auf bie Art unb Weiſe, in welcher bie Mit=
glieber einer Crebitgeſellſchaft nach Innen an benſelben betheiligt
ſein können, erſcheinen fünf Möglichkeiten. Die Mitglieber ſinb
betheiligt:

a) Alle mit Arbeit unb Habe.

b) Ein Theil nur mit Arbeit, ein Theil nur mit Habe.

c) Ein Theil mit Arbeit unb Habe, ein Theil nur mit Habe.

d) Ein Theil mit Arbeit unb Habe, ein Theil nur mit Arbeit.

e) Ein Theil mit Arbeit unb Habe, ein Theil nur mit Habe,
ein Theil nur mit Arbeit.

Sieht man auf bie Verantwortlichkeit, welche bie Mitglieber
einer Crebitgeſellſchaft in Betreff ber Geſchäftsergebniſſe nach
Außen hin tragen, ſo kann man alle Crebitgeſellſchaften in
brei Grunbformen unterſcheiben:

a) Alle Mitglieder haften unbeschränkt für die Geschäfts=
ergebnisse: Collektivgesellschaft.

b) Alle haften beschränkt: Aktiengesellschaft.

c) Ein Theil der Mitglieder haftet unbeschränkt, ein Theil
beschränkt: Commanditegesellschaft.

Die elementarste dieser drei Grundformen ist die Collectiv=
gesellschaft, bei welcher mehrere Einzelwirthschaften eine ge=
meinsame Unternehmung führen, für welche jede von ihnen
mit ihrer ganzen Vermögenspersönlichkeit einsteht; die Mit=
gliederzahl kann hier nicht groß sein, weil eine wechselseitige
Creditgewährung in solchem Umfange, bei welcher jedes Mitglied,
auf dem hier regelmäßig erforderlichen Fuße wesentlicher Gleich=
berechtigung und unmittelbaren Eingreifens in die Geschäfts=
führung, alle übrigen nach Außen hin solidarisch binden kann,
nur zwischen Personen denkbar ist, die einander speciell kennen.

Die ausgedehnteste Betheiligung und das stärkste Massen=
aufgebot von Kapital läßt die Aktiengesellschaft zu. Das ganze
Unternehmen wird hier durch eine Anzahl gleichgroßer Partial=
einlagen oder Aktien gebildet, deren jedes Mitglied eine kleinere
oder größere Menge haben kann, während es nur bis zum Be=
laufe seines Aktienbetrages für die Geschäftsergebnisse haftbar
ist. Die von Zeit zu Zeit zusammentretende Generalversamm=
lung der Aktionäre überträgt die laufende Geschäftsführung des
Unternehmens einem aus ihrer Mitte periodisch gewählten Ver=
waltungsrathe, entweder allein, oder in Verbindung mit einer
aus besoldeten Beamten bestehenden Geschäftsdirektion, controlirt
ihrerseits die Geschäftsergebnisse und trifft die ihr vorbehaltenen
summarischen Entscheidungen.

Die Commanditegesellschaft besteht in der durch eine bestimmte
Einlage vermittelten Theilnahme Eines oder Mehrerer (Comman=

bitiften) an einer Unternehmung, deren Leiter (Complementar), mag er nun eine Einzelnperfönlichkeit oder eine Collektivgefellschaft fein, für die Geschäftsergebniffe unbeschränkt haftet, während die von der Geschäftsleitung ausgeschloffenen Commanditisten nur bis zum Betrag ihrer Einlage an Gewinn und Verluft des Unternehmens betheiligt sind.

Diese drei Grundformen der Creditaffociation können nach Maßgabe deffen, wie die Mitglieder ihre Einlagen an Arbeit oder Habe stellen, entweder rein oder in Gestalt verschiedener Zwischenformen zur Anwendung gelangen und eröffnen bei geeigneter Benutzung ein weites Feld gesteigerter Produktivität für die Einzelwirthschaften einer Volkswirthschaft. Das wichtigste dabei ist weniger der Umstand an sich, daß die Quantität und Qualität der volkswirthschaftlichen Produktion mit zunehmender Affociation fucceffive höher steigt, als vielmehr, daß eine nicht nur absolut, fondern auch relativ immer größere Anzahl von Einzelwirthschaften befähigt wird, an diefen Erfolgen zu participiren, und damit die höchste und wünschenswertheste Stufe wirthschaftlicher Unabhängigkeit einzunehmen (§ 105).

D. Banken.

§ 74.

Die volkswirthschaftliche Bedeutung der Banken liegt darin, daß sie geschäftsmäßig die Vermittlung zwischen Nachfrage und Angebot von Credit übernehmen. Ohne solche Anstalten, die einen regelmäßigen Handel (§ 31) mit Credit betreiben, würden, bei der persönlichen Unbekanntschaft der Interessenten mit einander, in einer Unzahl von Fällen aktiver und passiver Credit sich gar nicht finden können und so der wichtigste Nutzen des

Credites wesentlich vereitelt werden. Die Banken, welche sich zu Centralpunkten der Creditbewegung hergeben, erhalten ihren Geschäftsgewinn dadurch, daß sich der nachfragende passive Credit zu etwas höheren Zinsen versteht, als dem anbietenden aktiven Credit von der Bank gewährt werden.

Den einzelnen Bankgeschäften, welche die Creditvermittlung bezwecken, schließen sich leicht noch andre, theils zur Unterstützung jener, theils wegen des im Zusammenhange damit vortheilhaften Betriebes, an. Man muß hiernach unterscheiden:

a) Geldwechsel und Edelmetallhandel.

b) Einziehung fremder Schuldforderungen im Auftrage der Gläubiger (Inkasso).

c) Annahmen von Depositen, sei es zur bloßen Aufbewahrung, Verwaltung oder zu eigner Benutzung. Depositen letzterer Art sind die Quelle, aus welcher den Banken der disponible aktive Credit der Volkswirthschaft zufließt. Unter den Depositengeschäften sind besonders erwähnenswerth das Giro-geschäft, welches die Vermittlung von Zahlungen innerhalb eines geschlossenen Kreises (giro) von Kunden der Bank durch bloßes Ab- und Zuschreiben zum Zwecke hat, und das Contocorrent-geschäft, welches darin besteht, daß die Bank mit einzelnen Kunden in ein fortdauerndes Verhältniß gegenseitigen Creditirens und Debitirens tritt; in diesem letzteren Specialgeschäfte spiegelt sich die ganze Aufgabe der Banken, kein Kapital müßig liegen zu lassen, auf das Prägnanteste wieder.

d) Diskontiren von Creditpapieren, besonders Wechseln (§ 67).

e) Darlehen auf bewegliche und unbewegliche Pfänder (Lombard- und Hypothekengeschäft).

f) An- und Verkauf von Börseneffekten. Staats- und Communalschuldbriefe, Aktien und Prioritätsobligationen von

Gesellschaften 2c. bilden in jeder entwickelten Volkswirthschaft den Gegenstand eines regelmäßigen Börsenumsatzes und gewähren damit ein sehr leichtes und bequemes Mittel der Kapitalanlage und des Kapitalrückzuges. Eine Bank kann sich am Börsen= verkehr nicht nur auf ihre eigne Rechnung, sondern auch als Commissionär Andrer betheiligen, namentlich auch das Zustande= kommen größerer Anlehen, welche erst begeben und auf den Markt der Creditpapiere, d. h. auf die Börse gebracht werden sollen, vermitteln helfen.

Es ist keineswegs erforderlich, daß jede Bank auch alle Bankgeschäfte betreibt. Im Gegentheil ist es für manches Bank= geschäft, z. B. Hypothekendarlehen, sehr wünschenswerth, daß es, unter Ausschluß der übrigen, allein von einem Institute be= trieben wird; manche Banken haben wenigstens beschränkte Zwecke vor Augen, auf welche sich ihre Thätigkeit ausschließlich oder doch vorzugsweise richtet, z. B. Sparkassen, Pfandhäuser.

Die Gründung und der Betrieb von Bankunternehmungen kann sowohl von Einzelnen wie von Gesellschaften erfolgen, und beiden Arten fehlt es nicht an Gelegenheit, nebeneinander zu bestehen, da es bei Creditoperationen bald mehr auf das für einen Einzelnen (Banquier) besonders geeignete persönliche Ein= greifen, bald mehr auf die, in massenhaftem Kapital und größerer Publicität liegenden, und eher von einer Gesellschaft zu er= wartenden Garantien ankommt.

§ 75.

Das Fundamentalgesetz für die gesicherte Wirksamkeit der Banken lautet: daß sie keinen längeren und schwieriger zu realisirenden Credit hinausgeben dürfen, als von ihnen zurück= verlangt werden kann. Keine Art von Unternehmungen greift durch ihren Geschäftsbetrieb so tief in das Verkehrsleben ein, als gerade die Banken, bei welchen sich eine solche Menge von belangreichen wirthschaftlichen Interessen concentrirt. Versäumt nun eine Bank, das richtige Gleichgewicht zwischen Aktiven und Passiven zu erhalten, indem sie letztere zu weit ausdehnt, so mag dies wohl bei ungetrübter allgemeiner Creditlage der Volks= wirthschaft eine Zeitlang ohne Gefährde hingehen. Weckt aber das Bekanntwerden solcher Manipulationen einer Bank Miß= trauen gegen dieselbe oder ist der ganze Credit durch irgend ein Ereigniß schwer betroffen worden, so beginnen die Bankgläubiger ihre Depositen massenhaft zurückzufordern, und die Bank, welche ihrerseits keine Ausstände in entsprechender Weise flüssig machen kann, sieht ihre Solvenz, vielleicht bis zum vollständigen Ban= kerott, erschüttert. Damit werden aber zahllose Fäden durch= schnitten, mit welchen die Existenz anderer Unternehmungen direkt oder indirekt an die Existenz der Bank geknüpft war; jede Unternehmung, welche durch Insolvenz ihrer Schuldner im eignen Bestande gefährdet wird, gefährdet dadurch den Bestand der Unternehmungen ihrer Gläubiger.

Diese möglichen schlimmen Folgen des Bankbetriebes sind am ehesten von den Zettelbanken zu befürchten, d. h. von den Banken, welche den Umfang ihrer Geschäfte durch Emission von Papiergeld ausdehnen. In ihren circulirenden Noten hat die Zettelbank eine stets fällige Schuldigkeit, während es schwierig genug für sie ist, einen gleichen Betrag stets fälliger Forder= ungen zur Notendeckung in Bereitschaft zu halten, ohne auf den mit der Papiergeldemission verbundenen Vortheil zu verzichten; denn dies wäre der Fall, wenn man den Gleichwerth der cir= culirenden Noten stets in baarem Gelde vorräthig hielte. Hält man aber nur einen aliquoten Theil in Baargeld, den andern in verzinslicher Anlage, am besten noch in leichtverkäuflichen Börseneffekten, vorräthig, so droht für den Fall nicht genügender Verwerthbarkeit der letzteren, mangelhafte Realisirung und Entwerthung des Papiergeldes mit allen daran geknüpften üblen Folgen [1]).

Es bezeichnet schon eine hohe Stufe der Entwicklung, wenn eine Volkswirthschaft sich die Vortheile des Bankbetriebes, und namentlich des Zettelbankbetriebes, verschaffen kann, ohne zugleich fühlbare periodische Nachtheile damit auf sich nehmen zu müssen.

[1]) Die Behauptung der namentlich in England vertretenen s. g. Banking-Schule, daß die Zettelbanken, wegen der sonst eintretenden Reaktion des Verkehrs, ihre Noten nicht ins Unbegrenzte vermehren könnten, ist ganz richtig. Allein es wird dabei zu sehr übersehen (und der richtige Einblick hierin ist es, der die Peel'sche Bankakte von 1844 geschaffen hat), wie viel darauf ankommt, ob die ganze Notenmenge, welche der Verkehr äußersten Falles erlaubt, an die Stelle von Baargeld in Circulation getreten ist, oder ob nur $\frac{1}{2}$, $\frac{1}{3}$ oder noch weniger des circulirenden Geldes aus Noten besteht. Notenemission ist, wie jede Creditanwendung, Werthanticipation. Die emittirten Noten haben Baargeld abgelöst, für dessen Betrag ein Mehrwerth von unmittelbaren Gebrauchsgütern bezogen worden ist. Ob dieser Mehrbezug ein reeller war und endgültig bezahlt wird, kann erst die Zukunft lehren; je mehr aber von der überhaupt möglichen Notenmenge wirklich emittirt ist, desto höher steigt offenbar das Risiko der schließlichen Werthdeckung. Bis zum Belaufe des überhaupt möglichen Notenmaximums können die Zettelbanken sicherlich die schlimme Wirkung äußern, die ihnen das Peel'sche System zuschreibt; das von diesem versuchte Heilmittel einer eng limitirten Notenausgabe ist freilich zu maschinenmäßig, um etwas heilen zu können, was der Hauptsache nach doch nur durch die Gesundheit und Intelligenz des Verkehrslebens selbst geheilt werden kann. In den V. St. von Nordamerika sind mit der Expansion des Zettelbankwesens die kecksten Experimente, aber auch die kostspieligsten Erfahrungen gemacht worden; nach der im Sinne größerer Solidität erlassenen Nationalbank-Akte hatten sich bis zum Jahre 1865 nicht

weniger als 584 Banken mit 109 Mill. Dollars Kapital und 66 Mill. Doll. Notenemiſſion gebildet, großentheils an die Stelle früherer Zettelbanken, die ſie in ſich aufgenommen haben.

E. Aſſekuranzen.

§ 76.

Ein Vermögensnachtheil von gegebenem Belaufe kann leicht erträglich werden, wenn eine entſprechend große Anzahl von Einzelwirthſchaften ſich in denſelben theilt, während der nämliche Schaden jede dieſer Einzelwirthſchaften, wenn ſie ihn allein hätte tragen ſollen, ſchwer betroffen, vielleicht vollſtändig ruinirt haben würde. Vermögensnachtheile verſchiedener Art kommen in jeder Volkswirthſchaft unvermeidlich vor: ein Familienhaupt ſtirbt und hinterläßt die Seinigen nicht ausreichend verſorgt, ein Brand zerſtört Gebäude und Mobilien, ein Hagelſchlag oder eine Ueberſchwemmung verwüſtet fruchtbare Ländereien, eine Thierſeuche rafft werthvolle Heerden weg, ein Sturm begräbt Schiffe ſammt Ladungen im Meere — Niemand weiß aber zum Voraus, ob er es ſein werde, den ein ſolcher Unglücksfall betrifft, oder ein Andrer von denen, für welche die Möglichkeit des gleichen Unglücksfalles vorhanden iſt. Das Vernünftigſte für Diejenigen, welchen die gleiche Möglichkeit eines empfindlichen Schadens droht, iſt jedenfalls, daß ſie gegenſeitig für einander einſtehen. Es iſt dies das Prinzip der Aſſekuranz: jeder legt ſich ein ſicheres, aber kleines Opfer auf, um damit einen möglichen, aber großen Verluſt abzuſchneiden. Die Ausführung von Aſſekuranzen (Lebensverſicherungen[1]), Feuerverſicherungen ꝛc.) iſt auf zweierlei Weiſe möglich, entweder dadurch, daß eine Unternehmung die Sache gewerbsmäßig in die Hand nimmt und als Sammelpunkt für die Versicherungsluftigen dient, oder dadurch, daß diese unmittelbar zu einer Creditgesellschaft zusammentreten. Das Aequivalent, welches jeder Versicherte für den ihm eventuell gewährten Schadens= ersatz zu leisten hat, die Prämie, bemißt sich nach der (a priori oder a posteriori ermittelten) Bedeutung des Schadenscein= trittes im Ganzen, verglichen mit der für den einzelnen Ver= sicherten. Je größer die Zahl dieser wird, desto billiger kann die Prämie werden.

Als das ideale Endziel der Assekuranz erscheint jedenfalls, daß die ganze Volkswirthschaft, alle Gefahren in eine verschmelzend, zur einzigen allumfassenden Assekuranz wird. Und sie beginnt dies in der That, auch ohne ausdrückliche Organisation dafür, schon mit den ersten schwachen Keimen ihrer Entwicklung zu werden und wird es immer sicherer und deutlicher, je entschiedener der Kampf ums Dasein den Charakter eines Wettkampfes zu gegenseitiger Bereicherung behauptet.

¹) Der Stand des Lebensversicherungsgeschäftes in Deutschland weist zu Anfang 1866 die Zahl von 280,000 Personen mit 278 Mill. Thlr. Ver= sicherungskapital auf; 1852 waren es erst 47,000 Personen mit 57 Mill. Thlr.

Dritte Abtheilung.
Verkehr und Unterhaltsspielraum.

§ 77.

Bei den Thieren ruft jede über das von Natur absolut gegebene Zusammenwirken, d. h. jede über die Erhaltung der Art an sich gesteigerte Berührung von Individuen, mit Noth=

wendigkeit den vernichtenden gegnerischen Kampf um den Unter=
halt hervor. Nur bei den Menschen ist der Unterhaltsspielraum
durch Eintritt in den genossenschaftlichen Verkehrskampf einer
unbegrenzten Erweiterung fähig.

Mit steigender Verkehrsentwicklung bietet der Unterhalts=
spielraum immer mehr Gelegenheiten zum wirthschaftlichen Empor-
und Fortkommen, aber er verlangt auch stets größere persönliche
Tüchtigkeit, wenn die gebotenen Aussichten von wirthschaftlichem
Erfolge gekrönt sein sollen. Je mehr die Arbeitstheilung steigt,
desto größere Aufmerksamkeit ist erforderlich, um die entsprechende
Arbeitsvereinigung herzustellen; man kann seine Bedürfnisse
immer reichlicher und umfassender befriedigen, allein man wird
in Bezug auf seine Bedürfnißbefriedigung von einer stets größeren
Anzahl von Menschen abhängig. Während so die zunehmende
Verkehrsentwicklung beständig höhere Leistungskräfte und engeres
Aneinanderschließen der Menschen bedingt, bedingen offenbar
diese Faktoren umgekehrt wieder neue Verkehrsentfaltung[1]), die
sich sowohl in der extensiven wie intensiven Lebhaftigkeit der
zwischen den Einzelwirthschaften waltenden Beziehungen geltend
macht; der Güterumlauf wird nicht nur reicher, was die Menge
und Auswahl der circulirenden Waaren anbelangt, sondern auch
energischer und drängender, was die Raschheit der Circulation
betrifft. Zeit ist wirthschaftlicher Werth; rascherer Absatz der
Produkte ermöglicht raschere Befriedigung der vorhandenen Bedürfnisse, und raschere, daher ausgiebigere, Neuproduktion zur
Befriedigung der demnächstigen Bedürfnisse.

Was eine Einzelwirthschaft nicht freiwillig thut, um mit der
der Kulturstufe entsprechenden Bewegung Schritt zu halten, das
legt ihr als Zwang die unerbittliche Concurrenz auf; die Con=
currenz zeigt Jedem, der nicht sehen will, den Weg, welchen er

zu gehen hat. Je vollständiger daher die Concurrenz bei zu=
nehmender Verkehrsentwicklung in allen Zweigen spielt, desto
wohlthätiger wirkt sie, während jedes Zurückbleiben von Angebot
oder Nachfrage auf einem Gebiete nur lähmenden Einfluß äußert.
Es ist schon erschlaffend für den Verzehrer eines Gutes, wenn
er es mit keiner Concurrenz von Verzehrern, sondern nur von
Producenten dieses Gutes zu thun hat, es ist aber noch viel
mehr erschlaffend für den Producenten, wenn er nur Consumenten
aber keine concurrirenden Producenten vor sich sieht; Verbesserung
der Produktion ist die unumgängliche Bedingung alles Fortschritts
in Wirthschaft und Kultur, Nichts aber trägt zu produktionsför=
dernden Entdeckungen und Erfindungen mehr bei als die Con=
currenz, welche den Producenten selber hebt, indem sie ihn für
den Unterhaltsspielraum der Gesammtheit Besseres leisten läßt.

¹) Ein immerhin brauchbares Kennzeichen für das Verhalten des Unter=
haltsspielraumes in dieser Beziehung bietet der Gang des auswärtigen Ver=
kehrs einer Volkswirthschaft. So betrug der Gesammtwerth von Ein= und

Ausfuhr in:	1832			1862		
England	793 Mill. Thlr.,			2606 Mill. Thlr.		
Frankreich	359	„	„	1495	„	„
V. St. von Nordamerika	271	„	„	842	„	„
Oesterreich	157	„	„	389	„	„

Natürlich darf man aus der Steigerung, die hier durchgängig vorliegt,
nicht ohne Weiteres die Proportionen ablesen wollen, in welchen sich bei den
einzelnen Ländern der Unterhaltsspielraum gesteigert hat. So ist diese Pro=
portion ohne allen Zweifel bei den V. St. von Nordamerika, mit ihren
riesenhaften Hülfsquellen für innere Verkehrsentwicklung, viel stärker, als bei
Frankreich, obwohl hier die äußere Verkehrsentwicklung eine etwas größere
Procentziffer hat, als dort. Bei Oesterreich ist nicht zu vergessen, daß die
Handelsbilanz, durch den allmähligen Export alles Baargeldes nach dem
Auslande und Bestreitung der ganzen einheimischen Geldcirculation mittelst
Papiergeld, eine höchst gekünstelte und geschraubte geworden ist.

§ 78.

Eine gesunde Verkehrsentwicklung verlangt nicht nur gehörige Belebung, sondern auch gehörige Beherrschung des Güterumlaufs. Beide sind, wie leicht ersichtlich, ganz verschiedene Dinge. Der Güterumlauf kann durch gesteigerte Produktivität der Volks= wirthschaft eine mächtige Erweiterung erfahren haben und doch keinen entsprechenden Unterhaltsspielraum darbieten, weil die Verkehrsgewandheit der Menschen nicht entsprechend mit der Ausdehnung und Complication des Verkehrsgebietes gestiegen ist. Bei solchem Zurückbleiben droht in jedem Momente eine Ver= kehrskrisis (Handelskrisis, Absatzkrisis, Produktionskrisis), deren wirklicher Ausbruch leicht einen großen Theil der neugeschaffenen Werthe vernichten kann, indem die Produkte, deren Absatz und wirthschaftliche Anwendung unterbleibt, damit der Verlustcon= sumtion (§ 12) anheimfallen. Eine Stockung des Güterum= laufes in dem Sinne, daß es sämmtlichen Gütern an Absatz fehlte, ist allerdings unmöglich, es müßte denn jede Einzelwirth= schaft gerade lauter Dinge producirt haben, welche alle andern nicht gebrauchen könnten; abgesehen von diesem blos imaginären Falle sind aber offenbar die Verkehrsgüter gegenseitig Angebot und Nachfrage für einander, so daß es im Grunde nur die Consumtion ist, welche der Consumtion, und die Produktion, welche der Produktion Verkehrswege eröffnet. Fehlt es daher einzelnen Gütern an Absatz, so beruht dies lediglich darauf, daß der Absatz anderer Güter vergleichsweise zu stark geht. Solche partielle Verkehrskrisen unterliegen im Vorangange der Kultur den erwähnten beiden Einwirkungen, deren eine sie entschiedner herbeizuführen, deren andere sie entschiedner abzuschneiden sucht. Während die Erweiterung des Güterumlaufes an sich, indem sie die Beherrschung des Verkehrsgebietes schwieriger macht, stärkere und häufigere Verkehrskrisen bedingt, bedingt die durch steigende wirthschaftliche Tüchtigkeit an sich leichter werdende Beherrschung des Verkehrs schwächere und seltenere Krisen. Die sichere Bewältigung einer Aufgabe kann erst gelingen, wenn die Aufgabe bestimmt gestellt ist; es darf daher nicht befremden, wenn die Verkehrsgewandtheit zur Beherrschung des Güterumlaufs regelmäßig eher einen Schritt hinter, als einen Schritt vor der jedesmaligen Verkehrserweiterung sein wird. Da es sich hier aber weniger um specifisch neue Aufgaben, als um Grabationen derselben Aufgabe handelt, an welcher man sich beständig übt und stärkt, so wird die Erfüllung der neuen Verkehrsanforderungen successive leichter und die Gefahr möglicher Verkehrskrisen durch den Gang der Kultur im Großen und Ganzen jedenfalls minder bedrohlich gemacht, also der Unterhaltsspielraum zur Befriedigung erweiterter Bedürfnisse besser garantirt.

§ 79.

Bei gesunder Verkehrsentwicklung wird der aus Bevölkerungszunahme hervorgehende nähere räumliche Contakt von Menschen gesteigerte Werthschaffung herbeiführen, während ohne solche Voraussetzung aus Bevölkerungszunahme nur gesteigerte gegenseitige Vernichtungskraft der Menschen hervorgeht (§ 38). Dichtere Bevölkerung kann so, indem sie das Ineinandergreifen der produktiven Kräfte begünstigt, zum positiven Beförderungsmittel des Unterhaltsspielraums werden, während sie gleichzeitig ganz allgemein civilisatorisch fördernd wirkt. Der einzelne Mensch ist ebensowohl kulturempfangend als kulturgebend; je größer daher die Anzahl der einzelnen Kulturträger werden kann, deren jeder seine ausschließliche, wenn auch noch so leicht schattirte, Eigenthümlichkeit hat, desto umfassender und ausgiebiger kann die

Lebensgemeinschaft der Menschheit sich gestalten, indem sie den Charakter des Menschengeschlechtes als eines großen Gesammtindividuums klarer hervortreten läßt. Das Netz des Verkehrs, von einer wachsenden Anzahl von Menschenhänden geknüpft, wirft seine Maschen weiter und weiter über die Grenzen der Nationalität und des Landes hinaus und zieht, indem es alle Volkswirthschaften in einem einzigen gemeinsamen Unterhaltsspielraum als solidarisch erscheinen läßt, die Völker mit zunehmender Stärke aus dem gegnerischen Kampfe in den genossenschaftlichen Kampf hinüber, welcher ihnen ganz andres Lebensgenügen verheißt, als jener, und dessen friedliche Fortdauer um so weniger durch die aus menschlicher und nationaler Unvollkommenheit hervorgehenden Conflikt gefährdet werden kann, je gründlicher die Wohlthaten dieses reichen Unterhaltsspielraums gekostet und gewürdigt sind, und je weiter ebendamit die finstere Naturnothwendigkeiten durch Menschenfreiheit in den Hintergrund gedrängt worden ist.

Viertes Buch.

~~~~~

Das Einkommen.

Erste Abtheilung.
Das Wesen des Einkommens.

§ 80.

Einkommen ist der Inbegriff von Tauschwerthen, welcher einem wirthschaftenden Subjekte innerhalb einer gewissen Periode auf dem Wege selbstständigen Erwerbes zufließt. Dieser Zufluß heißt Ertrag, wenn er anstatt auf das wirthschaftende Subjekt auf das bewirthschaftete Objekt bezogen wird.

Aus dem Einkommen aller Einzelwirthschaften eines Volkes bildet sich das Volkseinkommen, und zwar durch bloße Abbition der Einzeleinkommen, insofern diese nicht in den Verkehr gekommen sind, durch Multiplikation dagegen, insofern sie den Verkehr durchlaufen haben. Man muß das Einzeleinkommen hiernach in ursprüngliches und abgeleitetes unterscheiden. Das ursprüngliche Einkommen einer Einzelwirthschaft ist dasjenige, was sie an eignen Produkten erzielt hat, das abgeleitete aber begreift die fremden Produkte, welche sie als Gegenwerth für

eigne Probukte ertauscht. Ohne Verkehr sieht sich jede Einzel=
wirthschaft lediglich auf die Verzehrung ihres ursprünglichen
Einkommens angewiesen. Mit Hülfe des Verkehrs dagegen kann
die multiplicirende Verwandlung ursprünglichen Einkommens in
abgeleitetes soweit gehen, daß eine größere Anzahl von Einzel=
wirthschaften sogar ihre ganze Bedürfnißbefriedigung nur mit
abgeleitetem Einkommen bestreitet. Jedenfalls wird mit zu=
nehmender Verkehrsentwicklung und dadurch bedingter Multipli=
kation der Größe der Einzeleinkommen ein immer größerer
aliquoter Theil derselben in der Form des abgeleiteten Einkom=
mens zur Consumtion gelangen. Und zwar wird diese Quote
für jede Einzelwirthschaft um so stärker ausfallen, je entbehr=
licher die Rolle ist, welche im Kreise ihrer zu befriedigenden
Bedürfnisse das eigne Produkt spielt.

§ 81.

Eine Erwerbsverzehrung (§ 13), welche stattgefunden hat,
um Einkommen zuwege zu bringen, muß offenbar aus diesem
Einkommen vorweg genommen und dem Stammvermögen der
Wirthschaft wieder einverleibt werden, wenn anders an eine un=
geschmälerte Fortdauer derselben gedacht werden soll. Es steht
also keineswegs alles Einkommen ohne Weiteres zur Bedürfniß=
befriedigung zu Gebote, sondern nur derjenige Theil desselben,
welcher nach Abzug der zur Schaffung des Einkommens erforder=
lich gewesenen Kosten übrig bleibt. Dieser Theil des Einkommens
bildet das eigentliche oder reine Einkommen im Gegensatze
zum ganzen oder rohen Einkommen, welches also außer dem
reinen Einkommen auch noch die Schaffungskosten (§ 48, 100)
in sich begreift. Das reine Einkommen kann ohne Gefährde
des Standes der Wirthschaft vollständig zur Genußconsumtion

aufgebraucht werden. Soll es jedoch zum richtigen Auskommen werden, so ist erforderlich, daß den einzelnen zu befriedigenden Bedürfnissen eine angemessene Reihenfolge und Deckung derart angewiesen werde, daß sich ein entbehrlicheres Bedürfniß nicht auf Kosten eines unentbehrlicheren geltend machen kann. Am wünschenswerthesten für die Wirthschaft ist jedenfalls, wenn der Gang ihrer Genußconsumtion sich so einrichten läßt, daß der Abschluß der Jahresbilanz einen Ueberschuß des Einkommens über das Auskommen gewährt, welcher zur Vermehrung der Stammhabe zurückgelegt werden kann und eine fortschreitende Erweiterung des Kreises der befriedigten Bedürfnisse in bereits unmittelbar gesicherte Aussicht stellt.

§ 82.

Der Inbegriff des reinen Einkommens aller Einzelwirthschaften einer Volkswirthschaft ist gleichbedeutend mit dem reinen Volkseinkommen. Dagegen ist der Inbegriff des rohen Einkommens aller Einzelwirthschaften wesentlich verschieden von dem rohen Volkseinkommen. Um aus ersterer Größe die letztere zu construiren, muß man aus jener alle Posten ausscheiden, welche zwar rohes Einkommen für eine Einzelwirthschaft, aber zugleich reines Einkommen für eine andere Einzelwirthschaft sind. Der Begriff der Schaffungskosten im volkswirthschaftlichen Sinne ist ein ganz andrer, als der im Sinne der Einzelwirthschaft. Jede Einzelwirthschaft rechnet allen von ihr genußlos gemachten Aufwand, dessen Wiederersatz an das Stammvermögen sie aus ihrem rohen Einkommen erwartet, zu den Schaffungskosten. Richtet sich nun, was so häufig der Fall ist, dieser genußlos gemachte Aufwand auf Verkehrsleistungen, welcher für ihre Darbieter ursprüngliches reines Einkommen sind, so beziehen dieſe aus den Beſtandtheilen der Erwerbsverzehrung Anderer offenbar abgeleitetes reines Einkommen [1]). Da nun der höchſte erreichbare wirthſchaftliche Endzweck Bedürfnißbefriedigung durch reines Einkommen iſt, ſo darf man gewiß dieſes Mittel zum Zweck nicht etwas Anderem ſubordiniren wollen, was ſelbſt nur mögliches Mittel zur Erlangung jenes Mittels iſt. Im volks= wirthſchaftlichen Sinne kann zu den Schaffungskoſten nur der= jenige von tauſchwerthen Reſultaten begleitete Aufwand gerechnet werden, welcher vorübergieng, ohne irgend einem Menſchen Be= dürfnißbefriedigung gewährt zu haben.

[1]) In einer Fabrik z. B. wird der Unternehmer diejenige Quote des Jahresertrages, welche den an die Arbeiter gezahlten Löhnen entſpricht, zu ſeinem rohen Einkommen rechnen, während die nämlichen Beträge für die Arbeiter reines Einkommen geweſen ſind.

§ 83.

Alles Einkommen leitet ſeine Entſtehung auf die drei Schaffungsfaktoren Natur, Arbeit und Kapital zurück. Das Kapital repräſentirt das Geſchaffene, die Arbeit das Schaffende, die Natur das zu Schaffende im Produktionsproceß. Ent= ſprechend dieſen drei Schaffungsfaktoren, wird es drei Elementar= zweige des Einkommens geben: den Zins für das Kapital oder die wirthſchaftliche Vergangenheit, den Lohn für die Arbeit oder die wirthſchaftliche Gegenwart, die Rente für die Natur oder die wirthſchaftliche Zukunft. Man kann dieſe drei Zweige aus dem Geſichtspunkte des urſprünglichen oder des abgeleiteten Ein= kommens betrachten. Im erſteren Falle empfindet der Inhaber des Produktionsfaktores deſſen Nutzung unmittelbar in ſeiner Wirthſchaft, während im zweiten Falle die Einkommenzweige als die im Verkehr gezahlten Preise für die Nutzungen der Produktionsfaktoren erscheinen.

Zu diesen drei Elementarzweigen des Einkommens, welche für die Wirksamkeit der einzelnen Produktionsfaktoren im Schaffungsprocesse erfließen, gesellt sich noch eine vierte Vertheilungsform des Einkommens. Die Ergiebigkeit der volkswirthschaftlichen Schaffung hängt von der Herstellung der örtlichen und zeitlichen Einheit der Produktionsfaktoren im Schaffungsprocesse ab. Dies geschieht durch die Unternehmung (§ 19), deren Gewinn als besondrer Einkommenzweig für die Combination der einzelnen Produktionsfaktoren zur Wirksamkeit im Schaffungsprocesse zu betrachten ist.

Zweite Abtheilung.

Die Zweige des Einkommens.

1. Hauptstück.

Der Zins.

§ 84.

Wer Resultate früherer Produktion der Kapitalanwendung widmet, bringt damit ein zweifaches Opfer. Einmal durch den Verzicht auf sofortige Genußconsumtion und sodann durch das Risiko, welches die Vermögenstheile bei der Anwendung laufen. Der Schöpfer wirthschaftlicher Güter, welcher kraft dieses Titels als Eigenthümer unbeschränkt darüber verfügt, wird das zwei=

fache Opfer der Kapitalanwendung nur gegen entsprechende Vergeltung bringen. Diese Vergeltung, der Zins, liegt in dem Mehrertrage, welchen der Produktionsproceß dann liefert, wenn er, anstatt bloß durch Natur und Arbeit, unter Zuhülfenahme von Kapital vorgenommen wird. Wendet der Eigenthümer sein Kapital selbst als Unternehmer an, so ist der ihm zufließende Zins in dem Gesammtertrage seiner Unternehmung als ursprüngliches Einkommen enthalten. Räumt er dagegen vermöge des Credites die Anwendung seines Kapitals einer andern Einzelwirthschaft ein, so erscheint der Zins in der isolirten Gestalt des abgeleiteten Einkommens als ausbedungene Abgabe von dem Gesammtertrage dieser andern Einzelwirthschaft. Diese Abgabe, d. h. der Preis der Kapitalnutzung, wird, auf die Dauer, wie in jedem einzelnen Falle, durch das unmittelbare Eingreifen von Nachfrage und Angebot bestimmt. Allein auch bei Selbstbenutzung steht die Höhe des im Gesammtertrage einer eignen Unternehmung enthaltnen Zinses, wenn auch nur mittelbar, so doch ganz gleichmäßig unter dem Einflusse der Concurrenz auf dem Kapitalmarkte, und dies um so mehr, da ja jedem Unternehmer fortwährend die Aussicht winkt, bald mit Nachfrage, bald mit Angebot von Kapital den Markt zu betreten.

§ 85.

Von Seiten der Nachfrage wird die oberste Grenze des Zinses durch das äußerste Maß vom Gebrauchswerth des Kapitals und Zahlungsfähigkeit für das Kapital bei den Kapitalbedürftigen bestimmt. Um den Einfluß der Nachfrage auf die Zinshöhe richtig zu beurtheilen, muß man bedenken, daß Kapitalanwendung nicht nur zu produktiven, sondern auch zu consumtiven Zwecken erfolgen kann.

a) Wird Kapital durch den Benutzer auf die volkswirth=
schaftlich wünschenswerthe Weise, d. h. produktiv, angewendet,
so treffen Gebrauchswerth und Zahlungsfähigkeit in letzter Linie
in dem einen Ausdrucke: — Produktionserfolg der Unternehm=
ung — zusammen. Gäbe es keine entfremdende, sondern blos
diese produktive Kapitalanwendung, so würde die oberste Zins=
höhe in diesem einen scharfbestimmten Ausdrucke gegeben sein;
denn offenbar giebt es über den Punkt des wirthschaftlichen Er=
folges hinaus, der sich mit Hülfe eines Kapitales erzielen läßt,
also über die Preissumme der Produkte, weder Gebrauchswerth
dieses Kapitals, noch Zahlungsfähigkeit für dieses Kapital.

b) Die entfremdende Kapitalanwendung zu Zwecken der
Genußconsumtion wird zwar auch durch den Gebrauchswerth
des nachgefragten Kapitals und die Zahlungsfähigkeit für das=
selbe bestimmt, allein es läßt sich hier für diese beiden Faktoren
keine feste Grenze finden, die mit wirthschaftlichem Fortbestehen
vereinbar wäre; die äußerste Grenze, wo diese Faktoren aufhören
müssen sich geltend zu machen, ist vielmehr erst der vollständige
wirthschaftliche Ruin, bewirkt durch vollständige Zerstörung alles
nationalen Kapitals. In einer überhaupt lebensfähigen Volks=
wirthschaft wird es nie bis zu diesem Punkte kommen, immerhin
aber muß jede Volkswirthschaft sich gefallen lassen, daß die
Zinshöhe über den Satz hinaus gesteigert wird, welcher ihr
sonst durch die bloß produktive Kapitalanwendung angewiesen
würde, da ganz unvermeidlich Fälle wirthschaftlicher Bedürfnisse
vorkommen, die zur Kapitalzerstörung für Zwecke der Genuß=
consumtion nöthigen.

§ 86.

Von Seiten des Angebotes, welches die unterste Grenze des Zinses bestimmt, wird mindestens auf eine Zinshöhe gehalten werden, die das zweifache Opfer der Genußverschiebung und Werthgefährdung aufwiegt und ein diesen beiden Momenten adäquates reines Einkommen liefert. Beide Momente sind gleich unerläßlich für das Verhalten des Angebots von Kapitalien, denn mit der Kapitalanwendung verzichtet man nicht nur auf die sofortige, sondern auch auf die sichere Bedürfnißbefriedigung, die man mittelst der gegebenen Vermögenswerthe in Händen hat. Freilich verhalten sich beide Momente darin wieder verschieden, daß der Ersatz für den Verzicht auf sofortige Bedürfnißbefriedigung, welcher im Zinse liegt, unbedingt reines Einkommen ist, der Ersatz für den Verzicht auf sichere Bedürfnißbefriedigung dagegen nur bedingt. Dem Verzichte auf eine sofortige Genußconsumtion von gegebener Größe entspricht der Ersatz einer späteren Genußconsumtion von gesteigerter Größe. Dem Verzichte auf eine zwar sichere, aber nur einmalige Genußconsumtion, entspricht der Ersatz einer zwar nur wahrscheinlichen, aber dafür nachhaltigen Genußconsumtion. Die Aussicht auf wahrscheinliche Nachhaltigkeit wird bei der Kapitalanwendung der mit einmaligem Genusse verbundenen sichern Vergänglichkeit vorgezogen, und wenn daher auch mit allem Fuge jeder im Kapitalzinse erfolgende Ersatz für besondre Kapitalgefährdung zum rohen Einkommen zu rechnen ist, so muß ebensogewiß das Zinselement für die allgemeine Gefährdung, welche jedes Kapital in der Volkswirthschaft läuft und welche in der gewonnenen Aussicht auf Nachhaltigkeit ihre Compensation findet, zum reinen Einkommen gerechnet werden.

Unter das durch Genußverschiebung und allgemeine Werth=
gefährdung bedingte reine Einkommen kann die Zinshöhe nicht
sinken, weil sonst die Motive zum Kapitalangebot fehlen und
an dessen Stelle Kapitalzerstörung zum Zwecke momentan er=
weiterter Genußconsumtion tritt.

§ 87.

Die besondere Gefahr, die ein Kapital bei seiner Anwendung
läuft, muß durch eine Assekuranzprämie aufgewogen werden,
welche der Wahrscheinlichkeit des Kapitalverlustes proportional
ist. Ebenso ist ein besonderer Ersatz erforderlich, wenn mit
Gewißheit eine aus der Beschaffenheit des Kapitals folgende Ver=
schlechtung desselben bei der Anwendung eintritt. Zieht man
diese, als Kapitalersatz zu betrachtenden und lediglich zur Re=
stituirung an das ursprüngliche Stammvermögen bestimmten, Be=
standtheile einer Zinszahlung von derselben ab, so bleibt der
reine oder wirkliche Zins übrig, der bei freiem Walten der Con=
currenz für jede mögliche Kapitalanwendung von gleicher Höhe
sein muß. Es kann immer nur einen einzigen wirklichen landes=
üblichen Zinsfuß geben. Denn wenn sich ein Kapital in seiner
Anwendung besser oder schlechter verzinst, als dies bei andren
Kapitalanwendungen der Fall ist, so wird jener Anwendung
unausbleiblich solange entweder Kapital zufließen oder von ihr
abfließen (§ 49) bis keine Zinsdifferenz mit andren Anlags=
gelegenheiten mehr besteht. Eine dauernd verschiedene Verzinsung
von verschieden angelegten Kapitalien wäre nur dann ins Auge
zu fassen, wenn ihrem freien Ab= und Zufließen Hemmungen
entgegenstehen. Dies kann sowohl in künstlichen, durch Sitte
oder Gesetz bedingten, als auch in natürlichen, aus der Be=
schaffenheit der Kapitalien resultirenden, Ursachen liegen. In

letzterer Hinsicht ist besonders hervorzuheben, daß die festen Kapitalien, namentlich wenn es sich um ihre Herausziehung aus einem Zweige der Anwendung handelt, weit schwerer zur Zins=ausgleichung geeignet sind, als die umlaufenden Kapitalien. Das umlaufende Kapital, welches in einem Unternehmungs=zweige angelegt wird, befindet sich, seiner Eigenthümlichkeit ge=mäß, am Ende jeder Geschäftsepoche wieder vollständig verfügbar in den Händen des Unternehmers, läßt also die freieste Trans=ferirung zwischen verschiednen Unternehmungen zu. Das feste Kapital dagegen ist weit schwerfälliger, nicht nur seiner beliebigen Herstellung nach, sondern vor Allem, weil es ja immer nur mit einem Theile seines Werthes im Gesammtertrage einer Geschäfts=epoche enthalten und deßhalb nicht so beliebig herausziehbar ist. Das umlaufende Kapital einer Unternehmung nimmt daher von dem gesammten reinen Zinsertrage seinen landesüblichen Zins vorweg und läßt alles Uebrige, sei es Gewinn oder Verlust, dem festen Kapital. Kann dieses daraufhin nicht vermehrt oder zurückgezogen werden, so wird sein Werth dadurch auf die Dauer entsprechend erhöht oder vermindert sein. Ist dieser Fall aber eingetreten und die durch Gewinn oder Verlust (§ 99) veränderte Kapitalhöhe gehörig in Rechnung gebracht, so liefert auch hier wieder das Kapital nur den in Wirklichkeit für alle Kapitalien gleichen landesüblichen Zins.

§ 88.

Dem Kapitalzins wohnt ein Gravitationsgesetz inne, kraft dessen er in jeder fortschreitenden Volkswirthschaft stetig nach Selbstvernichtung strebt. Je höher er steigt, desto tiefer muß er ebendeßhalb nachher sinken, gerade wie ein Stein mit um so größerer Geschwindigkeit auf den Boden zurückfällt, mit je größerer

Geschwindigkeit er emporgeschleudert worden war. Die Erzielung von Zins setzt eine fruchtbare Anwendungsgelegenheit des Kapitals voraus. In dem Maße nun, wie sich das Kapital einer solchen Gelegenheit gegenüber fruchtbarer erweisen kann, wird die Zins= höhe steigen können, wird aber zugleich, gerade wegen der stärkeren Ergiebigkeit, neue Kapitalvermehrung in Aussicht stehen, die dann concurrirend auf die Zinshöhe des schon vorhandenen Kapitales drückt. Jede neue erfolgreiche Kapitalanwendung ist die Ursache neuer Kapitalschaffung. Für jedes neu geschaffene Kapital besteht aber nur dann selbstständige Zinsmöglichkeit, wenn sich auch neue Anwendungsgelegenheit für dasselbe darbietet. Fehlt sie, und hilft das fort und fort neu zuströmende Kapital das alte Kapitalangebot verstärken, so muß folgerichtig Herab= sinken des Zinsfußes auf Null eintreten, wobei Diejenigen, welche ihr Kapital nicht selbst anwenden und es auch nicht in eine von ihnen beliebig aufbewahrbare Form bringen können, sich mit der bloßen Erhaltung ihres ausgeliehenen Kapitals in der Repro= duktion begnügen. Dieser äußerste Fall, dessen Eintritt in keiner Volkswirthschaft durch noch so beträchtliche Aufbrauchung von Kapital zu unmittelbaren Genußzwecken und zu übertrieben ge= wagten Spekulationen aufgehalten werden und der, einmal ein= getreten, jedenfalls lange fortbestehen könnte, kommt in Wirk= lichkeit nicht zum Ausdrucke, sondern wird immer wieder hinaus= geschoben, weil der voranschreitende Charakter einer gesunden Volkswirthschaft sich ja in fortwährender Darbietung neuer Anwendungsgelegenheiten von Kapital offenbart. Jede solche Gelegenheit ist die Erlöserin aus den extremen Zinsnöthen, die jede frühere Gelegenheit unvermeidlich über die Kapitalisten bringen würde, wenn sie isolirt bestehen bliebe. Da nun aber die Anwendungsgelegenheiten des Kapitals nicht regelmäßig, sondern in oft recht unregelmäßigen Uebergängen auf einander folgen, so wird die sinkende Tendenz des Zinsfußes sich auch oft genug fühlbar machen.

2. Hauptstück.

Der Lohn.

§ 89.

Lohn ist der Betrag an wirthschaftlichen Gütern, den Jemand für die von ihm geleistet werdende Arbeit erhält.

Die wirthschaftliche Arbeit, welche Einer dem Andren leistet, hat wie jedes tauschwerthe Gut ihren Preis, der durch Nachfrage und Angebot regulirt wird und den Lohn in der Form des abgeleiteten Einkommens erscheinen läßt. Leistet der Arbeiter sich unmittelbar selbst wirthschaftliche Arbeit, so erscheint der Lohn in dem erzielten eignen Produkte als ursprüngliches Einkommen, dessen Höhe, abgesehen von dem in einem Gesammtertrage enthaltnen Unternehmergewinn (§ 98), begreiflichweise keine andre sein kann, als die Höhe des gleichartigen und nur in der äußerlichen isolirten Gestalt des Preises erscheinenden Lohnes.

Verschiedenartige Arbeiten bedingen natürlich auch verschiedne Lohnhöhen. Und zwar sind es drei Ursachen, welche verschiedne Lohnhöhe in den einzelnen Berufsarten herbeiführen können:

a) Die Fähigkeit und Zuverlässigkeit, die sich bei einer Berufsübung geltend macht. b) Das Wagniß, welches mit Uebernahme eines Arbeitszweiges in Betreff der Sicherheit seiner Vergütung verbunden ist. c) Die Annehmlichkeit oder Unannehmlichkeit, welche eine Beschäftigung mit sich bringt.

12*

Durch das Zusammenwirken dieser Ursachen können die Löhne auf das Mannichfaltigste modificirt werden, immer aber leitet die Bestimmung der Lohnhöhe auf Nachfrage und Angebot zurück. Die Nachfrage, gestützt auf den Gebrauchswerth, welchen die Arbeit den Arbeitskäufern gewährt und auf ihre Zahlungs= fähigkeit für die Arbeit, bestimmt das Maximum, das Angebot, gestützt auf die Schaffungskosten der Arbeit für die Arbeiter, bestimmt das Minimum des Lohnes.

§ 90.

Der Lohn unterscheidet sich von den andern Einkommen= zweigen darin sehr wesentlich, daß er in dem engsten Causalnexus mit der menschlichen Persönlichkeit steht, der menschlichen Persön= lichkeit, die ohne Entartung ihrer selbst niemals, wie Boden oder Kapital, verkäufliches wirthschaftliches Objekt sein kann, sondern das alleinige Subjekt alles Wirtschaftens ist und bleibt.

Eine Lohngröße von gegebenem Tauschwerthe repräsentirt zwei ganz verschiedne Größen, je nachdem man sie vom Stand= punkte des Lohngebers oder des Lohnempfängers betrachtet. Die erstere, der Geberlohn, ist das Aequivalent, welches für einen gewissen Arbeitseffekt von dem zu leisten ist, der über die Früchte der Arbeit verfügen will. Die zweite, der Empfängerlohn, ist die Sättigungscapacität des Tauschwerths der Arbeit für die Bedürfnisse dessen, der davon leben soll. Beide Größen können sich offenbar ganz unabhängig von einander ändern. Beide Größen können allerdings gegenüber von andern Werthen in der Volkswirthschaft hoch oder niedrig sein; damit ist jedoch wenig genug gesagt. Aber es kann auch der Geberlohn hoch sein, während der Empfängerlohn niedrig ist, oder ersterer niedrig, während letzterer hoch ist. Und in diesem Verhalten liegt die

wahre wirthschaftliche Bedeutung des Arbeitslohns [1]). Höher
Geberlohn bei niedrigem Empfängerlohn ist eine mangelhafte
Erscheinung. Sie deutet auf Zustände, bei welchen die Noth=
wendigkeit die Freiheit stark beherrscht, bei welchen die Arbeit
noch wenig entwickelt ist. Die Kulturentwicklung ist gleichbe=
deutend mit fortwährender Arbeitsentwicklung; auf jeder Kultur=
stufe wird es daher latente Arbeit geben, d. h. mögliche Arbeit,
die aber noch nicht zur Wirklichkeit gelangt ist. Jede höhere
Kulturstufe entbindet mehr latente Arbeit, indem sie die individuelle
Leistungskraft der Menschen größer werden läßt. Leistet aber
die Arbeitskraft eines Menschen mehr als vorher, so eröffnet sich
in diesem Mehrbetrage eine Quelle, die es einerseits dem Arbeits=
käufer gestattet, die von ihm nachgefragte Arbeit billiger zu er=
halten, anderseits aber dem Arbeitsverkäufer die Gelegenheit
bietet, seine Arbeit höher zu verwerthen. Das Gesetz der
Kulturentwicklung bringt es mit sich, daß der Geber=
lohn immer niedriger, der Empfängerlohn immer
höher wird [2]).

[1]) Der eigentliche Schwerpunkt aller Volkswirthschaft ist der Berührungs=
punkt von Geberlohn und Empfängerlohn. Die Wissenschaft darf an der
Wahrheit, daß diese beiden durchaus verschiedne Dinge sind, nicht vorbei=
gehen, und sich keineswegs mit dem generellen Ausdrucke „Arbeitslohn" be=
gnügen. In der Beachtung des Verhaltens von Geberlohn und Empfänger=
lohn liegt der Schlüssel zur Beantwortung der s. g. socialen Frage.

[2]) Trotz aller Lückenhaftigkeit des bis jetzt zu Gebote stehenden Materials
darf doch als völlig ausgemacht gelten, daß bei den Kulturvölkern das Ein=
kommen der Arbeiter sich fortwährend verbessert hat. In England konnte
die gewöhnliche Taglöhnerarbeit ein Quarter Weizen verdienen: zur Zeit der
K. Elisabeth in 48 Tagen, im 17. Jahrh. in 43 Tagen, in der ersten Hälfte
des 18. Jahrh. in 32 Tagen, seit 1815 günstigen Falles sogar in 19 Tagen
(Hildebrand). Während der 2. Hälfte des 17. Jahrh. betrug der ge=

wöhnliche Lohn des landwirthschaftlichen Arbeiters 4 Schillinge wöchentlich, stieg aber in einzelnen Landestheilen und während der Sommermonate auf 6—7 Schill.; dieser äußerste damalige Satz würde im jetzigen England für geradezu elend gelten, der Wochenlohn beträgt jetzt 12, 14 bis 16 Schill. Nach dem großen Durchschnitte der einzelnen Zweige betrug der Geldlohn in der Manufakturindustrie Englands 1685 nicht mehr als die Hälfte des jetzigen, während doch kaum eines oder das andere von den Unterhaltsmitteln der Arbeiter damals nur halb so wohlfeil wie jetzt war; wohlfeiler waren Bier und Fleisch, kaum geändert hat sich Weizen, dagegen waren damals sogar theurer: Salz, Kohlen, Lichter, Seife, Kleidungsstücke aller Art (Macaulay). Ein Londoner Bauhandwerker erhält zur Zeit 12—15 Thlr. Wochenlohn. Nach der kursächsischen Polizeiordnung von 1651 erhielt eine Köchin 5—8, eine Hausmagd 3—4 Thlr. Jahreslohn; hundert Jahre später erhielt am Mittelrhein eine „excellente" Köchin 10, eine Hausmagd 6 Thlr.; jetzt sind die entspr. Löhne von 40, resp. 24 Thlr. in Deutschland schon etwas sehr häufiges und lange nicht die höchsten Löhne für solche Dienstboten. Der Lohn eines Maurer= oder Zimmergesellen war vor etwa 100 Jahren in Leipzig 9 Ngr. und ist jetzt doppelt so hoch. Der Lohn in der Baumwoll= weberei, die jetzt wesentlich die Bedeutung der Leinweberei im vorigen Jahrh. hat, ist mehr als das Doppelte von dem, was diese damals gewährte. Aehnlich in den übrigen vergleichbaren Zweigen der Manufakturindustrie. Der Geldlohn eines Leipziger Taglöhners, der um 1763 nur 5 Ngr., 1853 aber 12½ Ngr. war, konnte kaufen (Biedermann):

um 1763			um 1853	
10⁶⁄₁₂	Pfund Kornbrod,		16¼	Pfund,
²⁄₃	Kannen Butter,		³⁄₄	Kannen,
¹⁄₂	Schock Eier,		³⁄₄	Schock,
2	Pfund Rind= oder Hammelfleisch,		3²⁄₄	Pfund,
3¹⁄₃	„ Schweinefleisch,		2¹⁄₃	„
3²⁄₃	„ Kalbfleisch,		5	„

§ 91.

Nachfrage und Angebot haben auf die Dauer nur dasselbe Interesse bei Gestaltung des Lohnfußes [1]) der Arbeit.

Von den beiden Faktoren Gebrauchswerth und Zahlungs=
fähigkeit auf Seiten der Nachfrage spricht sich der erstere, insofern
der durch die betreffende Arbeitshülfe erzielte Produktionserfolg
aus tauschwerthen Gütern besteht, in deren Tauschwerth selbst
auf das Bestimmteste aus; wird die Arbeit dagegen zur Her=
stellung eines nur für sofortige Genußconsumtion des Arbeits=
käufers geeigneten, also nicht weiter tauschwerthen, Produktions=
erfolges angewendet, so hüllt sich der Gebrauchswerth der Arbeit
für den Käufer in den weitern Rahmen des Gebrauchswerthes,
welchen das durch die Arbeit producirte Gut nach subjektiver
Schätzung für die Käufer hat, verliert aber, bei dieser Be=
schränkung auf bloßen Affektionswerth, jede durchgreifende volks=
wirthschaftliche Bedeutung. Die Zahlungsfähigkeit für Arbeit
hängt bei tauschwerthem Produktionserfolge ebenfalls von diesem
Tauschwerthe ab, wenn auch nicht immer in jedem einzelnen Falle,
davon allein. Es kommt vielmehr hierbei, wie überhaupt bei
aller Arbeitsnachfrage, jederzeit in Betracht, wieviel Kapital
und, beziehungsweise, Einkommen in der Volkswirthschaft zum
Austausche gegen Arbeit verfügbar ist. Im Großen und Ganzen
freilich wird dieser Betrag selbst wieder vom Produktionserfolge
der Arbeit in der Volkswirthschaft abhängen (§ 38), und es ist
daher in entscheidender letzter Linie der Gebrauchswerth der Ar=
beit, oder, wie schon erwähnt, die Leistungskraft der Arbeiter,
was die Nachfrage zur Leistung entsprechenden Geberlohnes be=
fähigt und veranlaßt.

Dieser Geberlohn wird nur dann zum entsprechenden Em=
pfängerlohn, wenn das Angebot sein Auftreten demgemäß ein=
richtet. Angeboten kann Arbeit nur insoweit werden, als den
Arbeitern ihr Lebensunterhalt befriedigt wird. Diese Befriedigung
kann eine mehr oder weniger genügende sein, und je nachdem

wird auch das Arbeitsangebot ausfallen. Der Geberlohn wird
für einen bestimmten Arbeitseffekt verabfolgt. Für den Empfängerlohn kommt es darauf an, von wieviel Arbeiterpersönlichkeiten dieser bestimmte Arbeitseffekt geleistet wird. Jeder Arbeiter
ist seines Lohnes werth. Und ganz natürlich wird daher die im
Lohn erfolgende Vergeltung des Arbeitswerthes um so geringer
ausfallen, je stärker die Arbeiterzahl ist, welche angewendet werden
muß, um einen Arbeitseffekt von gegebener Größe fertig zu
bringen, weil ja damit jeder angewendete individuelle Arbeits-
werth um so geringer ausfällt. Es besteht eine lebendige Wechselwirkung zwischen der Lohngröße, die ein Arbeiter als Einkommen
erhält, und seiner Leistungskraft zur Arbeit. Eine in Folge
geringen Empfängerlohns zu wenig genügende Bedürfnißbefriedigung lähmt ebensowohl den Fleiß des Arbeiters, wie sie
seine Tüchtigkeit schwächt, hält also seine ganze Leistungskraft
nieder. Geringe Leistungskraft aber vermag wiederum keinen
hohen Lohn zu erringen, da sie zur Folge hat, daß viele un-
kräftige Arbeiter das Aequivalent eines zu leistenden Arbeits-
effektes einander gegenseitig schmälern. Der niedrigste Punkt,
bis zu welchem der Empfängerlohn hiernach überhaupt sinken kann,
ist das Maß des Unterhaltsbedarfs, welches den Lohnempfängern
die Fristung ihres Daseins eben noch gestattet. Gegen ein Sinken
unter diesen Punkt findet ein zu starkes Angebot in sich
selbst lediglich Heilung, indem entweder voreiliger Tod einen
Theil der Arbeiterbevölkerung hinrafft, oder Beschränkung des
Fortpflanzungstriebes den ergänzenden Nachwuchs der Arbeiterbevölkerung minder zahlreich ausfallen läßt.

[1] Es erscheint dringend nöthig, nach Analogie des Wortes Zinsfuß,
auch für die andren Einkommenzweige präcisere Benennungen zu haben,
welche das Verhältniß zwischen einer Einkommengröße und der ihr zu Grunde

liegenden Einheit des betr. Produktionsfaktores ausdrücken; sonst giebt es immer von Neuem wieder Confusionen, wenn von der veränderten Höhe eines Einkommenzweiges die Rede ist. Unter Lohnfuß wird man demnach, wenn von der offenbar angemessensten Normaleinheit ausgegangen wird, diejenige Lohngröße zu verstehen haben, welche auf die Tagesarbeit eines Mannes fällt, der, was Körperstärke und geistige Anlage, Schulkenntnisse und Fleiß betrifft, als Durchschnittstypus der großen Masse der jeweiligen Bevölkerung betrachtet werden kann.

§ 92.

Die volkswirthschaftlich wünschenswerthe Gestaltung des Arbeitslohns kann nur dann erwartet werden, wenn Nachfrage und Angebot von Arbeit einander im eigenen wohlverstandenen Interesse entgegenkommen. Soll die Arbeiterbevölkerung nicht auf dem Wege des Elends, sondern auf dem Wege des Wohlseins ihren Lebensunterhalt finden, so gehört hierzu jedenfalls vor Allem ein Auftreten des Angebotes, welches in erster Linie nicht sowohl auf Vermehrung, als auf Verbesserung der Arbeiterpersönlichkeiten gerichtet ist. Allein damit das Streben des Angebotes kein vergebliches bleibe, muß die Nachfrage ihr Ziel dahin richten, möglichst hohe individuelle Arbeitslöhne zu bezahlen, um hierdurch im Ganzen doch nur die für sie möglichst wohlfeile Arbeit zu kaufen. Für Nachfrage und Angebot handelt es sich gleichmäßig darum, daß latente Arbeit entbunden werde, deren Mehrertrag dann beiden zu Gute kommt. Dies kann aber nicht geschehen, wenn die Arbeiterbevölkerung unter der Wucht aufreibender Entbehrungen gebeugt ist, sondern nur dann, wenn reichlicher Lebensunterhalt eine Pflege und Steigerung der Persönlichkeit gestattet, woraus nicht nur erhöhte Leistungskraft der Arbeit entspringt, sondern auch eine Anschauung und Bethätigung des Lebens, welche sich selbst mit ihrer gesteigerten wirthschaft=

lichen Wohlfahrt der Ausübung des Fortpflanzungstriebes nicht mehr blindlings preisgeben mag (§ 42). Gute entgegenkommende Behandlung der Arbeiter Seitens der Nachfrage ist aber nicht blos vom Standpunkt der Humanität, sondern von dem des eigensten Interesses der Arbeitskäufer förmlich geboten. Jeder Schritt, den ein Arbeitskäufer mit gehöriger Umsicht in diesem Sinne thut, giebt ihm einen Vorsprung vor seinen Concurrenten und nöthigt diese, ihm nachzufolgen, wenn sie nicht die Concurrenz= fähigkeit verlieren wollen [1]).

[1]) In der Fabrik von J. Dollfuß zu Mühlhausen wurde 1866 die Arbeitszeit (bei gleichbleibendem Lohne) von 12 auf 11 Stunden herabgesetzt. Es ergab sich darauf (außer Ersparung von 2000 Franks an Heizung und Beleuchtung in 14 Tagen) ein Ueberschuß von 1³/₂ % gegen den früheren Produktionserfolg.

3. Hauptstück.

Die Rente.

§ 93.

Rente ist die Bezahlung des endlichen Raumes in der unendlichen Natur. Das wirthschaftliche Walten der Natur äußert sich am Erdboden; von allen Naturfaktoren kann lediglich das, was an und in dem Boden vorhanden ist, Tauschwerth erlangen (§ 20). Als endlich im Sinne des Verkehrs erscheint der Bodenraum dadurch, daß ein concreter Bestandtheil desselben zwar von mehreren Einzelwirthschaften zugleich begehrt, aber offenbar nicht von mehreren Einzelwirthschaften zugleich aus= schließlich besessen werden kann. Die Vertheilung des endlichen

Raumes auf der Erde unter die Einzelwirthschaften zu festem Eigenthum ist unumgänglich für das Gedeihen des Verkehrslebens. Sowie in Folge einer entsprechenden Bevölkerungsmenge der Raum als endlich erscheint, ist gar keine geregelte wirthschaftliche Bethätigung mehr denkbar ohne Bodeneigenthum. Wie kann man Getreide erzielen oder Häuser bauen, wenn man nicht des Bodens sicher ist, wie kann man ein Gewerbe treiben oder sich irgendwelcher wirthschaftlichen Verrichtung hingeben, wenn man keinen Augenblick auf den Ort zählen darf, wo man sich befindet? Einzig und allein bei Bestehen von Bodeneigenthum, kraft dessen jedes Stück Erdboden einer bestimmten Einzelwirthschaft derart gehört, daß alle andren Einzelwirthschaften an diesem bestimmten Stücke, beziehungsweise seinen Früchten, nur in geordneter Weise, gegen frei bedungene Verkehrsleistungen participiren können, ist eine Volkswirthschaft möglich, welche den Kulturzielen ihrer Bevölkerung gerecht wird. In welcher Art und Weise sich ein einmal eingetretener Zustand des Bodeneigenthums auch fortsetzen mag, sei es durch Erbgang, Kauf, Schenkung oder sonstwie, so wird doch jederzeit genau in dem Maße, wie die Concurrenz um Boden es mit sich bringt, dem Bodeneigenthümer als solchem in der Rente seines Bodens vom Gesammtprodukte der Volkswirthschaft ein Ertragsantheil zufließen, den diese als Tribut dafür bezahlt, daß das Privateigenthum dem Boden seine wirthschaftliche Produktivität überhaupt erst erfolgreich zu entfalten gestattet (§ 103).

· Ob die Rente in dem eigenen Unternehmungsertrage des selbstwirthschaftenden Bodeneigenthümers enthalten ist, oder, im Falle der Verpachtung des Bodens, in der isolirten Gestalt des abgeleiteten Einkommens als Pachtpreis erscheint, ist für die Höhe der Rente einerlei. Was für letzteres gilt, gilt auch für ersteres.

§ 94.

Die Nachfrage nach Boden wird in ihrer Einwirkung auf die Höhe der Rente durch das jedesmalige Vorhandensein von Kapital und Arbeit beeinflußt, auf die Dauer aber lediglich durch den Erfolg der Bodenproduktion, wie er sich in den Preisen der Bodenprodukte ausspricht, bedingt, weil auch das dauernde Vorhandensein von Arbeit und Kapital hiedurch bedingt wird. Und hinwiederum wird der Inhalt (die Substanz) der Grund= stücke mehr und mehr zu Kapital, so daß am Ende das Angebot der Grundstücke nur in Hinsicht auf den Raum als ein von Natur allein Gegebenes betrachtet werden kann. Es besteht nun hierbei weder, wie beim Kapital, die Möglichkeit, Bestandtheile des angebotenen Objektes anderweitig aufzubrauchen, noch, wie bei der Arbeit, die Voraussetzung fortwährender Auslagen, damit ein angebotsfähiges Objekt vorhanden sei. Die Grundeigenthümer können weder neuen Raum schaffen, noch alten Raum vernichten; der von Natur einmal existente Boden läßt weder Vermehrung ¹) noch Verminderung zu. Das Angebot von Boden kann spon= taner Weise weder ein Sinken der Bodenrente herbeiführen, noch ein begonnenes Sinken aufhalten. Es giebt kein von Seite des Bodenangebotes diktirtes Minimum der Rente; dieselbe kann auf Null herabgehen, ja selbst negativ ausfallen, während doch das Angebot von Grundstücken fortdauert. Unter diesen Um= ständen ist es die, in letzter Instanz nur durch den Tauschwerth der Bodenprodukte bedingte, Nachfrage nach Boden allein, welche die Höhe der Rente bestimmt. Vergilt der Preis der Boden= produkte nicht mehr als die zu ihrer Herstellung aufgewendeten Kapitalzinsen und Arbeitslöhne, so kann es keine zur Zahlung einer Rente fähige Nachfrage für den betreffenden Boden geben.

In dem Maße dagegen, in welchem die Bodenprodukte höhere Preise erzielen, wird der Boden Rente abwerfen.

¹) Wenn man in Betracht zieht, daß (was uns ja andeutungsweise schon jetzt jedes Bergwerk, jeder Tunnel, Keller ꝛc. zeigt) das Volumen der Erde durch Herausschaffung von Substanzen aus dem Innern nach der Oberfläche allmählig größer wird und damit die einzelnen Grundstücke peripherisch vergrößert werden, so ist dies selbstverständlich keine Schaffung neuen Raumes, sondern Ausfüllung bereits vorhandenen Raumes; die Winkel, unter welchen die Radien vom Erdmittelpunkte nach den Grenz= punkten eines Grundstückes laufen, bleiben unabänderlich dieselben, mögen die Radien noch so groß werden.

§ 95.

Die Ergiebigkeit der Grundstücke kann sich sowohl auf die Beschaffenheit des Bodenraumes als auch auf die der Boden= substanz beziehen, und in beiderlei Hinsicht muß man wohl beachten, daß der von Natur allein vorhandene Bodenraum ursprünglich auch von Natur allein mit Bodensubstanz ausgefüllt ist, daß aber diese Substanz allmählig unter den Händen der Menschen wechselt und zum Kunstprodukte wird. In dem Maße, in welchem die natürliche Bodensubstanz in künstliche umgewan= delt wird und sich als solche von dem natürlich Vorhandenen dauernd unterscheiden läßt, finden auf den Ertrag, den der Boden im Produktionsprocesse liefert, auch die Regeln der Bildung des Kapitalzinses (§ 84 fg.) Anwendung. Dem Gesetze der Rente ausschließlich unterworfen erscheint dagegen alles Das= jenige an oder in dem Boden, was die umgestaltende Einwirkung des Menschen bisher als Substanz noch nicht hinlänglich erfassen konnte oder als Raum überhaupt nie erfassen kann.

Die Rente von Grundstücken wird eine verschiedene Höhe aufzuweisen haben, nicht nur in Gemäßheit der verschiedenen

Benutzungsweise, zu welcher sie geeignet sind (Acker, Wiese, Wald, Weinberg, Garten, Hofraithe, Steinbruch, Torfstich, Fischgewässer ꝛc.), sondern auch nach Maßgabe der verschiedenen Ergiebigkeit, die sich bei verschiedenen Grundstücken von einerlei Benützungsweise geltend macht.

Nicht alle Grundstücke eignen sich, ihrer natürlichen Beschaffenheit nach, gleichmäßig zur Erzielung der verschiedenen Bodenprodukte, welche in der Volkswirthschaft vorkommen. Manche Grundstücke lassen nur eine einzige Benützungsweise zu, auf die der Bebauer des Bodens also von vorn herein angewiesen ist. Andre gestatten alternativ die Anwendung dieser oder jener Art der Bodenproduktion und werden dann selbstverständlich der Benutzungsweise gewidmet, bei welcher sie den höchsten Ertrag liefern.

Das Bereich, innerhalb dessen die Kunst eine von Natur gegebene Benutzungsweise des Bodens zu ändern vermag, ist sehr bedeutend. Die rein technische Möglichkeit der Bodenumgestaltung ist, abgesehen von der unabänderlich gegebenen geographischen Räumlichkeit, geradezu unbegrenzt, und die wirkliche Umwandlung findet daher jederzeit nur in der ökonomischen Vortheilhaftigkeit der Maßregel ihre Schranke.

Dasselbe gilt von der ungleichen Ergiebigkeit, welche zwischen den einzelnen, zu der nämlichen Benutzungsweise geeigneten, Grundstücken herrscht. Je höher die Ergiebigkeit, desto eher ist die Anwendung des betreffenden Grundstückes zu produktivem Erfolge möglich und desto höher seine Rente bei einem gegebenen Produktenpreise. Je höher der Produktenpreis steigt, desto größere Kapitalverwendungen können gemacht werden, um entweder minder ergiebigen und seither unbenutzten Boden neu zur Produktion heranzuziehen oder schon seither benutzten stärker zu befruchten, womit dann ganz von selbst die Rentabilität jeder früheren ergiebigeren Kapitalverwendung proportional steigt. Zu der Ergiebigkeit, mit welcher ein Grundstück auf Kapital= verwendungen antwortet, gehört übrigens, außer seinem geologi= schen und klimatologischen Verhalten, auch ganz wesentlich die Entfernung vom Marktorte und Bewirthschaftungsmittelpunkte, die Fracht= und Absatzgelegenheit für die Produkte, die namentlich von der relativen Dichtigkeit der dieselben consumirenden Be= völkerung so wesentlich abhängt.

§ 96.

Die Rente ist nicht nur die Wirkung, sondern auch die Ursache des Preises der Bodenprodukte. Bei thatsächlich vor= handener ungleicher Ergiebigkeit der verschiedenen Grundstücke kann einer zahlungsfähigen Nachfrage nach Bodenprodukten das zur Befriedigung des vorhandenen Bedarfes erforderliche Gesammt= quantum nur unter der durch die Rente diktirten Bedingung geliefert werden, daß der Preis der Bodenprodukte die Schaffungs= kosten der ungünstigsten, aber zur Lieferung des Bedarfsquan= tums unumgänglich noch in Anspruch zu nehmenden, Produktions= gelegenheit vergilt. Daß es nicht sowohl die thatsächlich vorhandene ungleiche Ergiebigkeit der Grundstücke selbst, als vielmehr ganz specifisch die „Rente" ist, welche diesen Vorgang herbeiführt, wird klar, wenn man von dem Vorhandensein der Rente abstrahirt. Denkt man sich den Boden eines Landes in Gesammteigenthum und Gesammtbewirthschaftung, so fällt die Nothwendigkeit der Rente weg, und der Preis der Bodenprodukte braucht sich, damit dieselben nachhaltig geliefert werden können, nur zum Durch= schnittsbelaufe der Schaffungskosten aller angewendeten Pro= duktionskosten zu erheben. Besteht aber Privateigenthum und

Privatbewirthschaftung des Bodens, so kann der zur Lieferung des Bedarfes erforderliche Produktionsgang nur dann eingeschlagen werden, wenn der Preis jederzeit die S u m m e a l l e r D i f = f e r e n z e n in den ungleichen Kosten der verschiedenen Produktions= gelegenheiten in sich aufnimmt. Diese Differenzen sind aber nichts Anderes, als die Rentenbeträge, deren Entrichtung die Empfänger, und wenn sie von einer Uneigennützigkeit und Auf= opferungsfähigkeit ohne Gleichen beseelt wären, in keiner Weise vermeidlich machen könnten; sie würden sich durch einen Versuch dazu nur insoweit zu Grunde richten, als sie nicht unter den Bedingungen der günstigsten Produktionsgelegenheit wirthschaften, und damit bewirken, daß der erforderliche Gesammtbedarf für die Folge nicht mehr gedeckt werden könnte.

§ 97.

Mit dem Steigen der Kultur geht das Steigen der Rente der einzelnen Grundstücke parallel. An den Boden werden für die fortwährend wachsende Bedürfnißbefriedigung der Bevölkerung immer stärkere Ansprüche auf Produktivität gestellt, welche, da der radialbegränzte Raum jedes Grundstückes etwas von Natur unabänderlich Gegebenes ist, nur durch immer stärkere Befruchtung des Bodenraumes mittelst Arbeit und Kapital erfüllt werden können. Die Qualität des Bodenraums ist aber unendlich; Arbeit und Kapital, mit ihrer praktisch unbegränzten Vermehr= barkeit, haben die vollkommen begründete Aussicht, so lange mit immer neuem produktionsfördernbem Erfolge auf den Boden an= gewendet zu werden, als noch irgend eine Eigenschaftswirkung der Natur im Raume unerkannt und ungenutzt ist. Gestattet und bedingt nun der Preisstand der zu erzielenden Bodenpro= dukte eine neue verstärkte Arbeits = und Kapitalanwendung auf

Boden, so wird vermöge, des hierdurch erzielten Produktions=
erfolges, auf die gegebene und gleichbleibende Bodeneinheit eine
größere Quote fallen als vorher, d. h. der Rentenfuß steigen.

Der durchgreifende Gegensatz zwischen Rente und Zins
zeigt sich sehr bestimmt darin, daß, während eine verbesserte
Produktionsgelegenheit den Zinsfuß anfangs erhöht, später er=
niedrigt, sie umgekehrt den Rentenfuß anfangs erniedrigt, später
erhöht.

---

4. Hauptstück.

Der Gewinn.

§ 98.

Gewinn ist das tauschwerthe Ergebniß, welches die Unter=
nehmung (§ 19, 72) als solche liefert, d. h. also, die Differenz,
die sich ergiebt, wenn man von dem Gesammtertrage der Unter=
nehmung Alles abzieht, was von Zins, Lohn und Rente darin
enthalten ist. Diese Differenz kann sich im einzelnen Falle so=
wohl positiv als negativ gestalten, d. h., wirklicher Gewinn oder
Verlust sein. Auf die Dauer kann freilich keine Unternehmung
mit Verlust im Gange bleiben. Gelingt es nicht, den Verlust
mindestens auf die Grenze des positiven Gewinns zu bringen,
so muß das Unternehmen entweder noch zu guter Zeit aufge=
geben werden oder endigt mit völliger Vermögenszerrüttung.

Man kann Zins, Lohn und Rente als die Erscheinungs=
formen des Einkommens bezeichnen, welche einer Vorausbestimm=
ung fähig sind. Wer über Kapital, Arbeit oder Boden verfügt,

13

kann deren Nutzungen gegen festen Preis an Jemanden ver=
kaufen, der bereit ist dieselben in seine Unternehmung hereinzu=
ziehen. Wer in der Lage ist, eine eigne Unternehmung mit
ihm gehörigen Produktionsfaktoren zu begründen, wird Zins,
Lohn und Rente dabei gerade so berechnen, wie dieselben als
auf freiem Markte ausgebotene Nutzungen zu festen Preisen
verkäuflich wären. Was dann als Endresultat der Unternehmung
erscheint, ist Gewinn (Verlust), der seinem Wesen nach zum
Voraus immer nur unbestimmbar sein kann. Ist er ja doch
nichts Anderes als das Correlat wirthschaftlichen Wagens, das
sich mit wirthschaftlichem Bemühen verbindet, um, durch organi=
satorische Behandlung der an und für sich isolirten und so
wirkungslosen Produktionsfaktoren, die Schaffung wirthschaftlicher
Güter möglich zu machen. Da aber der Erfolg jedes Wagnisses
stets nur ein mehr oder weniger wahrscheinlicher ist, so hängt
auch der Gewinn jeder einzelnen Spekulation stets nur von
Wahrscheinlichkeit ab.

§ 99.

Der Gewinn geht seinem Wesen nach in erster Linie nicht
sowohl auf Bedürfnißbefriedigung des Empfängers aus, wie
dies bei Zins, Lohn und Rente der Fall ist, sondern auf Ver=
mehrung des Stammvermögens. Bei Zins, Lohn und Rente
reflektirt der Einkommenempfänger erst nach erfolgter Bedürfniß=
befriedigung auf Mehrung des Stammvermögens, beim Gewinn
dagegen sofort. Bedürfnißbefriedigung soll hier erst durch die
neuen Einkommenbezüge an Zins, Lohn oder Rente eintreten,
welche aus dem zu Stammvermögen angelegten Gewinneinkommen
demnächst resultiren. Wie demnach durch positiven Gewinn die
nachhaltige Bedürfnißbefriedigung erweitert wird, so wird sie bei

deſſen negativem Ausfall, d. h. durch einen, Minderung des Stammvermögens einſchließenden, Verluſt, geſchwächt. In und durch Gewinn (Verluſt) überträgt ſich aller neue Erwerb oder Abgang an Arbeitskraft, Boden- oder Kapitalbeſitz eines Wirth-ſchafters. Je nach Ausgang einer Unternehmung ſtellt ſich immer wieder ein andres Stammvermögen dar, mögen die Ver-änderungen noch ſo bedeutend, oder noch ſo unbedeutend ſein.

Das Feld, auf welchem der Unternehmergewinn fließt, iſt die Abweichung zwiſchen den Marktpreiſen und den normalen Preisſätzen der Güter, welche der Unternehmer feilbietet. In der richtigen oder unrichtigen Erfaſſung der Conjunkturen, welche ſich hierbei eröffnen, liegt die Quelle von Gewinn oder Verluſt. Die Preisbewegung der Güter in der Volkswirthſchaft iſt ein beſtändiges Gravitiren der Marktpreiſe um den normalen Preis-ſatz. Die Uebereinſtimmung des Marktpreiſes mit dem normalen Preisſatze iſt das fortwährende Ziel des Verkehrslebens, dem die Unternehmer in ihrem eigenſten Intereſſe durch Vermehrung oder Verminderung des Angebotes der Güter dienſtbar ſind, indem ſie die ihnen gehörigen oder ihnen leihweiſe zur Verfügung ſtehenden Schaffungsfaktoren entſprechend verwenden. Dem Unternehmer, der durch ſein Verhalten zur Wahrung des volks-wirthſchaftlichen Erforderniſſes der Preisausgleichung am meiſten beiträgt, vergilt die Volkswirthſchaft mit dem höchſten Gewinn.

§ 100.

Im ganzen Bereiche des wirthſchaftlichen Beſtehens giebt es weder ein feſtes Maximum noch Minimum des Gewinnes. Seine Größe in jedem einzelnen Falle hängt, wenn man das aus dem Spiele läßt, was gemeiniglich mit dem Namen Glück bezeichnet wird, von folgenden Bedingungen ab:

13*

a) von der Stärke der Abweichung zwischen dem Markt=
preise und dem normalen Preissatze. Dies kann sich offenbar
wieder in zwei Beziehungen, sowohl in der Größe, als in der
Dauer der Abweichung, geltend machen.

b) von der Ausdehnung des Absatzes. Insoweit diese nicht
von monopolistischen Einflüssen (§ 49) abhängig ist, wird der
Umfang der Unternehmung hier das entscheidende Moment bilden,
welches nicht nur absolut, sondern auch, wegen der geringeren
Schaffungskosten für jedes Absatzquantum, relativ den Erlös
einer beträchtlicheren Preissumme gestattet.

c) von der Höhe des Wagnisses, welches man hinsichtlich
des Erfolges der Unternehmung auf sich nimmt. Hier kommt
es zunächst auf die größere oder geringere Unbestimmtheit der
Nachfrage an, welche dem Spekulationsgute seiner Eigenthüm=
lichkeit nach anhaftet, und sodann auf die Art der Concurrenz=
wandlung, welche im Angebote des Gutes möglich ist, und welche
entweder ebenfalls in dessen Eigenthümlichkeit oder in faktischen
Voraussetzungen liegen kann, die sich wesentlich auf den zeitigen
Stand des Kapitalmarktes und die augenblickliche Richtung des
Unternehmungsgeistes zurückführen lassen. Je stärker hiernach
das Wagniß, desto unsicherer, aber auch desto massenhafter, tritt
der Gewinn auf.

d) von der Richtigkeit des ganzen Spekulationsplanes, so=
wohl was den Entwurf, als was die Durchführung anbelangt.
Von vorzüglicher Wichtigkeit ist hierunter die Art und der Um=
fang, worin man die einzelnen Produktionsfaktoren anwendet.
Rente, Lohn und Zins sind die Kosten der volkswirthschaftlichen
Produktion und können in dieser Eigenschaft eine doppelte Ein=
wirkung auf die Preise der Produkte äußern. Einmal nämlich
wird der Preis einer Waare dann afficirt, wenn sich durch eine

Veränderung in ihrer Schaffungsmethode das Verhältniß ändert, in welchem die drei Einkommenzweige als Schaffungsfaktoren bis dahin zur Herstellung der betreffenden Waare beigetragen hatten. Sodann, und zwar bedingt dies im Gegensatz zu der ebengenannten speciellen Preisbeeinflussung für eine Waare eine Preisbeeinflussung aller Waaren, indem sich ein Einkommenzweig in seiner Höhe gegen die andren Einkommenzweige ändert und damit für die Schaffungsmethode in allen Zweigen vortheilhafter oder nachtheiliger anwendbar wird, als seither. Sache des Unternehmers, der den höchsten Gewinn erzielen will, ist es, an einem zur Zeit theuren Produktionsfaktor zu sparen und den zur Zeit billigsten Produktionsfaktor in seinem Gewerbe so ausgedehnt zu verwenden, als es die Betriebsmethode irgend gestattet [1]).

[1]) Es wird keineswegs überflüssig sein, hier noch einmal besonders darauf hinzuweisen, daß Zins, Lohn und Rente ihre Höhe in dreifachem Sinne ändern können:

1) Die absolute Höhe, welche bei einer fortschreitenden Volkswirthschaft für alle drei Einkommenzweige im Großen und Ganzen fortwährend wächst.

2) Die gegenseitige Höhe, für welche im Laufe der Kulturentwicklung folgendes Verhalten gilt: die Rente ist dem Zins und Geberlohn gegenüber in regelmäßigem Wachsthum begriffen; der Zins wird verglichen mit dem Geberlohn im Laufe der Kulturentwicklung größer, verglichen mit dem Empfängerlohn aber kleiner; der Empfängerlohn wird Geberlohn, Zins und Rente gegenüber größer, zeigt also in der Quote des auf ihn fallenden Volkseinkommens das stärkste procentuale Wachsen.

3) Die innerliche Höhe, d. h. das Verhältniß zu einer gegebenen Einheit des betreffenden Produktionsfaktors; hienach sinkt im Gang der Zeiten der Zinsfuß, steigt der Rentenfuß, steigt der Lohnfuß, insofern es sich um Empfängerlohn, sinkt dagegen, insofern es sich um Geberlohn handelt.

Dritte Abtheilung.

Einkommen und Unterhaltsspielraum.

§ 101.

Das Einkommen des Volkes ist gleichbedeutend mit dem Gesammtproduktionserfolge der Volkswirthschaft, und dieser Produktionserfolg soll den Unterhaltsspielraum bieten, innerhalb dessen das Leben des Volkes sich bewegt. Alle wollen aus dieser großen Vorrathskammer ihre Bedürfnisse befriedigen, und für das Wohl und Wehe der Gesammtheit und des Einzelnen kommt es darauf an, wie Alle aus dem Volkseinkommen befriedigt werden.

Das Resultat der Vertheilung des Volkseinkommens wird nie ein andres sein können, als daß die in Zins, Lohn, Rente, beziehungsweise, Gewinn zerfallenden Einkommenbestandtheile in u n g l e i c h e n Portionen an die verschiedenen Einzelwirthschaften gelangen. Die menschliche Bedürfnißentwicklung, auf welcher aller Kulturfortschritt beruht, kann sich nur geltend machen, wenn zwischen den Einzelwirthschaften Vermögensungleichheit besteht. Ohne das Verhältniß von arm und reich, das ja nur der ganz logische wirthschaftliche Ausdruck des Umstandes ist, daß die Individualität der Menschen eine verschiedene ist, fehlt die Bedürfnißspannung, aus welcher einzig und allein eine ununterbrochen weiter schreitende Bedürfnißentwicklung, also Kulturentwicklung, hervorwachsen kann. Wären wir im Stande, uns einen, übrigens unmöglichen, Zustand zu denken, in welchem Alle gleichviel von der wirthschaftlichen Gesammterrungenschaft zugetheilt erhielten, so würde die Fortdauer dieser wirthschaftlichen Gleichheit offenbar nur unter der weiteren Bedingung denkbar sein, daß Jeder sein Einkommen genau gleich allen Andren verzehren müßte; denn sonst wären schon nach Ablauf eines einzigen Tages die Mäßigen, Klugen, Vorsichtigen, Sparsamen ꝛc. bereits vermöglicher als die Andren. Bei solch' angenommener Vermögensgleichheit aber würde Ziel und Trieb des wirthschaftlichen Voranstrebens vollständig fehlen. Wenn Niemand da ist, der, mit einem Ueberschusse von wirthschaftlichen Gütern versehen, neue Gebiete der Bedürfnißbefriedigung zu erschließen vermag, so ist auch kein Objekt für gesteigerte Arbeitsamkeit vorhanden[1]) und fehlt folgerichtig der durch die Masse der Einzelwirthschaften hindurchgehende Wetteifer, um der Lebensgenüsse, die man Andren zu Theil werden sieht und die einem selbst dadurch erst bekannt und begehrenswerth werden, durch vergrößerte wirthschaftliche Energie ebenfalls theilhaftig zu werden.

[1]) Es wird viel zu wenig beachtet, daß ohne ungleiche Zahlungsfähigkeit der Einzelwirthschaften fast alle höheren Güter, also namentlich in Kunst und Wissenschaft, gar nicht vorhanden sein könnten, weil keine zahlungsfähige Nachfrage nach den Leistungen der Künstler ꝛc. vorhanden wäre, auf welcher die wirthschaftliche Existenzmöglichkeit dieser Producenten beruht.

§ 102.

Würde ohne Vermögensungleichheit das große Triebrad fehlen, in dessen Umläufen sich der menschliche Fortschritt vollzieht und das menschliche Dasein sich überhaupt auf die Dauer erhält, so läßt sich nicht weniger leicht einsehen, daß die abstrakte Gleichheit aller Einzeleinkommen in der Volkswirthschaft unvermeidlich sogar den alsbaldigen vollständigen Ruin Aller herbeiführen müßte. Gütergleichheit einführen heißt, die wirthschaftliche Selbstverantwortung aufheben und die blos moralische an deren

Stelle setzen. Das gienge bei moralisch vollkommenen Wesen an, es geht aber nicht an bei Menschen, die, weil sie noch un= vollkommen sind, der Nothwendigkeit unterworfen sind, und die gerade des wirthschaftlichen Impulses bedürfen, um sich allmählig in Freiheit zu entfalten. Das bequeme Genießen würde in aller Bälde das strebsame Schaffen tödten, wenn Jedem die Befriedigung eines gewissen Bedürfnißmaßes garantirt wäre, Niemanden aber die Möglichkeit offen stünde, darüber hinaus noch Bedürfnisse befriedigen zu können. Zur Consumtion wäre jederzeit Jeder, zur Schaffung aber schließlich Niemand bereit, wenn der dem Einzelnen zufallende Schaffungserfolg nicht von dem Erfolge seines Schaffens, sondern von einer bleiernen Willkühr abhienge, welche übersieht, daß die Gleichheit nur für die Gleichen, nicht aber für die Ungleichen gerecht ist. Gütergleichheit gebieten heißt dem Gliederkräftigen zumuthen, daß er mit dem Lahmen eines Schrittes gehe, heißt jede frische und erfolgreiche Bethätigung abschneiden. Jede tüchtige aktive Persönlichkeit wird innerlich zerstört, wenn sie mit schablonenmäßiger Aeußerlichkeit auf das Niveau der jämmerlichsten passiven Persönlichkeit zurückgezwungen werden soll, die es im ganzen Volke giebt. Ja — freiwillige Gütergleichheit ist allerdings das ideale Endziel des Wirthschafts= lebens. Aber der ungeheure Unterschied zwischen ihr und einer erzwungenen Gütergleichheit ist, daß bei dieser gesagt wird: was dein ist, ist mein, während man bei jener eines Tages sagen wird: was mein ist, ist dein. Gütergleichheit wird es geben, wenn die Menschheit sich so weit überwunden hat, daß das Wirthschafts= leben ein überwundener Standpunkt ist. Solange Wirthschafts= leben aber noch vorhanden und erforderlich ist, ist Gütergleichheit Güterunmöglichkeit, weil sie die Existenzbedingungen des Wirth= schaftens geradezu abschneidet. Die Arbeitstheilung, dieser ge=

waltige Hebel der Produktion, würde durch erzwungene Güter=
gleichheit in Fesseln geschlagen, der Verkehr verwüstet, das
Princip der Ergänzung und des Aneinanderschließens der Menschen
gebrochen. Die allgemeine Erlahmung und Erschlaffung müßte
unvermeidlich immer weiter um sich greifen, das Mißverhältniß
zwischen Consumtion und Produktion würde immer schreiender,
nicht nur dadurch, daß sich die Zahl der Güterarten verminderte
und sich successive auf die unentbehrlicheren reducirte, sondern
indem selbst das Unentbehrlichste am Ende nicht mehr in ge=
nügender Quantität geliefert werden könnte. Bei consequenter
Durchführung einer erzwungenen Gütergleichheit müßten schließ=
lich Alle einfach verhungern, wenn sie sich nicht schon früher
durch die verzweifelte Reaktion eines vernichtenden gegnerischen
Kampfes auf andre Weise zu Grunde gerichtet hätten[1]).

[1]) Zwei große Dilemma's bei dem Versuche, eine erzwungene Güter=
gleichheit einzuführen, würden noch von vorne herein entgegentreten:

1) ob man jeder Einzelwirthschaft oder jeder Kopfzahl in den Einzel=
wirthschaften gleichviel geben solle? Das Erstere, obgleich schon eine Bresche
in die Gütergleichheit, wäre wohl noch das an sich Vernünftigere, das Letztere
aber doch, der Idee der Gütergleichheit nach, das Consequentere. Dies hieße
aber der rohesten Geschlechtsleidenschaft geradezu eine Prämie auf, man weis
nicht, ob man sagen soll, viehische Menschenzucht oder menschliche Viehzucht
aussetzen, und es ist klar, wie sehr dies den, nach den obigen Voraus=
setzungen schon unvermeidlichen, Verfall noch beschleunigen würde;

2) ob man es den Einzelnen anheimgeben solle, sich ihre Portionen
selbst zu holen, oder eine Auktorität einsetzen, welche die Vertheilung zu über=
nehmen hätte? Wenn auch hier das Erstere der Idee der Gleichheit gemäß
das Consequentere sein würde, so wäre doch dieser Modus mit seiner eklatanten
praktischen Ungereimtheit schon sofort gleichbedeutend mit Anarchie. Eine
oberste wirthschaftliche Auktorität aber, die man einsetzen wollte, müßte, ob=
wohl selbst aus der Mitte von unvollkommenen Menschen hervorgegangenen,
geradezu infallibel über menschlicher Unvollkommenheit stehen, um die über=

menschliche Aufgabe einer Organisation der gesammten Schaffung und Ver=
zehrung einzurichten und durchzuführen. An dieser Schwierigkeit allein müßten
auch alle Experimente scheitern, welche zwar keine völlige Gütergleichheit,
wohl aber Gütergemeinschaft wollen, in welcher die Vertheilung angeblich
nach Verdienst und Billigkeit durch eine Zwangsauktorität zu geschehen hätte.
Ja, das Wirken der Auktorität wäre hier, bei der Unmöglichkeit, einen objek=
tiven Maßstab der Vertheilung zu finden, noch verderblicher als dort. Man
hätte einen Despotismus geschaffen, wie die Weltgeschichte noch keinen ge=
kannt, nur, um anstatt des erträumten Zieles den Ruin Aller herbeizuführen.
(Fourierismus, St. Simonismus). Was den Communismus in seinen ver=
schiedenen Schattirungen (denn die letztgenannte Richtung sollte man nicht
mit dem Namen Socialismus bezeichnen, der viel zu gut dafür ist) eigent=
lich tief unter das Niveau ernstlicher wissenschaftlicher Discussion stellt, ist der
Umstand, daß er Phantasiegeschöpfe und Phantasieverhältnisse als Basis für seine
Vorschläge nimmt, und, auf Grund von ganz willkührlichen Hirngespinnsten,
die durch die Erfahrung nicht nur nicht bestätigt werden, sondern die aller
Erfahrung auf das Entschiedenste widersprechen, Propaganda zu machen sucht.

§ 103.

Soll der Kampf ums Dasein kein unheilbar gegnerischer,
sondern ein genossenschaftlicher sein, mit andren Worten, soll
nicht alles menschliche Leben vernichtet werden, so kann Jeder
nur erwarten, daß er an den volkswirthschaftlichen Errungen=
schaften nach Maßgabe der Leistungen participire, die er in den
Verkehr eingesetzt hat. Alles, was er darüber hinaus etwa er=
hält, entstammt nicht seinem wirthschaftlichen Verdienst, sondern
der Gnade Derer, die es ihm von ihrem wirthschaftlichen Ver=
dienst als freies Gut abgeben. Der Verkehr theilt Jedem, sei
es in der Form von Lohn, Zins, Rente, beziehungsweise Gewinn,
dasjenige zu, was ihm auf Grund seiner wirthschaftlich pro=
duktiven Leistungen gehört. Niemand kommt zu kurz in der
Volkswirthschaft, wenn er sein Einkommen als den Antheil er=

kennt, den er an dem Gesammtproduktionserfolg genommen hat. Die selbstständige Bedürfnißbefriedigung jeder Einzelwirthschaft beruht darauf, ob sie zum Produktionserfolge der Volkswirth= schaft das leistet, was sie leisten kann; je mehr sie leistet, desto größer ihr Einkommen. Arm und reich ist lediglich der Aus= druck für Verschiedenheit der wirthschaftlichen Leistungen des Einzelnen. Es ist nur Gerechtigkeit und Billigkeit, daß die tüchtigsten Streitgenossen im Kampfe mit dem Tauschwerth auch über das größte Maß von Tauschwerth verfügen. Reichthum ist Verdienst im umfassenden Sinne des Wortes, d. h. sowohl subjektiv für den, der sich den Reichthum verdient hat, als auch objektiv für die Gesammtheit, um die er sich verdient gemacht hat [1]).

Am evidentesten zeigt sich dies, wenn man im Auge hält, was Jemand unmittelbar als Lohn für seine geleistete Arbeit verdient, weniger offenkundig, wenn er mit Verkehrsleistungen auftritt, die aus Boden= oder Kapitalnutzungen bestehen und ihm als Rente oder Zins vergolten werden. Aber auch hier ist es ganz unzweifelhaft Verdienst, worauf die Rechtmäßigkeit und Billigkeit solcher Habe beruht, und vielleicht ist, obgleich es um= gekehrt scheinen möchte, auf Seite des Bodeneigenthümers noch entschiedener Verdienst, als auf Seite des Kapitaleigenthümers. Daß die Produktionsinstrumente, deren nützliche Wirkung die Volkswirthschaft Dem verdankt, dessen schaffende Thätigkeit sie als Kapital werden ließ, auch diesem ihren Schöpfer zu gehören haben, kann doch kein Einsichtsvoller ernstlich in Zweifel ziehen. Aber leichter wird die Bedeutung des Vorganges unterschätzt, durch welchen ein ohne alles menschliches Zuthun von Natur allein vorhandener Boden in das Eigenthum einer Einzelwirth= schaft übergeht. Der Mensch findet den Boden als etwas von

Natur Gegebenes vor, aber er macht ein Kunstprodukt daraus;
bei der ersten freien Okkupation von Boden hat dieser noch
keinen wirthschaftlichen Werth, Jeder kann davon haben; der
erste Besiedler eines Stückes Land nimmt Niemanden Etwas,
aber er giebt der Gesammtheit Etwas, was neben aller Aus=
sicht auf Vortheil für ihn, doch ein wirkliches Opfer für ihn
einschließt; indem er durch Urbarmachung, durch Hineinstecken
von Arbeits= und Kapitalanwendungen der verschiedensten Art,
seine Existenz an eine Scholle Land knüpft, die keine Verwerth=
barkeit besitzt, hat er sich seiner anderweitigen wirthschaftlichen
Selbstbestimmung beraubt; ohne diese Resignation von Einzel=
wirthschaften, deren Wagniß sich, wenn überhaupt, vielleicht erst
nach vielen Generationen bezahlt macht, ist aber gar keine er=
folgreiche Bodenausnutzung für die Volkswirthschaft möglich.

Daß dasjenige, was Jemand sich unter Opfern als Habe
errungen hat, wie es zu Lebzeiten nur seiner Verfügung unter=
liegt, so später in historischer Continuität fort und fort, so lange
die Habe überhaupt existirt, den Seinigen zu verbleiben hat,
entspricht nur durchaus, dem Umstand, daß es ein Kulturleben
der Menschheit giebt, welches als ein in sich zusammenhängendes
und ununterbrochen in der Zeit fortfließendes auftritt.

Jedes Abweichen von der hiernach festzuhaltenden Unantast=
barkeit des Eigenthumes heißt geradezu den gegnerischen Kampf
herausfordern, der, wenn auch im Gange der Kultur stets
milder werdend, ohnehin schon immer noch häufiger und inten=
siver auftritt, als es dem friedlichen genossenschaftlichen Streben
lieb ist und der so viel zur Anzweiflung der Gerechtigkeit und
Billigkeit der Vermögensvertheilung beiträgt. Traurig genug
ist es, wenn mitunter List und Gewalt des gegnerischem Kampfes
die Resulate des genossenschaftlichen Kampfes durchkreuzen.

Will man Reichthum, so gebildet, kein Verdienst nennen, so wird man ihn doch Naturnothwendigkeit nennen müssen. Man darf sich keine Illusion darüber machen, daß, so lange die Menschen noch unvollkommen sind, bei Entfaltung der menschlichen Persönlichkeiten neben guten Eigenschaften auch schlechte zu Tage treten müssen; denn die Persönlichkeit kann sich nur in Gemäßheit der Potenzen ausleben, die in ihr liegen, das sind aber bei unvollkommenen Menschen gute und böse zugleich. Der Gang der Kultur bringt es mit sich, daß letztere stets. mehr unter die Botmäßigkeit der ersteren kommen. Ehe dies vollends geschehen, kann auch der gegnerische Charakter des Kampfes ums Dasein bei den Menschen nicht völlig verschwinden. Solche Störungen und Conflikte in deren längerer Fortdauer die ganze Kulturentwicklung untergehen müßte, verlangen aber ihre Lösung und erhalten sie dadurch, daß diejenige, wie immer sonst subjectiv beschaffene, Strömung oben bleibt, welche die objektiv kulturkräftigste ist. Der gegnerische Kampf kann vorübergehend und ausnahmsweise die Einen oder Andren höher oder tiefer stellen, als sie es ihrer wirthschaftlichen Bethätigung nach verdienen. Wundern darf sich darüber nur, wer vergißt, daß das Kulturleben im Wirthschaftsleben keineswegs aufgeht, sondern daß dieses nur die Grundlage und der Leitstern jenes ist. Gerade deßhalb kann aber der genossenschaftliche Kampf doch nur immer wieder, und zwar immer entschiedener, den gegnerischen Kampf ums Dasein zurückdrängen und sein eignes gutes Recht behaupten. Für die Dauer und als überhaupt mögliche Regel alles gesunden Bestehens ist und bleibt es Sache des Verdienstes, ob Jemand arm oder reich sein soll (§ 18).

¹) Als Gegensatz einer antimoralischen materialistischen Ueberschätzung des Reichthums macht sich leicht eine pseudomoralische idealistische Unterschätzung

desselben geltend, die wohl gar bis zu seiner gänzlichen Verwerfung geht. Man darf sich nicht wundern, wenn auch hier ein Extrem das andere heraus= ruft; wo der Reichthum sich in roher und gemeiner Ausartung breit macht, erfolgt unvermeidlich die Reaktion in Gestalt einer durch ihre Uebertriebenheit hohlen Ethik und Moral, welche alle Bedingungen wirthschaftlichen Bestehens verläugnet.

§ 104.

Will man eine absolute, begrifflich scharfe Grenzlinie zwischen reich und arm ziehen, so kann diese nur in der Halbirung des, nach Reihenfolge der Größe der Einzeleinkommen geordneten, Volkseinkommens liegen. Reich ist dann die Minorität, welche die eine, arm die Majorität, welche die andre Hälfte des Volks= einkommens unter sich theilt. Ganz unwillkührlich drängt sich aber, wenn von Gunst oder Ungunst einer wirthschaftlichen Lage die Rede ist, auch der Gedanke an die Quellen auf, aus welchen das Einkommen der Einzelwirthschaften fließt. Man wird dann geneigt sein, die Reichen in denjenigen zu erblicken, welche genug Habe besitzen, um Rente oder Zins auf ihre Be= dürfnißbefriedigung verwenden zu können, die Armen aber unter der Zahl derer zu suchen, welche für ihren Lebensunterhalt lediglich auf den Lohn ihrer Arbeit angewiesen sind. Liegt in dieser zweiten Auffassung, wegen der Relativität des individuellen Bedürfnißmaßes, unvermeidlich etwas Schwankendes, so wird sie doch in der Hauptsache von der Grenzlinie der ersten Auf= fassung dann nicht wesentlich abweichen, wenn die Intervalle zwischen den verschiedenen Einkommengrößen ziemlich gleich= mäßig sind.

In dieser möglichst gleichmäßigen Abstufung, verbunden mit möglichster Höhe des kleinsten in der Volkswirthschaft über= haupt vorkommenden Einzeleinkommens [1]), liegt das wünschens=

wertheste Verhalten des Volkseinkommens zum Unterhaltsspiel=
raume. Keine Einzelwirthschaft leidet dann Noth, und die
Bedürfnißspannung befindet sich in dem Maximum ihrer wohl=
thätigen Wirksamkeit, weil Jedem die Sphäre einer neuen Genuß=
erweiterung jederzeit so nahe liegt, daß dieselbe nicht nur mit
der vollen Gewalt ihres Reizes wirkt, sondern auch unschwer
erreichbar ist.

Anders dagegen, wenn eine weite Kluft die verschiedenen
Vermögensstufen von einander trennt und dabei, was wegen
des innerlichen Causalnexus regelmäßig der Fall sein wird, die
Lage der ärmsten Volksklassen eine zu schlecht auskömmliche,
vielleicht ganz und gar menschenunwürdige ist. Die schwache
Aussicht für den Nothleidenden, daß er sich zu besseren wirth=
schaftlichen Verhältnissen aufschwingen könne, die ihm beinahe
unabsehbar fern liegen, steigert sich leicht zu Hoffnungslosigkeit
und völligem Pessimismus, aus dessen Blindheit dann die thieri=
sche Seite des Menschen gewaltsam hervorzubrechen droht. Das
Allerschlimmste ist, wenn dem Fortpflanzungstriebe mit brutaler
Rücksichtslosigkeit auf Unterhaltsspielraum gefröhnt wird, denn
·damit ist der Proletarier fertig. Nirgends zeigt sich die
Tretmühle der Wechselwirkungen schrecklicher, als bei der über=
mäßigen Vermehrung des Proletariats. Es geht diesem nicht
blos elend, weil es sich so stark vermehrt, sondern es ver=
mehrt sich auch so stark, weil es ihm elend geht. Gerade weil
den Aermsten der Lebensgenuß so karg zugemessen ist, gerade
weil sie so wenig Anregendes und Erhebendes kennen, sind
sie geneigt, um so hastiger nach dem zu greifen, was ihnen
noch die beste menschliche Ausfüllung ihres öden Daseins zu
bieten scheint. Wenn auch in verkehrter und völlig ausgearteter
Weise, — sie geben doch, in dem Wunsch eine eigne Familie

zu haben, einem Zuge nach, der an und für sich die Persön=
lichkeit erfrischt, der dem Gemüthe wohl thut und das Herz
erfreut. Aber eben damit, daß das Proletariat alles ethische
Bedingtsein mit Füßen tritt, hat es in Fluch verwandelt, was
Segen sein sollte. Wohl der Volkswirthschaft, wenn ein vor=
handenes Proletariat, dieses fressende Krebsübel der Volkswirth=
schaft[2]), auf andrem Wege als dem des Elends, den es in
hartnäckiger Verblendung und Verstocktheit eingeschlagen hat, aus
einer für längere Dauer faktisch unmöglichen Lage herauskommt.
Das Elend freilich trägt für den äußersten Fall seine Heilung
ebenso sicher als grauenhaft in sich selbst. Die Sterblichkeit ist
schon bei den nicht geradezu proletarischen ärmeren Klassen größer,
als bei den Reicheren[3]), bei dem Proletariate aber, welches
massenhaft Menschen in's Leben ruft, für die es an Lebensmög=
lichkeit fehlt, noch entsetzlich viel größer. Ja, sie würde sogar
noch größer sein, als sie ist, wenn nicht die ganze Bevölkerung
dem Proletariate ihren Lebenstribut bezahlen müßte; auch die
Mortalität der besseren Stände ist um so stärker, je unvoll=
kommener die menschlichen Zustände durch das Vorkommen von
proletarischer neben ethischer Bevölkerungszunahme noch sind; je
verheerendere Massenkrankheiten (Typhus, Cholera, Pest, schwar=
zer Tod c.), überhaupt je mehr Schmälerung des volkswirth=
schaftlichen Unterhaltsspielraums das Proletariat hervorruft, desto
mehr ist der Gesundheitszustand aller Klassen gefährdet[4]).

[1]) Solange in einer Volkswirthschaft erwerbfähige Arme vorkommen,
welche wiederkehrend Almosen beziehen, werden auch Lebensfristungen da
sein, die sich zwischen dem selbstständigen Auskommen mit einem Existenz=
minimum und zwischen der Grenze von Null bewegen. Solche Zwitter=
erscheinungen zwischen Selbstständigkeit und Unselbstständigkeit können und
werden aber im Laufe der Kulturentwicklung ex vi termini allmählig weichen.
Wird es auch unvermeidlich immer arm und reich geben, so kann doch die

Lage des Aermsten, der sich seinen Unterhalt noch selbstständig verdient, füglich derart sein, daß er darin eine durchaus menschenwürdige Existenz findet, und zwar eine um so wohlständigere, je bestimmter die tiefste Stufe wirthschaftlichen Herabsinkens nicht durch das physische Nichtkönnen, sondern durch das psychische Nichtwollen bezeichnet wird.

²) Das Proletariat ist schon so alt wie die menschliche Geschichte, neu sind immer nur die Formen, in welchen es auftritt. Die Form, in welcher es im orientalischen und klassischen Alterthum zumeist steckt, ist die Sklaverei, im Mittelalter die Leibeigenschaft; dazwischen gehen aber gar mancherlei andre mit der Institution der persönlichen Unfreiheit zusammenhängende Erscheinungsformen her, so der spartiatische Proletarieradel kurz vor dem Untergang des spartanischen Gemeinwesens, der römische Proletarierpöbel in den letzten Jahrhunderten der Republik und später in der Imperatorenzeit, letzteres eine um so scheußlichere Ausgeburt verkommener Wirthschaftlichkeit, als sie mit dem mühsamen Erwerb des Schaffens Andrer geradezu großgezogen und gemästet wurde. Die neuere Volkswirthschaft verlangt zur richtigen Würdigung der in ihr zu Tage tretenden proletarischen Erscheinungen vor allen Dingen das Anerkenntniß, daß sie es ist, die seit Bestehen einer Weltgeschichte zum ersten Male mit Nachdruck eine Entwicklung eingeschlagen hat, welche vollständig darauf verzichtet, Menschen als wirthschaftliches Eigenthum ihrer Mitmenschen niederzuhalten und auszunutzen. Damit ist allen den zahllosen Menschen, welche leben und wirken, die äußere Freiheit gegeben, und es ist gerade der Kampf äußerlich durchgehends freier Menschen mit des Daseins Nothwendigkeit, um zur innern Freiheit zu gelangen, welcher in der ganzen neueren Kulturentwicklung überhaupt und damit in ihren proletarischen Auswüchsen insbesondere mit so scharfem Gepräge hervortritt. Unser Losungswort für Alle und Jeden heißt Selbstverantwortlichkeit, und wir haben damit, was die Beseitigung des Proletariates anbelangt, einen letzten Absatz der Kulturentwicklung schon betreten; wir haben die ganze Gewalt der zerstörenden Wirkung herausgerufen, und wenn sie trotzdem nicht schwerer auf uns lastet, als es thatsächlich der Fall ist, so dürfen wir getrost glauben, daß wir schon stark in der Ueberwindung derselben begriffen sind.

³) Nach Untersuchungen in Berlin (Casper), die einerseits hoch in die wohlhabenderen, andrerseits tief in die ärmeren Stände hineingreifen, lebten von je 1000 Menschen noch:

14

nach 5 Jahr.	n.10 J.	n.20 J.	n.30 J.	n.40 J.	n.50 J.	n.60 J.	n.70 J.
Wohlhabende 943	938	866	796	695	557	398	235
Arme 655	598	566	486	396	283	172	65

In Paris (Villermé) ergiebt sich, wenn man die einzelnen Arron=
dissements nach der Verhältnißzahl der in ihnen vorkommenden Armen=
wohnungen ordnet, folgendes Resultat (1821/27):

% der Armenwohnungen

0,07, 0,11, 0,11, 0,15, 0,19, 0,21, 0,22, 0,22, 0,23, 0,31, 0,32, 0,38

Verhältniß der Mortalität wie

1:71, 1:67, 1:66, 1:62, 1:61, 1:58, 1:64, 1:59, 1:49, 1:50, 1:46, 1:44.

In Brüssel war 1840/42 (nach Ducpetiaur) die Sterblichkeit:

in den Straßen mit über die Hälfte Armen, wie 1 : 30,3,

„ „ „ „ unter „ „ „ „ 1 : 32,5,

„ „ „ „ keinen Armen, „ 1 : 50.

*) Daß beim Ausjäten des Kulturunkrautes auch manche gute Pflanze
ausgerissen wird, läßt sich nicht ändern, — es ist das eben ein Stück
Solidarität des Menschenthums. Als Trost bleibt, daß es doch Ausnahme
bleibt, und daß das, was am widerstandsfähigsten gegen die Stürme des
Lebens ist, auch schließlich in der Hauptsache das kulturkräftigste sein wird.

§ 105.

Es führt ein Weg aus dem Elende des Proletariats heraus,
welcher nicht der des Elends selber ist. Und zwar ist dieser
Weg der nämliche, auf welchem die Menschheit überhaupt zur
Kultur emporsteigt: die Bahn des wirthschaftlichen Fortschrittes.
Wirthschaftlicher Fortschritt ist Verwandlung latenter Arbeit in
offenbare Arbeit. Jeder Mensch und jede menschliche Generation
trägt, entwicklungsfähig wie alles menschliche Dasein ist, die
Möglichkeit besserer Leistungen in sich, und diese besseren Leist=
ungen haben zum Vorschein zu kommen, weil das Kulturziel,
welches selber den Weg durch Ausstreuung der Bedürfnisse zeigt,
es unablehnbar so bedingt. Das steigende Bedürfnißmaß jeder

Kulturstufe kann nur durch steigende Arbeitsleistung befriedigt werden, und zwar nur durch bessere Arbeitsqualität, da die Arbeitsquantität (die Stunden eines Tagwerks), wenn sie vermehrt werden sollte, zur Aufreibung der Persönlichkeit und damit zur Vernichtung der ganzen Arbeitsleistung führt, also, richtig verstanden, die Arbeitsquantität gar nicht steigerungsfähig ist. Es wird also immer bessere Arbeitsqualität erfordert, wenn die gleichbleibende Arbeitsquantität den Unterhaltsspielraum von verfeinerteren Genüssen garantiren soll. Ist demnach die Arbeitsqualität besser geworden, oder mit andern Worten, ist man wieder eine Kulturstufe hinaufgestiegen, so kann man sich mit gleicher Anstrengung ein größeres Maß von Lebensgenüssen verschaffen, als zuvor [1]).

Daraus folgt scheinbar, als ob es im Belieben jedes Einzelnen stünde, sich von den Bedingungen des menschlichen Kulturfortschrittes loszusagen, indem er, unter Verzichtleistung auf ein höheres Bedürfnißmaß, sich der Nöthigung zu besserer Arbeitsqualität entzöge. Aber es steht nicht in der wirthschaftlichen Macht der Einzelnen, den Kulturgang zu zerbrechen. Es werden sich schon nicht leicht größere Mengen von Menschen dem Reiz der Bedürfnißsteigerung entziehen, für welche die menschliche Natur so empfänglich ist. Aber auch diejenigen, welche sich ihm entziehen möchten, finden fortwährend die stärksten Hindernisse bei einer Tendenz, deren letztes Ergebniß doch nur Selbstzerstörung sein kann, und finden fortwährend die stärksten Impulse, jenem Wege nicht zu folgen, der in's Elend führt.

Die Entwicklung der Zahl und der Bedürfnisse der Bevölkerung, in ihren beständigen Oscillationen zwischen beiden, bringt es mit sich, daß in der Beschaffung des gestiegenen Gesammtbedarfes einer Einzelwirthschaft, welche ihr bei gleichmäßig gestiegener Arbeitsqualität gleich leicht fällt, die Beschaffung der nothwendigsten Genußmittel eine verhältnißmäßig stets schwierigere, die der entbehrlichsten eine verhältnißmäßig stets leichtere Rolle spielt. Die wirthschaftlichen Güter, welche das in sich begreifen, was man als das Existenzminimum eines Menschen bezeichnen kann, darunter also vor allem die nothwendigsten Nahrungs= mittel, sind vorherrschend Naturprodukte und der Regel des mobificirten normalen Preissatzes (§ 49), d. h. einer relativ steigenden Preistendenz unterworfen, während mit dem Grade der Entbehrlichkeit der Güter im Großen und Ganzen die Ar= beits = und Kapitalwirksamkeit und die Tendenz zu relativer Preiserniedrigung bei ihnen vorherrscht. Hält man alle Conse= quenzen dieser Erscheinungsreihe fest, so ist klar, daß zur fort= währenden Herbeischaffung auch nur der allerbringensten Unter= haltsmittel die Arbeitsqualität fortwährend gesteigert werden muß, und daß längere Lebensmöglichkeit für das Individuum überhaupt nur unter der Bedingung eines sich verfeinernden Lebens existirt (§ 107). Selbst für solche Menschen, die bereits tief in die Bestialität einer kulturfeindlichen Genußrichtung ver= sunken sind, hört der ermuthigende Weckruf der Kultur nicht auf, und es muß schon zur völligen Zerrüttung eines Menschen gekommen sein, wenn in ihm kein Funke mehr zündet, der in die Bahnen des Besserwerdens vorantreibt.

Ohne eigene Regung freilich, ohne daß in den Kreisen des Proletariats mindestens die Ansätze zur Selbsthülfe vorhanden sind, ist an wirthschaftliches Emporschwingen nicht zu denken. Selbst helfen wollen, ist die erste und unumgänglichste Voraus= setzung, der aber die zweite, das Entgegenkommen der Reicheren nämlich, nicht fehlen darf, wenn vollständig geholfen werden soll. Und dieses Entgegenkommen diktirt, ganz abgesehen von ben Regungen der Humanität und Nächstenliebe, schon der kluge unbefangene Egoismus; den Reicheren kann nur das Emporziehen der Aermsten zu sich, nicht aber das Hinunterstoßen derselben unter sich die eigene Stellung auf die Dauer gewährleisten; sie haben die Wahl, entweder durch richtige Antheilnahme an dem genossen= schaftlichen Kampfe gegen den Tauschwerth einen vergrößerten Unterhaltsspielraum schaffen zu helfen, dessen Früchte ihnen selbst, wie jeder ehrlich strebenden Kraft winken, oder durch gleichgültiges Zurückhalten das Spiel der produktiven wirthschaftlichen Kräfte zu schwächen und damit das Proletariat zu einem gegnerischen Kampfe (Diebstahl, Plünderung, Revolution, Gewaltthaten jeder Art) herauszufordern, der alle Einzelwirthschaften des Volkes bedroht. Es bedarf Nichts als klare Einsicht in das Verhältniß, um zu zeigen, wie weit über die Kreise des Proletariats hinaus das Interesse reicht, daß das Proletariat geheilt werde. Das Mittel zur Abhülfe ist da, es will nur richtig angewendet sein. So gewiß das Proletariat sich nicht beliebig hinwegzaubern läßt, ebenso gewiß kann es durch Menschenkraft beseitigt werden, lange schon, ehe die Kultur ihre höchsten und letzten Stufen erreicht hat. Wo Proletariat besteht, da ist, bei zu niedrigem Empfänger= lohn und zu hohem Geberlohn, die Concurrenz der tüchtigen Arbeiter und die Concurrenz um die tüchtigen Arbeiter noch nicht entwickelt genug. In dieser Entwicklung aber vollzieht sich die allmählige und am Ende dauernd besiegelte Ausrottung pro= letarischer Zustände. Die Persönlichkeit klärt und festigt sich inmitten des Wetteifers der Nachfrage, unter näherer Beachtung der Individualität des Arbeiters, den Arbeiter besser zu stellen, damit er Besseres leisten könne, und des Angebotes der Arbeiter, unter Geltendmachung ihrer Individualität, Besseres zu leisten, damit sie besser gestellt werden können.

Die unabhängigste und wünschenswertheste Stellung des Arbeiters in der Volkswirthschaft ist die eines Unternehmers. In diese Stellung kann aber nicht blos der Reiche, sondern auch der Aermste der Armen eintreten, sobald nur der Fluch der Proletariergesinnung nicht an ihm haftet[2]). Die erste Stufe zur Unternehmerselbstständigkeit aufwärts bildet das Verhältniß, kraft dessen der Inhaber einer Unternehmung die darin beschäftigten Arbeiter, neben dem Lohne, den er ihnen gewährt, auch am Geschäftsgewinne Antheil nehmen läßt, ohne daß irgendwelche Habe von ihnen in die Unternehmung eingeschossen worden ist. Das scheinbare Opfer, das der Unternehmer hier bringt, ist vielmehr eine wirkliche Bereicherung für ihn sowohl, wie für die Arbeiter. Diese bieten mit dem lebendigsten Eifer ihre Fähigkeiten auf, um die Größe eines Unternehmergewinnes steigern zu helfen, an dem sie selbst participiren, und der ihre wirthschaftliche, wie ihre ganz sociale, Lage um so mehr verbessert, je mehr sie die Leistung ihrer Arbeit verbessern. Und in diesem so wirksam und unerschöpflich aufgeschlossenen Strome seither latent gewesener Arbeit, der die Summe der producirten Tauschwerthe fort und fort vergrößert, liegt ein mehr wie vollwichtiger Ersatz für die Quoten, die der Geschäftseigenthümer vom Unternehmergewinne abgiebt[3]). Dieser Ersatz ist bei richtiger Organisation soviel mehr als vollwichtig, daß jeder Unternehmer, der ihm nicht rechtzeitig aus freien Stücken nachstrebt, ihn bei Strafe des Unterganges vor übermäßiger Concurrenz suchen muß, sobald dieser sicherste Weg zur Heilung des Proletariates einmal ernstlich betreten zu werden beginnt.

Die Möglichkeit voller Unternehmerselbstständigkeit erschließt sich dem Aermeren, der nur ein Zollbreit über dem Proletarier steht, dadurch, daß er unter Einschuß seiner, wenn auch noch so geringfügigen Habe, mit Anderen zu einer Creditgesellschaft zusammentritt¹), die nun das Subjekt der Unternehmung bildet (§ 72).

¹) Hiermit hängt auf das Engste zusammen, daß das Leben an einem Orte „theurer" ist, als an einem andern. So ist es in Westphalen, Rhein= provinz, Rheinpfalz „theuer", in Ostpreußen, Posen, Oberpfalz „billig" zu leben. Man vergleiche aber nur die durchschnittliche Leistungsfähigkeit und und die Höhe des Empfängerlohnes der Arbeit dort und hier. Solche Er= scheinungen sind ohne die Unterscheidung des Lohnes in Geberlohn und Empfängerlohn gar nicht zu verstehen. In einer „theuren" Gegend ist der Geberlohn billig, in einer billigen Gegend ist er theuer; dort ist der Em= pfängerlohn hoch, hier ist er niedrig. Die Ausgleichung derartiger lokaler Preisunterschiede erfolgt in einer fortschreitenden Volkswirthschaft, indem der hohe Empfängerlohn der einen Gegend den niedrigen der andern, unter den mannigfaltigsten Lohnschwankungen, ebenfalls hoch zu werden zwingt; das „theure" Leben verdrängt das „billige", m. a. W., die schlechte Arbeit wird in gute Arbeit umgewandelt.

²) Von der früheren enormen Ausdehnung und Schamlosigkeit der Bettelei in Deutschland, gegen die bereits seit dem 15. und 16. Jahrhundert Reichs= und Landesgesetze vergebens eingeschritten waren, hat man heutzutage kaum mehr eine Idee. Der hier stattgehabte große Voranschritt zum Besseren hängt gewiß mit der richtigeren Unterscheidung und sachgemäßeren Unter= stützung der wahren Hülfsbedürftigkeit zusammen, vor Allem aber mit der positiven Abnahme der ehrlosen wirthschaftlichen Gesinnung in der Masse des Volkes. Es ist dies ein Umschwung, der jetzt in den auf dem Princip der Selbsthülfe und Selbstachtung entstehenden Associationen seine schönsten Früchte zu tragen beginnt.

³) Während früher das Princip der Tantieme nur ausnahmsweise und zwar bei einzelnen qualificirten Arbeitskräften (Dirigenten, Administratoren größerer Geschäftscomplexe) oder bei besonders gearteten Unternehmungen (z. B. dem Wallfischfange) vorkam, beginnt es jetzt umfassender aufzutreten und auch den unteren Massenschichten der Arbeiterbevölkerung zugänglich zu werden. Es liegen bereits beachtenswerthe Erfahrungen über die guten Er= folge derartiger Antheilerschaften vor. So wurde auf dem v. Thünen'schen

Landgute Tellow in den 1840er Jahren für alle auf dem Gute Beschäftigten die Gutschreibung von Gewinnquoten eingeführt, die bei Krankheits- und Sterbefällen oder im 60. Lebensjahre der Antheiler ausbezahlt werden; das Resultat war bis jetzt einerseits ein sehr günstiges für die Produktivität des Betriebes, andererseits, im Durchschnitt der größeren und kleineren Antheiler-schaften, ein Kapitalgewinn von 300 Thlr. für jeden Antheiler. Am be-kanntesten ist wohl das Vorgehen des Pariser Zimmermalers Leclaire geworden, der, um den Aergernissen und Verlusten seiner weitzersplitterten Geschäfts-führung zu entgehen, seinen Gehülfen, neben Auszahlung regelmäßigen Lohnes, auch Gewinnquoten des gesammten Geschäftsergebnisses einräumte, und sich mit 6000 Franks eignen festen Jahreslohnes und der dazu gehörigen Gewinnquote vorzüglich stand. In der englischen Topfwaareninbustrie ist eben der Versuch der Antheilerschaft auf der Basis im Gange, daß 10 % des Geschäftsgewinnes vorweg für das Betriebskapital zurückbehalten werden, und der übrige Gewinn zur Vertheilung zwischen den Unternehmer und die Lohnarbeiter gelangt.

*) Von Crebitassociationen nach dem Muster von Schulze=Delitzsch gab es 1865 in Teutschland gegen 1500 mit 350,000 Mitgliedern, 85—90 Mill. Thlr. Jahresumschlag und 25—28 Mill. Thlr. Betriebskapital, worunter etwa 5½ Mill. Thlr. den Genossenschaften selbst gehörend. Die deutschen Arbeiter=Crebitgesellschaften sind ganz überwiegend Vorschußvereine, welche nicht sowohl Lohnarbeitern, als vielmehr Handwerksunternehmern dienen; schwächer vertreten sind Consum- und Rohstoffvereine, noch schwächer eigent-liche Produktivassociationen, welche aus den Kreisen früherer Lohnarbeiter sich gebildet haben. Diese haben bis jetzt besonders in Frankreich und England ihren Boden gefunden. Wahrhaft berühmt ist in letzterem Lande die Association der s. g. Rochdaler Pioniere geworden; 28 arme Fabrikarbeiter begannen zu Ende 1844 ihre Association als bescheidener Consumverein mit einem Kapital von 28 L. Sterling, 1865 war, lediglich durch eigne Kräfte, aus der ur-sprünglichen Gesellschaft bereits ein ganzer Complex von Unternehmungen (Schneider- und Schuhmacherwerkstätten, Mehlfabrikation, Baumwollspinnerei) mit über 6000 Mitgliedern und einem Geschäftskapital von anderthalb Millionen Thalern emporgewachsen. Von den zahlreichen Produktivgenossen-schaften in Frankreich (Paris) mögen erwähnt werden: die Maurerassociation, 1848 von ganz mittellosen Arbeitern gegründet, ist jetzt das größte Bau-

geschäft in Paris, welches jährlich 4 Millionen Franks umschlägt; die Genossenschaft der Brillenmacher, 1848 von sechs einfachen Arbeitern fast ohne Betriebscapital begonnen, hat jetzt ein eignes Betriebskapital von 400,000 Franks, ein einzelnes Mitglied bezieht bis 6000 Franks Jahreseinkommen; in durchaus erfreulicher Lage sind die Associationen der Fauteuilschreiner, Spengler, Möbelschlosser, Feilenhauer, Leistenmacher 2c.

§ 106.

In der Associationsunternehmung liegt ein Element der Stärke, welches der Einzelunternehmung völlig abgeht: die Vereinigung der Vortheile von Groß= und Kleinbetrieb. Durch Association kann nicht nur aus kleinen Kapitalbeträgen ein so großes Betriebskapital hergestellt werden, wie es der technisch erforderlichen Ausdehnung des Unternehmens entspricht, sondern es kann auch das Kapital mit der gleichen Intensität wie im kleinsten Betriebe beaufsichtigt und geleitet werden. Die vielen Unternehmeraugen sehen mehr, als die Augen eines Unternehmers, auf jeden Kapitalbestandtheil fällt dort mehr Unternehmersorgfalt, als hier.

Zur Verwirklichung dieses Momentes der Associationsüberlegenheit gehören aber zwei Voraussetzungen, die sich beide auf die Art und Weise der Arbeitsanwendung der Unternehmungsmitglieder beziehen.

Einmal nämlich, daß die einzelnen Mitglieder mit ihrer Arbeitswirksamkeit nachdrücklich an dem Unternehmen betheiligt sind. Eine solche nachdrückliche Betheiligung wird aber weder bei Commanditisten, noch bei Aktionären jener Unternehmungen zutreffen, bei welchen es vor Allem auf Kapitalwirksamkeit ankommt. Gerade die Aermeren, die nicht mehr thun können, als sich mit ihrer ganzen wirthschaftlichen Persönlichkeit einer bestimmten Associationsunternehmung zu widmen, werden es daher haupt=

sächlich sein, denen diese natürliche wirthschaftliche Ueberlegenheit offen steht.

Sie steht aber ferner nur unter der zweiten Bedingung offen, daß der angewendeten Arbeit ein Maß von Intelligenz entspricht, welches die einer vielköpfigen Unternehmung inne= wohnende Tendenz zur Zersplitterung und Anarchie wirksam niederdrückt. Fehlt es den Arbeitern noch hieran, besitzen sie, wenn auch bereits zur Selbsterkenntniß erwachend, doch noch nicht genug Planmäßigkeit des Wollens und Thuns und noch nicht genug speculativen Blick, so wird insolange und insoweit dem Princip der Mitgliederschaft das der Antheilerschaft über= legen sein, bei welcher der Wille eines Individuums die Einheit des Betriebes verbürgt. Wie es nun jedenfalls zur Hälfte in die Hände der Arbeiter gelegt ist, ob sie aus bloßen Löhnern zu Antheilern werden sollen, so ist es ganz und gar in ihre Hände gelegt, die immerhin noch unselbstständige Antheilerschaft in die selbstständige Mitgliederschaft übergehen zu lassen, indem sie mit voller Energie von einem Vermächtniß Besitz ergreifen, welches die Kulturentwicklung der strebsamen Armuth unablässig von Neuem wieder aussetzt.

§ 107.

Der Einzelne, welcher mit seiner Leistungsfähigkeit zur Schaffung wirthschaftlicher Güter hinter den Anforderungen der jeweiligen Kulturstufe zurückbleibt, wird seinen Unterhaltsspiel= raum rettungslos niedersinken sehen. Die in ihrer Qualität stagnirende Arbeitsquantität muß ihren Wirthschafter zu Grunde gehen lassen, weil es bei den Fortschritten der Anderen am Ende völlig unmöglich wird (§ 105), durch die alte Arbeitsleistung auch nur das Existenzminimum herbeizuschaffen. Stehen bleiben

kann Niemand mit seiner Arbeitskraft; der wirthschaftliche Fortschritt wird zur nakten Existenznothwendigkeit für die, welche
ihn nicht freiwillig auf dem Wege der Bedürfnißentwicklung
suchen. Wer den großen Strom nicht vorantreiben hilft, fällt
als ferner unbrauchbares Atom in den Schoß zurück, aus welchem
unser Dasein stammt. Jeder erhält, was er wirthschaftlich verdient, und damit ist ausgesprochen, daß, solange die Menschen
noch unvollkommen sind, solange insbesondere das Ebenmaß
zwischen Bedürfniß und Zahl der Menschen schwankt, Tausende
und aber Tausende wegen Unzureichendheit ihres wirthschaftlichen
Verdienstes zu Grunde gehen, lange bevor die ihnen sonst winkende
Lebensmöglichkeit ausgelebt ist. Sie gehen unter, weil sie der
wirthschaftlichen Anforderung ihrer Epoche nicht Genüge leisten,
aber man muß wohl auseinanderhalten, daß dies bei den Einen
geschieht, weil sie stumpf und verdrossen an die Aufgabe gar
nicht herantraten, bei den Andren aber, weil sie idealistisch und
übergreifend die Aufgabe seitwärts liegen ließen. Jene bilden
den Abhub, diese sind die Märtyrer der Menschheit. Jene dürfen,
diese wollen sich nicht beklagen, wenn sie im Kampfe ums Dasein ihre individuelle Existenz vorzeitig gebrochen sehen. Wer
niedrig am Bodenschmutze klebt, fällt, wie ein Thier fällt, —
Tröpfe, die ihm Elegieen nachweinen mögen. Wer sich kühn
über des Bodens Enge zu erheben trachtet, ist einer andren
Beurtheilung werth; das wirthschaftliche Sein, als Kampf ums
Dasein, erschöpft ja das Dasein weitaus nicht; das Wirthschaftsleben ist nur ein Durchgangsgebilde, aber freilich ein ganz un-
umgängliches Durchgangsgebilde, das von der Menschheit aufzunehmen ist, da sonst keine mögliche menschheitliche, weil der
jedesmaligen Stufe entsprechende, Kulturentwicklung vorhanden
sein könnte. Wer sich in seinem, wenn auch noch so redlich

gemeinten Schaffen darüber hinwegsetzt, begeht den Fehler, ein=
seitig Güter zu schaffen, für die kein von genügender zahlungs=
fähiger Nachfrage getragenes Bedürfniß existirt, und muß daher
wirthschaftlich sinken. Dieser Einzelne, den die Alltäglichkeit
tödtet, weil er die Alltäglichkeit zu tödten unternahm, wollte
titanenhaft, indem er sich schrankenlos frei glaubte, keine Noth=
wendigkeit mehr anerkennen und muß ihr weichen, weil er das
Maß seiner Freiheit überschätzte. Aber er gab sich und seine
Leistungen der Menschheit als freies Gut, und sein Leben wird
leicht größer gewesen sein, als das von Millionen wirthschaft=
licher Gewöhnlichkeiten oder Ausgezeichnetheiten. Er fühlt sich
subjektiv erhaben über Leib und Jammer der Menschheit und
nimmt die grandiose Genugthuung mit sich hinweg, die Kultur=
entwicklung, deren Rad ihn zermalmt, gerade bis zu der Stelle
nach sich gezogen zu haben, wo er ihr Opfer wird.

Ausnahmsexistenzen, mit ihrem der Kulturepoche voran=
eilenden Streben, wollen subjektiv gemessen sein, aber Mensch=
heitsleben im Ganzen verlangt ein normales objektives Maß.
Der wirthschaftliche Kampf führt seine Heerschaaren mit allen
Abtheilungen und Unterabtheilungen zu Felde. Gemessen wird
aber der Einzelne darnach, ob er in dem großen Kampfe richtig
auf seinem Posten steht, ob er seinen wirthschaftlichen Einsatz
zur Kulturentwicklung mit Regsamkeit und Ausdauer leistet,
oder nicht.

§ 108.

Einen Anspruch auf Glück bringt Niemand mit zur Welt.
Das Leben erfüllt sich bei uns Allen, sei es früher, sei es
später. Welche Spuren der Einzelne zurückläßt, welche Ein=
drücke er mitnimmt, alles Schöne und Gute, was er in sich

hineingelebt und aus sich herausgelebt, alles dieses sind Früchte, die er entweder seiner eignen Anstrengung oder der Gnade des Schicksals verdankt, niemals aber heimbezahlte Forderungen, die ihm das Leben schuldig war. Das Leben schuldet Niemanden Etwas, es ist mit dem Einzelnen quitt, sobald es sich ihm ge= geben hat. Jeder Mensch hat das Leben zu nehmen, wie er es findet, und daraus zu machen, was er mit seinen Kräften kann; er kommt, mit der Fähigkeit zur subjektiven Wohlfahrt ausgestattet, in gegebene Zustände hinein und sieht vor seinen Augen und unter seinen Händen neue Zustände werden. Wie es auch ausfalle, — es ist und bleibt unter allen Umständen etwas Großes, ein Stück Menschheitsentwicklung mit erlebt und seine Spuren in dieser Entwicklung zurückgelassen zu haben. Denn jedes menschliche Wesen, das gelebt, und hätte es die Erde noch so flüchtig gestreift, läßt Eindrücke hinter sich, deren Wirkungen niemals verloren sind. Und wer weiß denn, welch ungeahntes Gebilde uns der nächste Tag schon bringen kann, wie rasch oder langsam diese oder jene Sehnsucht gestillt sein, nach wie viel Jahren oder Jahrtausenden die Menschheit sich ausgelebt haben wird? Durch einzelne Menschen wird die Menschheit gebildet, der es gegeben ist, selbst ihr Geschick zu ändern. Lasset uns besser werden, und es wird besser werden.

Literaturnachweis.

§ 109.

Die wissenschaftliche Anschauung der Nationalökonomie haben nach einander brei Lehrgebäude beherrscht, die gewöhnlich mit den Namen **Merkantilsystem, physiokratisches System** und **Industriesystem** bezeichnet werden. (Vgl. darüber: **Hildebrand,** die Nationalökonomie der Gegenwart und Zukunft. 1848; **Mohl,** Geschichte und Literatur der Staatswissenschaften. 1858. Bd. III. pag. 295 fg.)

a. **Merkantilsystem.** Von allen Verkehrserscheinungen fällt keine so unmittelbar in's Auge und fesselt die Aufmerksamkeit so intensiv, wie die Circulation des Geldes, ohne deren klares Verständniß aber ein wissenschaftliches Begreifen der Volkswirthschaft auch ganz unmöglich ist. Die von der Einzelwirthschaft auf das lebhafteste empfundene Bedeutung des Geldes, dessen Besitz den Einzelnen um so reicher macht, je mehr er davon besitzt, legt einer Anschauung, welche den inneren Zusammenhang der wirthschaftlichen Dinge noch nicht kennt, die Annahme nahe, als ob das Geld für die Gesammtheit eine

ähnliche Rolle spiele, wie für den Einzelnen. Die mächtigste
Stütze erhält diese Annahme durch den Umstand, daß die Ver=
mehrung, welche der Geldvorrath einer Volkswirthschaft erfährt,
wirklich vorübergehend mit Kapitalvermehrung gleichbedeutend ist
und die Prosperität der wirthschaftlichen Klassen, welche an der
Spitze der Verkehrsbewegung stehen, also namentlich der größeren
Industrie und des Handels, vor Allem des auswärtigen, dadurch
gesteigert werden kann, wenn auch allerdings, was nur unbe=
merkter zu bleiben pflegt, auf Kosten der mehr im Hintergrunde
des Verkehrs stehenden Wirthschaftsklassen. Diese Anschauung,
welche, mehr oder weniger markirt hervortretend, wohl schon so
alt ist, als die Anstellung von Reflexionen über Verkehrszu=
stände überhaupt, mußte ihren Kulminationspunkt erreichen, als
sich, parallel mit dem massenhaften Zuströmen von Edelmetall
in Folge der Entdeckung Amerikas, ein bis dahin ungeahntes
Aufblühen des Welthandels einstellte. Man sah, wie bei be=
deutender Einführung von Edelmetall und bei bedeutender Aus=
fuhr von specifischen Waaren, namentlich Fabrikaten, der Wohl=
stand im Ganzen sehr zunahm und, ohne Klarheit darüber, was
bei diesen Vorgängen causaler und was blos symptomatischer
Art war, bildete sich das theoretische Dogma heraus, daß die
günstigste Handelsbilanz diejenige sei, welche mit einem möglichst
großen Ueberschusse von Edelmetalleinfuhr abschließe. Daß eine
höchst energisch gehandhabte Staatsmaxime sich dieser Richtung
bemächtigte, folgte mit Nothwendigkeit aus dem ganzen Charakter
des sich entschieden concentrirenden Staatswesens im 16. und
17. Jahrhundert; einerseits wiesen hier die stark gesteigerten
Staatsbedürfnisse auf fiscalische Ausbeutung einer reichlich
fließenden Quelle hin, welche sich zumal in der Form darbot,
wie es der Standpunkt des allmählig durch Geldverkehr über=

wundenen Naturalverkehrs mit sich brachte; andrerseits fand der
kräftig aufschießende Staatsabsolutismus die willkommenste Gelegenheit, um, mittelst positiver Regelung und Bevormundung,
seine Macht zur Erreichung eines erwünschten Zieles zu bethätigen
und dem Wirthschaftsleben durch einseitige Hervorziehung der
Fabrikation und des Handels künstlich die Gestalt zu geben,
von welcher man die größten Erwartungen für eine vortheilhafte
Handelsbilanz hegte. Von hervorragenden praktischen Politikern
im Sinne des Merkantilsystems sind Oliver Cromwell
und hauptsächlich der bekannte Minister Ludwigs XIV., J. Bap-
tist Colbert, zu nennen; von Theoretikern zuerst, gewisser-
maßen als Vorläufer des Systems: Jean Bodin, six livres
de la republique. 1576, sodann: Davanzati, lezzione
del le monete. 1588; Serra, trattato delle cause che
possone far abbondare li regni d'oro et d'argento. 1613;
Klock, tractatus de aerario. 1651; Mun, treasure by
foreign trade. 1664; Becher, politischer Discurs von den
Ursachen des Auf- und Abnehmens der Städte. 1672; Child,
new discourse of trade. 1688; Davenant, (1695—1700),
political and commercial works, republished by Withworth.
1771; Melon, essay politique sur le commerce. 1735;
Justi, Staatswirthschaft. 1752; Sonnenfels, Grundsätze
der Polizei, Handlung ꝛc. 1765.

b) **Physiokratisches System.** Es konnte nicht fehlen,
daß der Druck des auf unwahrer oder halbwahrer Grundlage
erbauten Merkantilsystems mit seinen immer weniger erträglichen
Regulativen, Monopolien, Ein- und Ausfuhrbeschränkungen ꝛc.
einen Rückschlag im andren extremen Sinne hervorrief. Durch
das 18. Jahrhundert geht ein unwiderstehlicher Zug, verkünstelte

Einrichtungen abzuschütteln, ein beinahe krankhaftes Sehnen und Streben nach Einfachheit und Naturgemäßheit, das aber in seiner übertriebenen Hervorhebung der Natur, welcher es den einzelnen Menschen gegenüberstellt, unvermeiblich zum Atomismus führt. Das natürliche System der Nationalökonomie, wie es durch **François Quesnay** (Tableau économique 1758; **Maximes genérales du gouvernement économique** 1758) aufgestellt wurde, erkennt als Quelle der wirthschaftlichen Güter lediglich die Natur, die ursprüngliche Trägerin alles irdischen Stoffes, und nur diejenige Thätigkeit als produktiv, welche der Natur neue brauchbare Stoffe abgewinnt; alle anderen Berufs= klassen, welche es nicht mit der Bodenbenutzung (Ackerbau, Viehzucht 2c.) zu thun haben, sind steril, namentlich auch Hand= werk und Fabrikation, indem diese den Stoffen, welche sie ver= arbeiten, nichts Neues hinzufügen; da die sterilen Klassen zur Lieferung von Reinertrag Nichts beitragen, sondern ebensoviel verzehren als sie leisten, so ist es nicht nur zwecklos, ihren Betrieb durch künstliche Maßregeln steigern zu wollen, sondern positiv schädlich, da dies auf Kosten der produktiven Landwirth= schaft geschieht, überhaupt dadurch die Freiheit des Verkehrs eingeschränkt wird, bei deren schrankenlosem Walten allein der Reinertrag der Produktion seinen Höhepunkt erreichen kann. — Die Haltlosigkeit des physiokratischen Systems liegt in der Ver= wechslung von Stoff und Werth, sein gleichwohl sehr großes Verdienst um die Weiterentwicklung aber darin, daß es die widernatürliche Ueberschätzung der Gewerksindustrie und des Handels bloslegt, der bis dahin schwer mißachteten Landwirth= schaft zur besseren Anerkennung verhilft und in den neuen Streiflichtern, die es dabei, besonders was das Geldwesen und die Begriffe Ertrag und Concurrenz anbelangt, auf den Zu=

15

sammenhang des ganzen Verkehrslebens fallen läßt, eine richtigere Würdigung desselben anbahnt. Läßt man Sully (geb. 1560, † 1641; Esprit de Sully herausg. 1768) bereits als Vorläufer des physiokratischen Systems gelten, so sind als hervorragende Theoretiker in der Richtung Quesnays zu nennen: Mirabeau, l'ami des hommes 1759, —, philosophie rurale 1767; Turgot, recherches sur la nature et l'origine des richesses nationales 1774, — reflexions sur la formation et distribution des richesses 1784; Schlettwein, natürliche Ordnung in der Politik 1773, —, Grundfeste der Staaten 1779.

c) Industriesystem. Die merkantilistische und physiokratische Literatur, welche mit einzelnen Ausläufern noch in unser Jahrhundert hineinreicht, verliert jede Bedeutung für die Weiterbildung der Wissenschaft von dem Augenblicke an, wo es einem ebenso genialen als tiefdenkenden Kopfe gelungen war, alle bis dahin aufgetauchten Strahlen nationalökonomischen Wissens in einem Brennpunkte zu sammeln und, mit dem ganzen Feuer seines eignen reichen Geistes verstärkt, zu einer gewaltigen Leuchte werden zu lassen, die mit fast blendender Schärfe das Gebiet der Volkswirthschaft erhellte. Adam Smith mit seinem weltberühmt gewordenen Werke: Inquiry into the nature and causes of the wealth of nations 1776 (deutsch von Garve 1794) darf wohl als der eigentliche Schöpfer der Volkswirthschaftslehre bezeichnet werden. Mit Smith's klassischen Untersuchungen über die Produktion, namentlich über das Wesen des Kapitals und der Arbeitstheilung, über Werth, Preis, Geld ꝛc. waren so wichtige Grundwahrheiten dauernd gewonnen und mit solchem Erfolge in der Betrachtung einheitlich verbunden worden,

daß das smithſche Syſtem, dem man auch den Namen Induſtrie=
ſyſtem giebt, troß zahlreicher Lücken und Mängel, ja, troß
einer beinahe verwerflich zu nennenden ethiſchen Auffaſſung der
Volkswirthſchaft, unerſchüttert als der Ausgangspunkt und der
Rahmen theoretiſch=nationalökonomiſchen Schaffens nun ſchon ein
volles Jahrhundert lang ſich in Geltung halten konnte. Als
umfaſſendere Leiſtungen ſeit A. Smith ſind beſonders zu er=
wähnen: Malthus, essay on the principle of population
1798 (deutſch von Hegewiſch 1807); Canard, principes
d'économie politique 1801; J. B. Say, traité d'économie
politique 1802 (deutſch von Morſtabt 1818); Graf Soden,
Nationalökonomie 1805; Hufeland, neue Grundlegung der
Staatswirthſchaftskunſt 1807; Gioja, prospetto delle szienze
economiche 1815; Ricardo, principles of political economy 1819 (deutſch von Baumſtark 1838); Sismondi,
nouveaux principes d'économie politique 1818; Lotz,
Staatswirthſchaftslehre 1821; Rau, Grundſätze der Volks=
wirthſchaftslehre 1826, 7. Aufl. 1863; Hermann, ſtaats=
wirthſchaftliche Unterſuchungen 1832; Schön, neue Unter=
ſuchung der Nationalökonomie 1835; Senior, science of
political economy 1836; Schmitthenner, zwölf Bücher vom
Staate 1839; Scialoja, principi della economia sociale
1840; Eiſelen, Lehre von der Volkswirthſchaft 1843; Chevalier, cours d'économie politique 1844; Arnd, natur=
gemäße Volkswirthſchaft 1845, 2. A. 1851; Bianchini,
scienza del ben vivere sociale 1845; Proudhon, système
des contradictions économiques 1846; J. St. Mill, principles of political economy 1847 (deutſch von Soetbeer
1852); Bastiat, harmonies économiques 1850 (deutſch
herausg. durch Prince = Smith 1852); Knies, die politiſche

Oekonomie v. Standpunkte der geschichtlichen Methode. 1853; Roscher, System der Volkswirthschaft 1854, 6. Aufl. 1866; Stein, Lehrbuch der Volkswirthschaft. 1858; Schäffle, das gesellschaftliche System d. menschlichen Wirthschaft. 1860. 2. Aufl. 1867; Carey, principles of social science. 1861 (deutsch von Abler 1863).